Die deutsche Ausgabe wird herausgegeben von der
Stiftung Entwicklung und Frieden
Gotenstraße 152
53175 Bonn
http://sef-bonn.org

Die Stiftung Entwicklung und Frieden wurde 1986
auf Initiative von Willy Brandt unter Mitwirkung
von Ministerpräsident Johannes Rau, jetzt Bundespräsident der Bundesrepublik Deutschland, gegründet. Die überparteiliche und gemeinnützige Stiftung
plädiert für eine politische Neuordnung in einer
Welt, die zunehmend durch die Globalisierung
geprägt ist. Die Arbeit der Stiftung beruht auf drei
Prinzipien: globale Verantwortung, überparteilicher
und interkultureller Dialog sowie interdisziplinäres
Verstehen von Interdependenzen.

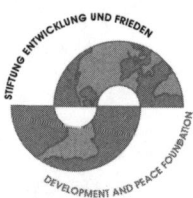

Die deutsche Ausgabe wurde gefördert durch das
Bundesministerium für wirtschaftliche Zusammenarbeit und Entwicklung (BMZ).

Brücken in die Zukunft

Ein Manifest
für den Dialog der Kulturen
Eine Initiative von
Kofi Annan

Mit einem Geleitwort von
Joschka Fischer

Aus dem Englischen von
Klaus Kochmann und
Hartmut Schickert

S. Fischer

Die Originalausgabe erschien 2001
unter dem Titel ›Crossing the Divide. Dialogue among
Civilizations‹ an der School of Diplomacy and International
Relations, Seton Hall University, South Orange, New Jersey
© 2001 Giandomenico Picco, A. Kamal Aboulmagd, Lourdes
Arizpe, Hanan Ashrawi, Ruth Cardoso, Jacques Delors, Leslie
H. Gelb, Nadine Gordimer, Prince El Hassan bin Talal, Sergey
Kapitza, Hayao Kawai, Tommy Koh, Hans Küng, Graça Machel,
Amartya Sen, Song Jian, Dick Spring, Tu Weiming, Richard von
Weizsäcker, Javad Zarif
Für die deutsche Ausgabe und das Geleitwort:
© S. Fischer Verlag GmbH, Frankfurt am Main 2001
Alle Rechte vorbehalten
Satz: Fotosatz Otto Gutfreund GmbH, Darmstadt
Druck und Bindung: Clausen & Bosse, Leck
Printed in Germany
ISBN 3-10-009640-1

Den Unschuldigen, die ums Leben kamen,
weil ihre einzige Schuld darin bestand,
dass sie anders waren als ihre Mörder.

Inhalt

Dieses gehaltvolle und ideenreiche Buch hat der Generalsekretär der Vereinten Nationen, Kofi Annan, in Auftrag gegeben. Zum »Jahr des Dialogs der Kulturen«, das dank einer Initiative des iranischen Präsidenten Chatami für das Jahr 2001 durch die Generalversammlung der Vereinten Nationen beschlossen worden war, hatte Kofi Annan eine Gruppe bedeutender Persönlichkeiten, die so genannte *Group of Eminent Persons*, mit insgesamt 19 Mitgliedern berufen, die alle Weltreligionen und -kulturen repräsentieren. Ich freue mich, dass zu dieser Gruppe auch der ehemalige Bundespräsident Dr. Richard von Weizsäcker sowie der Theologe Professor Dr. Hans Küng gehören.

Das Buch fasst in eindringlicher Weise die gemeinsamen Werte zusammen, die uns alle in der internationalen Völkergemeinschaft miteinander verbinden. Diese Werte – und an erster Stelle sind das die universell gültigen Menschenrechte – bilden die unverzichtbare Grundlage für einen aufrichtigen Dialog zwischen den Kulturen und Religionen. Ein solcher Dialog ist nach dem 11. September 2001 wichtiger denn je. Wir brauchen eine vom gegenseitigen Verständnis getragene geistige Auseinandersetzung über die Grundwerte des menschlichen Zusammenlebens. Dabei muss es um eine ehrliche Verständigung gehen, die nur in gegenseitiger Achtung der Würde des anderen, in Toleranz und in Offenheit wirklich fruchtbar sein kann.

Das Buch unterstreicht den Respekt vor den gewachsenen Traditionen der verschiedenen Weltkulturen und würdigt den ganz entscheidenden Stellenwert der kulturellen Vielfalt. Vielfalt und Unterschiedlichkeit – das ist die besondere Botschaft dieses Werkes – sollen nicht als Bedrohung empfunden werden, sondern als eine Bereicherung für alle Menschen, gleichgültig welcher Rasse, Religion oder Kultur sie angehören.

Ich bin den Autoren dankbar dafür, dass sie auch nachdrücklich die zentrale Rolle der Vereinten Nationen für den Dialog der Kulturen ebenso wie für die Lösung der drängenden globalen Probleme bekräftigen.

Diesem Buch wünsche ich eine weite Verbreitung, vor allem an unseren Schulen und Universitäten. Es richtet einen inspirierenden Appell an die junge Generation, sich im Dialog der Kulturen für eine friedliche Zukunftsgestaltung zu Hause und in der Welt zu engagieren.

November 2001   Joschka Fischer
Bundesminister des Auswärtigen

Die Notwendigkeit eines Dialogs der Kulturen ist so
alt wie die Zivilisation selbst. Aber heute ist diese
Notwendigkeit dringlicher denn je. Menschen, die
ihr Leben in Furcht vor anderen Kulturen verbringen
und für diese kein Verständnis haben, neigen eher zu
Taten des Hasses, der Gewalt und der Vernichtung
gegen einen vermeintlichen »Feind«. Jene, die sich
mit den Kulturen der anderen auseinander setzen
und im Austausch über kulturelle Grenzen hinweg
etwas über sie lernen, werden eher dazu neigen, Vielfalt als Stärke anzusehen und als Geschenk zu schätzen.

In unseren Tagen bringen Globalisierung, Migration, Integration, Kommunikation und Reisen verschiedene Rassen, Kulturen und Ethnien in immer
engeren Kontakt miteinander. Mehr als je zuvor verstehen die Menschen, dass sie durch viele Kulturen
und Einflüsse geformt werden und dass das Kombi-
nieren des Vertrauten mit dem Fremden eine Quelle
bedeutender Erfahrungen und Einsichten sein kann.
Die Menschen können und sollen auf ihren Glauben
und ihr kulturelles Erbe stolz sein. Aber wir können
in Ehren halten, was wir sind, ohne zu hassen, was
wir nicht sind.

Wenn wir uns auf diese Herausforderung einlassen, dann beginnen wir nicht bei null. Es gibt eine
Reihe von gemeinsamen Werten, die die Menschheit
seit Jahrhunderten miteinander teilt. Die Vereinten
Nationen selbst wurden aus der Überzeugung gegründet, dass Dialog über Streit obsiegen kann, dass

Vielfalt ein universelles Gut ist und dass die Völker der Welt weit mehr durch ihr gemeinsames Schicksal geeint als durch unterschiedliche Identitäten gespalten sind. In der Tat kann man die Grundsätze der Charta der Vereinten Nationen und die Allgemeine **12** Erklärung der Menschenrechte als gemeinsamen Nenner der Menschheit ansehen.

Ich bin daher dankbar, dass eine so herausragende Gruppe von Persönlichkeiten bei der Vorbereitung dieses Buches so erfolgreich mit meinem Persönlichen Beauftragten für den Dialog der Kulturen zusammengearbeitet hat. Vom Geist eines echten Dialogs geleitet, strebt dieses Werk nicht danach, ein Handbuch zu sein oder eine Zukunftsprognose zu liefern. Vielmehr bietet es Reflexionen über die Vielfalt, entwickelt eine Vision unseres gemeinsamen Menschseins und öffnet einen Zugang zum Dialog. Und genau hierin liegt die Verantwortung, die jeder Einzelne von uns als Mensch hat. Ich bin sicher, dass viele daraus Nutzen ziehen werden.

Oktober 2001   Kofi Annan
                                              Generalsekretär
                                          der Vereinten Nationen

Danksagung

Es fällt nicht leicht zu erklären, warum 1998 von den Mitgliedern der Vereinten Nationen die Idee eines Dialogs der Kulturen ins Leben gerufen wurde. Einige erkannten den philosophischen Nutzen, nicht aber die praktische Bedeutung, während andere das Projekt sogar als einen Luxus empfanden angesichts unmittelbarerer Herausforderungen, die bewältigt werden müssen. Doch heute, im Herbst 2001, bin ich davon überzeugt, dass nur wenige an solchen Auffassungen festhalten werden. Die Ereignisse des September 2001, aber nicht nur sie, haben das Streben nach einem Dialog über Grenzen aller Art hinweg schlicht notwendig gemacht.

Es lässt sich leicht feststellen, dass es sich hier um eine Idee handelt, deren Zeit jetzt gekommen ist. Vielleicht wird die Brutalität derjenigen, die nicht an einen Dialog der Kulturen glauben, andere – wie uns – ermutigen, die Aufgabe ernster zu nehmen.

Im Jahre 1991 wurde ich mit verbundenen Augen durch die Straßen von Beirut gefahren, um mit maskierten Geiselnehmern zu verhandeln. Man kann durchaus sagen, dass die Unterschiede zwischen uns kaum größer hätten sein können. Doch wir tauschten uns aus, und wir hatten Erfolg. Diese so genannten Unterschiede waren kein Hindernis für eine wirkliche Verständigung. Für mich war diese Erfahrung in Beirut das Schlüsselerlebnis, das zum Entstehen dieses Buches führte.

Dieses Manuskript hätte nicht ohne das Verständnis, die Unterstützung, den Rat, die Ideen und die

Weisheit der Gruppe von bedeutenden Persönlichkeiten zustande kommen können, die der Generalsekretär der Vereinten Nationen für diese Aufgabe berufen
hat. Ihnen allen schulde ich persönlichen Dank für
die Geduld mit mir, die sie sowohl bei unseren Ar-
beitssitzungen als auch beim Austausch von E-Mails
und Faxen bewiesen haben. Sie haben ein großes
Maß an Toleranz für meine nicht gerade diplomatische Art der Argumentation und meine begrenzten
Kenntnisse gezeigt. Und sie haben mich gelehrt, was
Zuhören wirklich bedeutet.

Ohne die Mitarbeit eines Sekretariats, das ich mit
Hilfe der School of Diplomacy and International Relations der Seton Hall University zusammenstellen
konnte, hätte dieses Projekt nicht durchgeführt werden können. Universitätspräsident Monsignore Robert Sheeran machte diese Zusammenarbeit zwischen der Seton Hall University und den Vereinten
Nationen möglich. Botschafter Clay Constantinou,
der Dekan der »School«, und Marilyn DiGiacobbe,
Stellvertretende Dekanin für Außenbeziehungen, haben eine gewaltige Arbeitsleistung bewältigt, stellten
Ressourcen zur Verfügung und wirkten bei der Koor-
dinierung des Projektes mit. Ich bin auch dankbar für
die Zusammenarbeit mit der United Nations Association, insbesondere mit Suzanne DiMaggio.

Nicht einmal die Rohfassung dieses Buches hätte
das Licht des Tages erblickt ohne die Sorgfalt im De-
tail, die gründliche Durchsicht und die konzeptionelle Mitwirkung von Dr. Catherine Tinker. Für die
Erstellung des Textes war sie zu zahlreichen Über-
stunden bereit. Teresa Hutsebaut stellte uns nicht nur
technische Unterstützung bereit, sie ermutigte uns
und gab uns Ratschläge.

Die Fakultätsangehörigen der School of Diplomacy and International Relations der Seton Hall University boten uns die notwendige kritische Begleitung, damit dieses Manuskript seine Form annehmen konnte: Zu nennen sind hier die Stellvertretende Dekanin Dr. Marian G. Glenn, Dr. Margarita Balmaceda, Dr. Assefaw Bariagaber, Dr. Juan Cobarrubias, **15** Botschafter S. Azmat Hassan, Dr. Robert Manley, Dr. Philip Moremen, Dr. Baron Piñeda, Dr. Courtney B. Smith, Dr. Jeffrey Togmam, Dr. Gisela Webb und Monsignore Robert Wister. Sie zeigten mir das Ziel, wenn ich dabei war, es aus den Augen zu verlieren. Ihnen allen möchte ich Dank sagen. Ich bin mir dessen bewusst, dass es nicht gerade leicht war, mit mir zusammenzuarbeiten.

Ich möchte auch die Mitarbeit und Unterstützung anerkennen, die die Forschungsassistenten Denise Del Priore und Bernard Waruta leisteten, außerdem danke ich Tonya Ugoretz für ihre Hilfe bei der Publikation.

Darüber hinaus bin ich den Regierungen von Österreich, Irland und Katar sowie ihren Außenministerien und ihren Ständigen Vertretern bei den Vereinten Nationen in New York für ihre großzügige Unterstützung unserer Sitzungen in Wien, Dublin und Doha überaus verbunden.

Für die Möglichkeit, an einem Projekt mitzuwirken, an das ich aus tiefster Überzeugung glaube, bin ich dem Generalsekretär, Seiner Exzellenz Kofi Annan, ganz besonders dankbar.

Oktober 2001   Giandomenico Picco
                          Beigeordneter Generalsekretär
                             der Vereinten Nationen

16 *Ich möchte im Namen der Islamischen Republik Iran als ersten Schritt vorschlagen, dass die Vereinten Nationen das Jahr 2001 zum »Jahr des Dialogs der Kulturen« bestimmen, in der ernsthaften Hoffnung, dass durch solch einen Dialog die Verwirklichung von universeller Gerechtigkeit und Freiheit angestoßen werden möge.*

Zu den kostbarsten Errungenschaften dieses Jahrhunderts zählt, dass der Dialog und die Ablehnung von Gewalt, die Förderung des Verstehens auf den Feldern Kultur, Wirtschaft und Politik, die Festigung der Grundlagen von Freiheit, Gerechtigkeit und Menschenrechten als notwendig und bedeutend akzeptiert werden. Die Durchsetzung und Verbreitung von zivilisierten Verhaltensformen, sei es auf nationaler oder internationaler Ebene, hängen vom Dialog zwischen Gesellschaften und Kulturen ab, die unterschiedliche Ansichten, Neigungen und Herangehensweisen vertreten. Wenn die Menschheit an der Schwelle zu einem neuen Jahrhundert und einem neuen Jahrtausend all ihre Anstrengungen auf die Institutionalisierung des Dialogs richtet, wenn sie Feindseligkeit und Konfrontation durch Diskurs und gegenseitiges Verstehen ersetzt, dann wird sie künftigen Generationen ein unschätzbares Erbe hinterlassen.

Seyed Mohammad Chatami, Präsident der Islamischen Republik Iran, Rede vor der Generalversammlung der Vereinten Nationen, UN-Dokument A/53/PV.8, 21. September 1998

Die Resolution der 53. Generalversammlung
der Vereinten Nationen

Die Generalversammlung ...   **17**
mit Genugtuung darüber, dass die internationale Ge-
meinschaft kollektiv bestrebt ist, durch einen kon-
struktiven Dialog zwischen den Kulturen an der
Schwelle des dritten Jahrtausends ein besseres Ver-
ständnis zu fördern,
1. bekundet ihre feste Entschlossenheit, den Dia-
log zwischen den Kulturen zu erleichtern und zu för-
dern;
2. beschließt, das Jahr 2001 zum Jahr des Dialogs
zwischen den Kulturen zu erklären;
3. bittet die Regierungen, das System der Verein-
ten Nationen, namentlich die Organisation der Ver-
einten Nationen für Bildung, Wissenschaft und Kul-
tur (UNESCO), und andere maßgebliche internatio-
nale und nichtstaatliche Organisationen, geeignete
kulturelle, pädagogische und soziale Programme zu
planen und durchzuführen, um das Konzept des Dia-
logs zwischen den Kulturen zu fördern, so auch in-
dem sie Konferenzen und Seminare veranstalten und
Informationsmaterial und Studien zu diesem Thema
verbreiten, und bittet sie ferner, den Generalsekretär
über ihre Aktivitäten zu unterrichten ...

UN Doc. A/RES/53/22, 16. November 1998

(einstimmig angenommen)

Das Ende der Geschichte hat nicht stattgefunden, es **19**
ist nicht zu einem Kampf der Kulturen gekommen,
nicht einmal nach dem 11. September 2001. Institutionen, Nationen, Gruppen und Einzelne sehen sich
gleichwohl mit zwei widerstreitenden Tendenzen
konfrontiert – Globalisierung und Lokalisierung.
Während die Globalisierung in den Naturwissenschaften und der Technik, in der Massenkommunika-
tion, in Handel, Finanzwesen und Tourismus, bei der
Migration, der Kriminalität und hinsichtlich der ge-
sundheitlichen Probleme in beispiellosem Tempo und
Umfang voranschreitet, sind heute die lokalen Identitäten in ihrer ganzen Verbreitung und Fülle, die sich
durch Begriffe wie Ethnizität, Sprache, Herkunft, Religion und Tradition definieren lassen, wieder aufer-
standen als bedeutende Kräfte.

Marktwirtschaft, politische Demokratie, Zivilgesellschaft und die Rechte des Einzelnen als Attribute
der Modernisierung haben globale Bedeutung gewonnen; gleichzeitig hat der Einfluss der Traditionen
beim Gestalten der Welt zugenommen. Die Koexistenz und die Wechselbeziehungen zwischen Globalisierung und Lokalisierung und das Weiterbestehen
von Traditionen in der modernen Welt zwingen uns
zu einem Verhalten jenseits der einfachen Mentalität
eines »Entweder – Oder«.

Das Weltgeschehen des letzten Jahrzehnts verdeutlicht die Unzulänglichkeit einiger Theorien der frühen 1990er Jahre. Die Zweiteilung zwischen »dem
Westen und dem Rest«, die den Thesen vom »Ende

der Geschichte« und vom »Kampf der Kulturen« zugrunde liegt, hat sich als allzu starke Vereinfachung erwiesen. Auf den ersten Blick könnte der Krieg zwischen Aserbaidschan und Armenien als überzeugendes Exempel für diese Doktrin angesehen werden; herrscht doch immerhin in dem einen Land der eine Glaube und in dem anderen ein anderer vor. Als sich jedoch der Konflikt entwickelte, fand jede der beiden Parteien ihre Verbündeten im entgegengesetzten »kulturellen« Lager, und so ist es noch heute, da die bewaffnete Auseinandersetzung Jahre zurückliegt. Kosovo, Bosnien und Vietnam liefern ähnlich deutliche Beispiele dafür, dass man jenseits aller Gegensätze Verbündete gefunden hat.

Das Aufkommen des globalen Dorfes als virtuelle Realität und als imaginäre Gemeinschaft deutet keineswegs nur auf Integration und Harmonie hin. Das globale Dorf zeigt auch Unterschiede, Differenzierungen, Abgrenzungen, Diskriminierungen und Dissonanzen auf. Die Welt, gezwängt in ein ökologisches, finanzielles, kommerzielles und elektronisches System, war niemals so entzweit wie heute im Hinblick auf Macht, Reichtum, Einfluss und Zugang zu Informationen und Gütern. Dies scheint gleichermaßen auf die internationale, regionale, nationale und lokale Ebene zuzutreffen. Mit anderen Worten: Die Realität von so genannter Echtzeit-Kommunikation, die Möglichkeit ohne Zeitverzögerung weltweit miteinander zu kommunizieren und grenzenloser Gemeinschaft hat zugleich die tiefe Kluft, ja sogar Diskriminierung sichtbar gemacht, die in enger territorialer Nachbarschaft koexistieren. Wir können laufend partnerschaftlich im Austausch und in beruflicher Zusammenarbeit mit Kollegen stehen, die Tausende von Kilometern entfernt sind, und doch für unsere direkten

Nachbarn Fremde sein. In ein und derselben Gegend mag Echtzeit-Kommunikation für einige selbstverständlich sein und für andere völlig unvorstellbar.

Die Schärfe des Gegensatzes zwischen den Besitzenden und den Besitzlosen auf allen Ebenen menschlicher Erfahrung – als Individuum, in der Familie, Gesellschaft, Nation und der Welt – fördert ein Gefühl allgemeiner Unsicherheit. Tempo und Unbeständigkeit des Wandels verschärfen das Unvermögen, damit fertig zu werden, und fördern im Gegenzug Bigotterie, Extremismus, Vorurteile – mit anderen Worten: all das erinnert uns an Ausgrenzung, an das uns allen nur zu bekannte Denken in den Kategorien »Entweder – Oder« bzw. »Wir und die Anderen«.

Möglicherweise haben wir uns zu dem Fehlschluss verleiten lassen, die Welt habe sich so sehr verändert, dass die Lebensbedingungen des Menschen durch neu entstehende globale Kräfte ohne jeden Bezug zu Geschichte und Traditionen neu strukturiert werden. Doch eine der wichtigsten Einsichten in Hinblick auf Globalisierung und die Veränderung der Lebensbedingungen des Menschen ist die Erkenntnis, dass Globalisierung nicht unbedingt Homogenisierung mit sich bringt und dass die Modernisierung ökonomische, politische, soziale, kulturelle und religiöse Konflikte außen- und innenpolitischer Art ebenso verstärkt wie abschwächt.

Das Wiedererstarken von Ethnizität, Sprache, Geschlecht, Herkunft und Religion als wichtige Komponenten bei der Formung unseres Weltverständnisses zwingt uns dazu, neue gedankliche Modelle zu entwickeln. Das »Ende der Geschichte« mag die Konsequenz einer Interpretation von Globalisierung als Weltmachtstreben und Willkürherrschaft sein und

von Verschiedenartigkeit als Ausgrenzung und Bedrohung. Es kann jedoch durchaus sein, dass wir
nicht Zeugen des Endes einer Weltgeschichte, sondern vielmehr des Beginns einer solchen sind. Unser
Wissen um die Gefahr eines Konflikts zwischen den
Kulturen, der auf ursprünglichen Bindungen beruht,
macht einen Dialog geradezu unumgänglich. Die Politik der Vorherrschaft wird durch eine Politik der
Kommunikation, der Netzwerke, des Verhandelns,
der Interaktion, der Begegnung und der Zusammenarbeit ersetzt. Die unbeirrbare Überzeugung, dass
Modernisierung kulturelle, institutionelle, strukturelle und geistige Unterschiede hinwegfegen und –
wenn keine Eingriffe erfolgen – in eine gleichförmige
moderne Welt führen werde, ist nicht länger zu halten. Da Globalisierung sowohl Homogenisierung als
auch zugleich Lokalisierung erzeugt, bestimmen tatsächlich kulturelle und institutionelle Unterschiede
das Profil des Modernisierungsprozesses. Dies bedeutet, dass sich Traditionen auf den Verlauf der Modernisierung auswirken und unterschiedliche kulturelle
und institutionelle Formen entstehen.

Die Widerstandsfähigkeit und Sprengkraft eines
tief sitzenden Zugehörigkeitsgefühls können unbeab-
sichtigt auf Ausgrenzung gerichtete Leidenschaften
nähren mit dem Ergebnis, im Inneren kohärente,
aber nach außen hin aggressive kulturelle Identitäten
zu schaffen. Selbstwertgefühl ist durchaus positiv, solange es nicht in Selbstsucht ausartet. Der Sinn für
familiäre Bindung ist außerordentlich kostbar, solange sie nicht zur Vetternwirtschaft degeneriert. Der
Sinn für Gemeinschaftlichkeit ist segensreich, solange
er nicht zur Engstirnigkeit wird. Patriotismus ist be-
wundernswert, wenn er nicht zu einem chauvinisti-
schen Nationalismus herabsinkt. Das Gedeihen der

Menschheit ist so lange wichtig, wie es nicht zu einer bornierten Zentriertheit auf die Gattung Mensch verkommt. Wenn Globalisierung nicht zu einem Hegemonialsystem führen soll, muss sie von Vielfalt begleitet sein; wenn Lokalisierung nicht Ausgrenzung sein soll, bedarf sie gemeinsamer Wertmaßstäbe.

»Das Trennende überbrücken« – was auch immer das Trennende zu sein scheint – ist der erste Schritt eines Lernprozesses, an dessen Ende man mit Vielfalt umzugehen versteht und sie schätzen kann. Diese Fähigkeit mag kommenden Generationen unerlässlich erscheinen. Haben wir Älteren etwa die Sünde begangen, die Furcht vor der Vielfalt an unseren Nachwuchs weiterzugeben? Das mag so sein. Wenn es so ist, dann ist es ebenso wichtig, dass sich unsere Jugend des Fehlers, den wir gemacht haben, bewusst wird und den Mut findet, einen Schritt weiterzugehen, zu lernen, was wir nicht gelernt haben, zu sehen, was wir übersehen haben, und dort eine Hand auszustrecken, wo wir es versäumt haben. Die junge Generation kann mehr vollbringen, als wir geleistet haben, und das strebt sie auch an. Sie kann eine gerechtere Gesellschaft aufbauen, als wir es getan haben. Keine »Lehre« aus der Vergangenheit kann die Träume und Hoffnungen, die Visionen und Erwartungen der Generation abschwächen, der die Zukunft gehört. Dass in der Vergangenheit etwas nicht geschehen ist, bedeutet für die meisten von uns nicht, dass es für alle Zukunft ausgeschlossen ist. Mehr als alles andere sollte diese Einsicht dazu anspornen, nach mehr zu streben.

Wenn es uns nicht gelungen ist, das Trennende zu überbrücken, zu erkennen, dass Andersartigkeit kein Synonym für »Feind« ist, dann haben wir eher Mauern errichtet als solche niedergerissenen. Das heißt aber nicht, dass die neue Generation solche Mauern nicht in Brücken verwandeln und sie überschreiten kann. Eine kommende Generation kann nichts Geringeres von sich erwarten, als das zu bewältigen, was frühere Generationen nicht oder nur unzulänglich getan haben.

Jenen aber, die uns herabsetzen oder sogar lächerlich machen wollen, weil wir versuchen, die Perspektive von »Wir und die Anderen«, von Herrschaft durch Ausgrenzung, von »Freund« und »Feind« als menschliche Grundkonstanten zu überwinden, wird die kommende Generation möglicherweise entgegenhalten, dass solcher Spott von nichts als Überheblichkeit zeugt. Solche Arroganz drückt sich in der Überzeugung aus, dass das bislang Erreichte das Optimum des überhaupt Möglichen ist. Wir alle wissen aber sehr wohl, dass es nicht so ist. Ist es nicht ein Wesenszug unserer menschlichen Bestimmung zu forschen, zu entdecken, nach etwas zu streben, etwas zu erreichen und zu verwirklichen?

Ja, ein Dialog ist möglich; aber wird man von unserer Generation sagen können, dass sie ihn erfolgreich geführt hat? Wenn es immer noch Leute geben wird, die uns für Idealisten und Träumer halten, dann wollen wir ruhig einräumen, dass dies ein Versäumnis ist, zu dem sich viele von uns gern bekennen. Es steht traurig um ein Land, dessen junge Menschen keine Träume mehr haben; noch trauriger aber steht es um eine Nation, in der die Alten den Versuch unternehmen, den Träumen der Jungen den Garaus zu bereiten.

»Wenige Dinge haben mehr Schaden angerichtet als der Glaube von Einzelnen oder Gruppen, dass sie im alleinigen Besitz der Wahrheit sind: besonders die Gewissheit darüber, wie man sein Leben gestalten,

wie man sein und wie man handeln sollte, und dass
diejenigen, die anders sind, sich nicht bloß irren,
sondern verschlagen oder verrückt sind und daher in
ihre Schranken gewiesen werden müssen. Es ist eine
schreckliche und gefährliche Anmaßung zu glauben,
dass du allein im Recht und allwissend bist; und
dass sich die anderen im Unrecht befinden, wenn sie
nicht mit dir übereinstimmen.«
Isaiah Berlin, *Notes on Prejudice*, 1981

Vielfalt ist eine Konstante, ein Naturgesetz, das für
alle Gattungen gilt, für Menschen wie für andere Lebewesen. Im Laufe der Geschichte haben die Menschen sich stets in Sippen, Stämmen und Nationen
zusammengeschlossen. Das wurde deutlich, als die
Menschen begannen, intensive Kontakte zu pflegen
und ihre Unterschiede zu erkennen.

»Die Zahl unserer Gene beträgt nur ein Viertel dessen, was Wissenschaftler zu Beginn des Genompro-
jekts erwartet hatten – es sind nur doppelt so viele
wie bei einer Fruchtfliege ... Der Unterschied zwischen zwei Menschen ist minimal. Es gibt keinen
genetischen Determinismus, der über unserer
Erscheinungsbild bestimmt.«
Craig Venter, Präsident von Celera,
zitiert nach der *Financial Times* vom
31. Dezember 2000

Das Problem besteht nicht in der Tatsache, dass Vielfalt existiert, sondern darin, sie als Bedrohung zu begreifen. Die Tatsache, dass verschiedene Sprachen
und Schriftarten etwa gleichzeitig in unterschiedlichen Formen auftauchten – Hieroglyphen, Keil-
schrift, Linearschrift, Kalligraphie –, ist nicht als Bedrohung empfunden worden.

»Ihr Menschen! Wir haben euch männlichen und weiblichen Geschlechts geschaffen und euch in Stämme und Völker eingeteilt, damit ihr einander erkennen könnt.«

Koran, Sure 49:13

26 Unser Zugehörigkeitsgefühl schließt niemanden aus. Wir sind Mitglieder unserer Familie, aber auch unserer Gemeinschaft, unserer Sprachgruppe, unserer religiösen Konfession, unseres Berufsstandes, unserer Nation, unseres Kontinents und schließlich unserer menschlichen Gattung. Ja, in jedem Einzelnen von uns vereinen sich mehrere Identitäten.

Erstes Kapitel:
Überblick

Der Kontext des Dialogs:
Warum ein Dialog und warum heute?

Wie auch immer unsere unterschiedlichen Sichtweisen und Erfahrungen des 20. Jahrhunderts aussehen
mögen, so überwiegt doch die Meinung, dass während der ersten Hälfte, wenn nicht gar während der
ersten drei Viertel des Jahrhunderts, das Prinzip der
Ausgrenzung die Regel war; doch auch der Grundsatz der Einbindung hat im Laufe der letzten vierzig
Jahre einige Fortschritte gemacht, freilich nicht überall. Wir haben jedoch offenkundig eine ganz unterschiedliche Vorstellung von der Bedeutung des
20. Jahrhunderts im Blick auf einen Paradigmenwechsel, das heißt die verschiedenen Referenzpunkte
zur Beurteilung von gesellschaftlicher Entwicklung
oder Entfaltung. Ob es nun um die Prinzipien von
Woodrow Wilson, die Charta der Vereinten Nationen von 1945 oder die Römischen Verträge zur
Gründung der Europäischen Gemeinschaft geht, es
entsteht der Eindruck, dass Einbindung nicht leicht
zu realisieren war, und vielleicht ist das wirklich so.
Als das 20. Jahrhundert zu Ende ging, waren wir alle
einerseits Zeugen von unglaublichen positiven Wandlungen der geistigen Haltung bei Einzelnen und bei
ganzen Nationen. Andererseits waren wir auch Zeugen einer Spirale von tragischen Ereignissen, die mit
der Angst vor Vielfalt und gewiss auch mit dem Eindruck verbunden war, dass Verschiedenartigkeit eine
Bedrohung sei. In gewisser Weise war dies ein Gegen-
wind falscher Vorstellungen, der die Möglichkeiten
des Dialogs und der Einbindung hinwegfegte und
schließlich die uns alle verbindende menschliche Ge-

meinsamkeit bis zur Unkenntlichkeit zerstörte. In der Tat, was den Dialog anbelangt, starteten die 1990er Jahre auf dem falschen Fuß. Die Furcht vor der Vielfalt nahm das hässliche Antlitz von ethnischen Säuberungen, religiösen Konfrontationen und sogar vom »Kampf der Kulturen« an. Gleichzeitig gab es eine große Sehnsucht nach Gegenmodellen, bei denen die Furcht vor Vielfalt durch Dialog und durch die Erkenntnis einer gemeinsamen Zukunft überbrückt werden sollte.

Während Vielfalt immer wichtiger wird, scheinen zwei einander entgegengesetzte Tendenzen die Gesellschaft von heute zu beherrschen. Einerseits existiert eine Tendenz zur Homogenisierung, wie wir sie nie zuvor gekannt haben. Andererseits erleben wir bei Gemeinschaften eine immer stärkere Herausbildung von unterschiedlichen Identitäten. Es melden sich viele verschiedene Stimmen zu Wort, die gehört werden wollen, immer kleinere Einheiten bis hin zu Einzelpersonen erheben Anspruch auf Beteiligung.

Die 1990er Jahre haben uns außerdem gelehrt, dass Errungenschaften des gesellschaftlichen Miteinanders umkehrbar sind. Wir waren Zeugen von Integration und Auflösung, Globalisierung und Lokalisierung, weltweiter Kommunikation und der Wiedergeburt eines neuen Isolationismus: ideologisch, religiös und politisch. Wir haben das Entstehen einer einzigen Supermacht erlebt. Wir haben anlässlich der Finanzkrisen des letzten Jahrzehnts erfahren müssen, wie die Großen auf die Kleinen, aber auch wie die Kleinen auf die Großen einwirken. Vielleicht ist diese Wechselseitigkeit zum wahren Kennzeichen der neuen Zeit geworden. Nicht länger mehr werden nur die Mächtigsten den Bemühungen der Menschen ihren Stempel aufdrücken. In Zukunft wird sich der mächtigste Staat nicht mehr auf jeden Fall durchsetzen. Auch kleineren Staaten, ja sogar Gruppen und Individuen wird es gelingen, sich Gehör zu verschaffen.

Im Laufe der 1990er Jahre hat sich die Zahl der Akteure auf der internationalen Bühne dramatisch erhöht. Hier treten nicht mehr nur die National- staaten auf: Auch Nichtregierungsorganisationen (NGOs), Wirtschaftsunternehmen und sogar Einzelpersonen werden die Zukunft der Weltgesellschaft gestalten. Trotz der Sorge vor einer weltweiten Gleichmacherei und der übermächtigen Vorrangstellung des Stärksten sind die globalen Entscheidungsprozesse feiner aufgesplittert als je zuvor. Die Starken und die Schwachen tragen beide mehr zur Gestaltung der Zukunft bei als zu jeder anderen Zeit in der Menschheitsgeschichte. Zugegeben, es gibt große Befürchtungen vor einer Hegemonie des Stärksten, doch gleichermaßen real ist die Fähigkeit vieler, ihren Stimmen – zum Guten oder zum Schlechten – Gehör zu verschaffen und zu Veränderungen beizutragen. Aber dass »Stimmen gehört werden« bedeutet noch lange nicht, dass »Rollen verteilt« werden. Es ist unumgänglich, sich die im Gange befindlichen Erneuerungen bewusst zu machen und den Mut zu haben, Veränderungen zu akzeptieren, die sich in Geschwindigkeiten vollziehen, die vor wenigen Jahrzehnten noch unvorstellbar waren.

Das wohl wichtigste Merkmal des letzten Teils des 20. Jahrhunderts waren Geschwindigkeit und Verlauf des Wandels – und das ist heute nicht anders. Wenn wir den Zustand der Welt mit einem Computer vergleichen wollen, dann ist die grundlegende Hardware – also die Institutionen als die Motoren der Zivilisation – auf der ganzen Welt anerkannt; aber wir müssen auch erkennen, das die Software – nämlich die

Normen und Verhaltensregeln, die Gestaltungsprinzipien und die gegenwärtigen Akteure – nicht mit der Hardware zusammenzupassen scheinen. Wir mögen daher eine fundamentale Unverträglichkeit zwischen Hardware und Software, Bedürfnissen und Möglichkeiten feststellen. Die Teilhabe am Gesamtsystem ist nicht mehr länger ausschließlich ein Privileg der traditionellen Machtzentren. Ob Vor- oder Nachteil, die Weltbühne ist enger geworden.

Die Geschwindigkeit des Wandels zwingt uns alle zu schnellerem Lernen. Das kann unseren Horizont erweitern und zum Erfahrungsaustausch mit vielen unterschiedlichen Gruppen und Individuen führen. Der Lernprozess kann durchaus direkt mit einer großen Zahl von Erfahrungen verknüpft sein. Er kann auch unmittelbar mit der Akzeptanz von Vielfalt als Ausgangspunkt für noch umfangreichere Lernvorgänge verbunden sein. Zeiten der bewussten Isolation waren für viele Länder gleichzusetzen mit Elend. Jene, die diese Erfahrung gemacht haben, dürften diesen Fehler nie mehr wiederholen.

Die 1990er Jahre waren durch die Erniedrigung jener geprägt, die in Konflikte hineingezogen wurden, welche von Einzelnen – seien es Anführer oder Gefolgsleute – auf der Grundlage von ethnischen, religiösen, stammesbezogenen, kulturellen, geschlechtlichen oder anderen wahrgenommenen Unterschieden ausgelöst und gerechtfertigt wurden. Die Täter präsentierten ihre entwürdigenden Taten zunächst als Konsequenzen sozialer, politischer, wirtschaftlicher und anderer Verschiedenheit; anschließend schrieben sie die Verantwortung einem Kollektiv zu; und als drittes legten sie uns dann dar, dass all dies unvermeidbar gewesen sei. Unglücklicherweise haben sich nur wenige Stimmen gegen diese Irreführungen im

Hinblick auf die angeblichen Ursachen der Konflikte erhoben. Es wäre vergebens gewesen, sich auf den Todesäckern Kambodschas, des Balkans oder der Region der Großen Seen Afrikas auf die Suche nach »der mörderischen Hand der Geschichte«, dem »räuberischen Arm der Kultur«, dem »zerstörerischen Stiefel irgendeiner Institution« oder der »verstümmelnden Faust der Religion« zu machen. Es wäre sinnlos gewesen, denn das einzige Wesen auf Erden, das überhaupt zu solchen Untaten fähig ist, war und ist der individuelle Mensch, und er wird es immer sein, ob er nun Führer oder Mitglied einer Gruppe ist; niemand und nichts ist sonst dafür zur Verantwortung zu ziehen.

Mitte der 1990er Jahre fragte man sich, wie viele Erdenbürger immer noch an den unbeugsamen Geist der Menschen glaubten, an ihre Fähigkeit, das noch Unbekannte zu entdecken, an ihre Entschlossenheit, die schwierigsten Probleme zu lösen, bis in die letzten Erdenwinkel nach einem besseren Leben Ausschau zu halten und auch die schlimmsten Auswüchse von Ungerechtigkeit zu bekämpfen. Allzu viele schienen das Geschehen als unvermeidbar hinzunehmen. Hatte der menschliche Geist vor dem Trugschluss kapituliert, es gebe ein vorbestimmtes Schicksal, das die Verstümmelung von Kindern und die Vernichtung tausender Opfer als unabwendbar hinnimmt?

Ideologien, die Andersartigkeit als gleich bedeutend mit Feindseligkeit, ja als Bedrohung verstanden, schienen in den 1990er Jahren zu gedeihen, genauso als sei ein Feindbild geradezu lebensnotwendig. Wie weit waren wir als menschliche Gattung bereits auf den falschen Weg geraten, dass wir sogar den Mut verloren hatten, anklagend unsere Stimmen zu erheben? Endlich, im September 2001, schrie es die überwältigende Mehrheit der Weltbevölkerung laut hinaus, dass keine Religion, keine Geschichte, keine Ideologie und keine Traditionen die Perversität terroristischer Handlungen rechtfertigen oder solche Taten verlangen können. Die Verantwortlichkeit jener Verbrecher lässt sich nicht hinter diesen verlogenen Vorwänden verstecken. Als Unschuldige ihr Leben verloren, deren Verschulden einzig und allein darin bestand, anders zu sein als ihre Mörder, erkannte die große Mehrheit der Menschen, dass es keine Rechtfertigung dafür geben konnte. Gewiss, die Täter des 11. September würden liebend gern einen Kampf der Kulturen sehen. Sie könnten ohne einen Feind nicht existieren. Waren aber die Ereignisse des 11. September nicht eher ein Anzeichen für einen Zusammenstoß innerhalb einer Kultur, oder anders gesagt, für einen Kampf um die Seele dessen, was sie als ihre Kultur in Anspruch nehmen?

> »Es kann überhaupt keine Rede davon sein, dass es sich hier um einen Krieg zwischen dem Islam und dem Christentum handelt, denn die überwältigende Mehrheit der Muslime überall auf der Welt hat den Anschlag verurteilt.«
> Tom Koh, *International Herald Tribune*, 26. September 2001

Warum ist dann überhaupt ein Dialog der Kulturen erforderlich? Im gegebenen Zusammenhang scheint die Antwort ganz einfach zu sein. Besteht nicht ein Bedürfnis nach einem neuen globalen Ethos? Ist eine Neubewertung von Vielfalt nicht unerlässlich? Gilt das nicht ganz besonders heute, da wir erkennen, dass die Differenzen so verschwindend gering sind? Unterscheiden wir uns schließlich nicht höchstens um Nuancen voneinander? Warum sehen so viele die Unterschiede und erkennen so wenige die Gemeinsamkeiten? Ist es vielleicht so, dass jene, die die Unterschiede fürchten, diese noch vertiefen, und dass jene, die die Realität der Gemeinsamkeiten erkennen, sich schweigend auf die Kraft dieser Wahrheit verlassen? Vielleicht können wir die angemessenen Antworten auf diese Fragen nur finden, wenn wir annehmen, dass all diese Spaltungen und Abschottungen zwischen Gruppen, wie auch immer diese erklärt werden, niemals eine zuverlässige Abbildung der Wirklichkeit bedeuten. Wir werden zu jedem beliebigen Zeitpunkt in jeder Gruppe Menschen finden, die trotz unterschiedlicher Denkweisen miteinander auskommen. Doch müssen wir darüber hinaus akzeptieren, dass jeder Einzelne von uns in manchen Augenblicken, wenn auch in unterschiedlichem Ausmaß, beide Empfindungen verspürt – dass Vielfalt eine Bedrohung ist und dass Gemeinschaftlichkeit uns alle verbindet. Mit anderen Worten: Der Dialog beginnt in unserem Inneren.

Das Ziel des Dialogs: Auf dem Weg zu einem neuen Paradigma globaler Beziehungen

36 Dialog ist ein geeignetes Mittel, um zu einem neuen Paradigma globaler Beziehungen zu gelangen. Dialog ist der erste Schritt zur Schaffung eines Gefühls der Zugehörigkeit, denn ohne miteinander zu kommunizieren und zuzuhören, werden wir unsere Gemeinsamkeiten nicht entdecken können.

Unser Dialog setzt die Existenz gemeinsamer universeller Werte voraus. Allzu lange hat die irrige Meinung vorgeherrscht, dass Rationalität, Freiheit und Toleranz, aber auch Gerechtigkeit und Respekt vor der menschlichen Würde dem Westen zuzurechnen sind; diese Annahme ist in vielfacher Hinsicht in Frage gestellt worden. Tatsächlich haben sich einige dieser Wertmaßstäbe eindeutig in Asien und Afrika herausgebildet, bevor man sie in Europa schätzen lernte. Wir erkennen das Bestehen eines »globalen gemeinsamen Nenners« an, den manche gern als »Weltzivilisation« bezeichnen, was für uns heißt, gemeinsame moralische Maßstäbe und Werte, die das Fundament eines globalen Ethos bilden.

Indem wir uns auf den Dialog einlassen, halten wir – die wir aus den unterschiedlichsten Regionen des Erdballs kommen – einen uralten Brauch in Ehren, streben eine respektvolle Kommunikation und ein gegenseitiges Verständnis an. Unser Gespräch gründet sich aber stets in der praktischen Realität der vielgestaltigen Welt von heute. Jeder Dialog beginnt an einem gemeinsamen Ausgangspunkt mit gemeinsamen Grundsätzen wie Gerechtigkeit und die »Goldene Regel«. Dialog als ein Prozess kann dazu dienen, bestimmte Felder oder Probleme der Politik, der Gesellschaft, der Wirtschaft, der Umwelt, der Bildung und der Ethik anzusprechen. Um von Nutzen zu sein, muss der Dialog offen geführt werden, sich auf Kenntnisse gründen und darauf abzielen, Unterschiede zu erkennen und zu begreifen. Es handelt sich um ein wirkliches Gespräch über gemeinsame Werte, universelle Normen und bestimmte Gewohnheiten, um gleichermaßen Konvergenzen zu finden wie Divergenzen zuzulassen.

»Als Menschen appellieren wir an Menschen, sich ihres Menschseins zu erinnern und alles Übrige zu vergessen. Wenn das gelingt, liegt der Weg zu einem neuen Paradies frei vor uns.«
Bertrand Russell und Albert Einstein,
Manifest vom 9. Juli 1955

Es stimmt wohl, dass aus der kollektiven Vorstellung die Gefahr einer atomaren Katastrophe von planetarischem Ausmaß gebannt zu sein scheint. Ob diese Gefährdung auch real abgewendet ist oder nicht, steht auf einem ganz anderen Blatt. Ebenso richtig ist aber auch, dass das Risiko der Weiterverbreitung von Massenvernichtungswaffen vielen noch nicht bewusst ist. Es scheint so zu sein, dass Unwissenheit ausgenutzt worden ist, um in zahlreichen Gesellschaften und über viele Grenzen hinweg die Furcht vor der Vielfalt anzufachen.

Das alles beherrschende Paradigma der internationalen Beziehungen bestand während der letzten Jahrhunderte darin, dass das Monopol des Handelns auf der internationalen Bühne beim Nationalstaat lag, und Verschiedenartigkeit wurde stillschweigend – oder auch recht deutlich – als der Unterscheidungsfaktor anerkannt, der zur Kennzeichnung des Feindes diente.

Ein weiteres Element dieses alten Paradigmas der internationalen Beziehungen besteht darin, dass durch die Errichtung eines Systems kollektiver Entscheidungen auch der Glaube an kollektive – und nicht individuelle – Verantwortlichkeit gestärkt wurde. Im Laufe der letzten Jahrzehnte haben wir gelernt, Verantwortlichkeit Institutionen oder noch weniger eindeutig definierten Begriffen wie Geschichte, Religion und Kulturen zuzuschreiben. Das internationale System hat alles Erdenkliche getan, um in Angelegenheiten, die den Staat, die *res publica,* betreffen, den Einzelnen aus seiner direkten Verantwortung zu entlassen.

Es ist richtig, dass wir im Laufe der letzten Jahrzehnte damit begonnen haben, uns allmählich von dieser Weltsicht zu verabschieden. Es ist noch keine sechzig Jahre her, dass die Gemeinschaft der Nationen sich in ihrer Gesamtheit weigerte, die Ausreden jener zu akzeptieren, die geltend machten, für ihre Taten nicht persönlich verantwortlich zu sein, da sie ja bloß »Befehlen gehorcht« hätten. Heute sollten wir uns ähnlich unbeugsam verhalten und es ablehnen, die Argumente jener hinzunehmen, die versuchen, ihre persönliche Verantwortung hinter Konzepten der Ethnizität, des Geschlechts, der Religion, der Geschichte und sogar von Kulturen zu verbergen.

Können wir uns auf eine Weltsicht zubewegen, die Einbindung, Teilhabe, humanen Umgang mit Unterschieden in den Mittelpunkt stellt und die die vielen Gemeinsamkeiten akzeptiert, die uns verbinden? Der Schlüssel zum neuen Paradigma der globalen Beziehungen liegt in der Überwindung des Missverständnisses, dass Unterschiedlichkeit mit Feindseligkeit gleichzusetzen ist. Was kann das in der Praxis bedeuten?

> »Am 20. Juli 2000 verbrachten zwei junge Familien
> unabhängig voneinander einen Sommertag an den
> Ufern des See Genezareth, an dessen Ufer drei Län-
> der grenzen. Der kleine Junge der ersten Familie
> entschloss sich, Schwimmen zu gehen. Nachdem er
> ein paar Minuten lang fröhlich geschwommen war,
> bekam er Angst und rang um Luft. Vom Ufer aus
> beobachtete dies der Vater der anderen jungen
> Familie. Sofort sprang er in das Wasser, um das
> Kind zu retten. Dem Kleinen gelang es dank seiner
> Hilfe, den sicheren Strand wieder zu erreichen. Der
> junge Mann aber, der den Knaben gerettet hatte,
> erlitt noch im Wasser einen Schwächeanfall und er-
> trank. Die anschließenden Zeitungsartikel über
> diesen Vorfall berichten, dass der gerettete Knabe
> ein Jude und sein Lebensretter ein Moslem war.
> Dem neuen Paradigma zufolge hatte ein Vater das
> Leben eines Jungen gerettet, der nicht sein Sohn
> war, wie es jeder Vater und jede Mutter allerorten
> selbst um den Preis des eigenen Lebens tun würde.«
>
> Nach Zeitungsberichten vom Juli 2000

Das Ziel des Dialogs der Kulturen mag einigen unerreichbar erscheinen. Der Dialog, den wir vorschlagen, läuft darauf hinaus, einander mit neuen Augen
zu sehen; nicht mit den Augen der Vergangenheit,
sondern mit jenen der Zukunft, einer Zukunft, die
uns auf jeden Fall in vielfacher Hinsicht näher zusammenbringen wird. Dies ist der konzeptionelle
Schwerpunkt unseres Austausches, so soll der tatsächliche Umgang und die Nutzbarmachung von
Vielfalt umsetzbar sein.

Das neue Paradigma wird deutlich machen müssen, dass es kein Synonym für Feindseligkeit ist, und

dass Globalisierung nicht das Gegenteil von individuellen Identitäten ist. Wir streben eine stärkere Bedeutung von Einbindung, von Teilhabe, von Beiträgen, von Stimmen als jemals zuvor an, eine Gesinnung, in der Vielfalt als Quelle von Stärke und Wohlstand sowie als Instrument zur Besserung der Lage gilt.

An dieser Stelle ist es wohl angebracht, sich daran zu erinnern, dass wir unmittelbar nach Ende des Kalten Krieges eine Konjunktur intellektueller und politischer Theorien erlebten, mit dem Ziel, einen neuen Feind zu erfinden oder aufzuspüren. Diese Theorien mögen nur einen begrenzten Erfolg gehabt haben, aber die alten Paradigmen sind nicht verschwunden; die Betrachtungsweise, Vielfalt als Bedrohung zu empfinden, ist immer noch lebendig. Der Paradigmenwechsel muss, um Erfolg zu haben, in den Köpfen der Menschen stattfinden.

Die Wissenschaft scheint Hinweise darauf zu liefern, dass die Gemeinsamkeiten der Menschen stärker sind als ihre Unterschiede. Wenn es tatsächlich so ist, dass die Verhaltensweisen von Individuen nicht genetisch determiniert sind, dann hat das Konzept der Fremdenfeindlichkeit wohl keine biologische Grundlage. Auf gesamtgesellschaftlicher Ebene kann das neue Paradigma die Unerlässlichkeit eines Feindbildes als gesellschaftliches Manipulationsinstrument überflüssig machen. Es kann auch das allzu bequeme Konzept, dass die Verantwortlichkeit beim Kollektiv liegt, in Frage stellen. Zwar mag es tatsächlich kollektive Entscheidungen geben, doch die Verantwortung liegt grundsätzlich beim einzelnen Menschen; denn andernfalls würde die Bindung jedes Einzelnen von uns an Kollektiventscheidungen in der Tat sehr schwach sein. Individuelle Haftung bei gemeinsamen

Entscheidungen wird auch die Vorstellung in Frage stellen, dass Macht unweigerlich Recht schafft.

Unser Dialog der Kulturen ist ein Gedankenaustausch sowohl *innerhalb* von Gesellschaften als auch *zwischen* und *unter* ihnen. Er lässt uns erkennen, was uns über alles Trennende hinweg verbindet: das uns allen gemeinsame Streben nach einem besseren Leben für unsere Kinder. Diese Gemeinsamkeit vereint uns alle, wenn wir spüren, dass es in unserem täglichen Leben Elemente gibt, die wir unter keinen Umständen aufgeben können: unsere Menschlichkeit, unsere Fähigkeit zu verzeihen, unser Rechtsempfinden, ein umfassendes Ziel, das wir allein niemals zu artikulieren oder zu erreichen vermögen. Können wir dies vielleicht als ein Gefühl bezeichnen, zu *einer einzigen* menschlichen Familie zu gehören, in der jede Gruppe, jeder Einzelne und jede Nation wegen des positiven Beitrags, den er oder sie leistet, willkommen geheißen und nicht als eine auf andere gerichtete Bedrohung gefürchtet wird?

42 Unser Dialog der Kulturen verfolgt die Absicht, einen neuen Weg zu finden, unsere Nachbarn global, lokal und sogar individuell zu betrachten und ebenso die Bedeutung der Vereinten Nationen zu verstehen. Das ist ein Vorhaben von globaler Dimension, in dessen Mittelpunkt gleichwohl Respekt vor jeder individuellen Identität steht. Es ist ein Bemühen, tief in der Geschichte dieses und früherer Jahrhunderte verwurzelt, wie auch viele Elemente der Vereinten Nationen immer noch die Vergangenheit widerspiegeln: die überwältigende Bedeutung der Großmächte und die Unantastbarkeit des Nationalstaates. Allerdings geht es hier um ein Wagnis, das die Keime einer Vision für die Zukunft in sich trägt, was sich besonders in der Anerkennung zweier Begriffe zeigt: Regierungen und Völker. Wir streben ein System an, in dem eine Stimme nicht nur deshalb gehört wird, weil sie mächtiger oder schriller als andere ertönt, sondern einfach deshalb, weil sie Bestandteil der Gesamtheit von Nationen und Völkern ist. Als menschliches Bemühen stützt es sich auf das, was die Welt war und ist, stellt aber auch den Anspruch, einen Entwurf zu liefern, wie die Welt sein *könnte*. Es umfasst die Wirklichkeit des Vergangenen, ebenso wie das Verlangen nach dem, was noch sein könnte.

Vieles an dieser neuen globalen Betrachtungsweise ist eben gerade Bestandteil der Philosophie der Vereinten Nationen. Vielleicht ist es auch richtig, dass vieles von der Philosophie und Vision der Vereinten Nationen verwischt, zur Seite gedrängt und zuweilen aufgrund des weiter bestehenden alten Paradigmas vernachlässigt worden ist, das sich auf Engstirnigkeit und Vorurteile, auf Ausgrenzung und auf eine Geisteshaltung stützt, die Vielfalt als Bedrohung ansieht. In den 1990er Jahren konnte man sich leicht fragen, warum zu einem Zeitpunkt, da einige der wichtigsten Mauern der Teilung und Abschottung gerade gefallen waren, so viele nichts Eiligeres zu tun hatten, als neue zu errichten. Für jene, die die Ignoranz instrumentalisierten, um die Angst vor der Vielfalt zu schüren, musste es in der Tat hohe Mauern geben. Es kann daher nicht überraschen, dass es für die Vereinten Nationen fast unmöglich war, mit diesen Konflikten umzugehen, die nicht durch den Wettstreit der Ideologien, nicht durch unterschiedliche Prioritäten, nicht einmal durch unterschiedliche wirtschaftliche oder gesellschaftliche Visionen der Zukunft entstanden waren, sondern auf der schlichten Überzeugung beruhten, dass Vielfalt an sich bereits eine Bedrohung sei. Die sich daraus ergebenden Entwürdigungen und Auseinandersetzungen waren und sind die härtesten Schläge gegen die Vereinten Nationen, sie sind das genaue Gegenteil der Wertordnung der Charta der Vereinten Nationen und die äußerste Herausforderung an die Zukunft der Vereinten Nationen, denn sie negieren die grundlegendsten Werte, die inneren Maßstäbe der Weltorganisation.

Diese entwürdigenden Taten der 1990er Jahre bedeuteten für das internationale System insgesamt eine existenzielle und nicht bloß eine operative Herausforderung. Doch allem Anschein nach betrachteten viele die erfolglosen Bemühungen der Vereinten Nationen in jenen Jahren als ein Problem der Arbeitsweise – sozusagen als eine technische Angelegenheit; als eine Frage der Strukturen, vielleicht auch des Auftretens. Die Entwürdigungen der 1990er Jahre stellten jedoch das Prinzip der Menschenwürde, das Verständnis von Vielfalt, das Streben nach Universalität und die Errungenschaften der internationalen Gemeinschaft seit 1945 in Frage. Man könnte einwenden, die so genannten ethnischen Konflikte oder Taten der Intoleranz seien von Menschen begangen worden, die sich durch ihre Handlungen selber außerhalb des Bezugssystems der Vereinten Nationen gestellt haben. Wie hätten sie auch anders ausgerechnet die Fundamente angreifen können, auf die die Gründer das menschliche Gemeinschaftsunternehmen namens Vereinte Nationen stellten?

Die Vision und weltanschauliche Grundlage der Vereinten Nationen, die wir wieder neu entdecken möchten, beruhen auf etwas, das man den »globalen Gesellschaftsvertrag« nennen könnte. Wir sind uns selbstverständlich dessen bewusst, dass der wichtigste Anlass für die Gründung der Weltorganisation das Bestreben war, einen weiteren Weltkrieg zu verhindern. Wenn Universalität ein Grundzug dieser Organisation ist, dann bedeutet dies gleichzeitig, dass ihre Mitglieder individuell anerkannt werden. Ihre Eigenart und ihre Zugehörigkeit zu einer gemeinsamen Familie sind ein weiterer fester Bestandteil der Organisation. Es gibt daher für alle Mitglieder einen gemeinsamen Nenner. Ein stillschweigender globaler Gesellschaftsvertrag besteht unter den Mitgliedern der Organisation: Auf der einen Seite stehen jene, die danach streben, integriert zu werden, um am kollektiven Entscheidungsprozess teilzuhaben, auf der anderen Seite jene, die von den anderen die Legitimation für ihre Politik erstreben.

Betrachtet man die Vereinten Nationen in dieser

Perspektive, heißt das natürlich nicht, dass man sich nur die Strukturen und Mechanismen der Organisation ansieht; vielmehr geht es um die Vereinten Nationen als einen Ort, an dem ein Übereinkommen mit Leben erfüllt werden kann, das für die bestmögliche Anerkennung der Identitäten der jeweils anderen und für die Akzeptanz einer gemeinsamen Zugehörigkeit eintritt. Das neue, auf Einbindung abzielende Paradigma globaler Beziehungen, das wir hier skizzieren wollen, wird daher in eben dem Maße die Arbeit der Vereinten Nationen erfolgreicher und ihre Mechanismen effizienter machen, wie das alte Paradigma von Feindseligkeit und Ausgrenzung die Organisation zeitweise lahm gelegt hat und im besten Fall gelegentlich Erfolge zuließ. Der Sinn unserer geistigen Reise geht weit über den Neuaufbau der Vereinten Nationen hinaus.

Wenn wir schließlich in den Vereinten Nationen einen Ort sehen, an dem ein globaler Gesellschaftsvertrag vollzogen werden soll – der »Partizipation« im Entscheidungsprozess einschließt und jenen »Legitimität« verleiht, die Ideen und Lösungen vorschlagen –, dann sollten wir auch die Rolle der neuen Akteure auf der internationalen Bühne in Betracht ziehen, die man schwerlich von einem Dialog der Kulturen ausschließen kann. Es handelt sich dabei um Organisationen der Zivilgesellschaft, um Individuen, durchaus auch um Wirtschaftsunternehmen von weltweiter Bedeutung. Vom Bildungswesen bis zu einer Mobilisierung mit dem Ziel, Hilfsdienste für Grundbedürfnisse zur Verfügung zu stellen, haben die Nichtregierungsorganisationen ihre Bereitschaft bereits nachgewiesen, auch dann zu handeln, wenn Staaten nicht dazu in der Lage oder einfach nicht dazu bereit sind.

Während sich das Tempo der Globalisierung steigert, werden Privatunternehmen, wie auch immer man das beurteilen mag, zunehmend als Schlüsselfiguren im Prozess des Aufbaus von Gesellschaften für alle Völker der Welt angesehen. Großunternehmen haben Betriebskosten und Profite, die die Staatshaushalte vieler Länder der Welt übersteigen. Ein Großteil des Welthandels besteht in der Praxis aus grenzüberschreitenden Bewegungen von Kapital und Gütern innerhalb einzelner Firmen. Das führt dazu, dass einige Unternehmen aktiv bei unseren Bemühungen um die Förderung der wirtschaftlichen Entwicklung, den Transfer geeigneter Technologien und Ausbildungsmethoden, den weltweiten Umweltschutz und den Kampf gegen grenzüberschreitende gesellschaftliche Übel wie Verbrechen und Krankheit mitwirken. Andere lassen sich möglicherweise ermutigen, zu diesen Anstrengungen beizutragen, wenn sie auch nicht mit all diesen Zielen übereinstimmen; manche Unternehmen jedoch werden wohl in der Tat auf der anderen Seite bleiben, weil es ihnen einzig und allein um Profite geht. Jedenfalls sind Privatfirmen wichtige Akteure, denn ihr Handeln hat zwangsläufig Einfluss auf das Leben vieler Menschen.

Schließlich haben Persönlichkeiten, die in einer Sphäre außerhalb der traditionellen Diplomatie zwischen den Regierungen operieren, eindeutig ihre Fähigkeit unter Beweis gestellt, überall auf der Welt Ereignisse zu beeinflussen. Von religiösen Führern bis zu ehemaligen prominenten Politikern, von Verfechtern gesellschaftlicher Anliegen bis zu Schriftstellern und Künstlern und leider auch von Terroristen über Drogenhändler bis zu Geldwäschern, haben die Menschen heute die Fähigkeit – zum Guten und zum Schlechten – dramatisch Einfluss auf das Leben ihrer

Mitmenschen zu nehmen. Schließlich und endlich liegt die Herausforderung, Vielfalt schätzen zu lernen, in jedem einzelnen Menschen.

»Harmonie ohne Gleichförmigkeit.«

Konfuzius

Zweites Kapitel:
Das Umfeld des Dialogs:
Globalisierung und Vielfalt

Wenn wir uns über die Gegensatzpaare Globalisierung und Regionalisierung, Industrie- und Entwick-
lungsländer, Kapitalismus und Sozialismus hinausbe-
wegen, werden wir zu einem immer enger miteinander verbundenen globalen Dorf. Durch Überwindung
der vermeintlichen Dichotomien Tradition und Moderne, Ost und West, Nord und Süd, Wir und die Anderen können wir die reichhaltigen und vielfältigen
geistigen Ressourcen unserer globalen Gemeinschaft
erschließen, während wir uns zugleich bemühen, die
Dilemmata der menschlichen Situation zu verstehen.
Zumindest erkennen wir, dass die großen religiösen
Traditionen, die wichtige Beiträge zum »Zeitalter der
Vernunft« – zur Aufklärung im modernen Westen –
geliefert haben, überall auf der Welt eine tiefe Bedeutung für die Gestaltung des Lebens von Menschen haben. Christentum, Judentum, Islam und griechische
Philosophie werden wichtige Quellen der Weisheit
auch für die kommenden Jahrhunderte bleiben. Andere Lebenswege wie Hinduismus, Dschainismus,
Konfuzianismus und Daoismus sind in der gegenwärtigen Welt ebenso lebendig und werden wohl auch in
der Zukunft weiter gedeihen. Darüber hinaus haben
Gelehrte, aber auch Politiker erkannt, dass Formen
eingeborener Spiritualität – etwa auf dem afrikanischen Kontinent, im Schintoismus, bei den Maoris,
den Polynesiern, den Ureinwohnern Amerikas, den
Inuit, den Mittelamerikanern, den Ureinwohnern der
Anden und Hawaiis – ebenfalls Quellen der Inspiration für das »globale Dorf« sind.

Die westlichen, die nichtwestlichen und die eingeborenen Traditionen sind alle unglaublich vielschich-
tig, jede von ihnen ist reich an fruchtbaren Mehrdeu-
tigkeiten. Die monotheistischen Religionen (Judentum, Christentum und Islam) stammen alle aus dem
52   Orient und symbolisieren einen Prozess beträcht-
licher Transformationen, der sich über lange Zeiträume hingezogen hat. In ähnlicher Weise entfalten
der hinduistische, buddhistische, konfuzianische und
daoistische Lebensweg jeweils eine großartige spirituelle Vision, die fundamentale Einsichten, sorgfältig
ausgestaltete Rituale, soziale Institutionen und Formen des Alltagsverhaltens umfasst. Unser Bewusstsein von der Reichhaltigkeit und Vielfalt der spirituellen Ressourcen, die der Weltgemeinschaft zur
Verfügung stehen, ermöglicht uns, unsere Arroganz
zu überwinden, die sich in Hegemonie und Ausgrenzung äußert, und Rat, Orientierung und Weisheit bei
anderen Traditionen zu suchen. Überdies erkennen
wir auch voll und ganz die Gefahr von interreligiösen
und intrareligiösen Konflikten, die die Stabilität ört-
licher, nationaler und regionaler Gemeinschaften bedrohen und damit eine große Herausforderung für
eine weltweite Kultur der Hoffnung darstellen. Die
Notwendigkeit eines Dialogs ist offenkundig.

Die schnelle Globalisierung während des letzten Jahr-   53
zehnts wurde von einer immer heftiger werdenden
Debatte über ihre Vor- und Nachteile und ihre Män-
gel begleitet. Die Globalisierung hat neue Schätze an
Wissen hervorgebracht, sie hat als selbstverständlich
geltende Wahrheiten entlarvt und ihre eigenen Mythen und Fehldeutungen geschaffen. Zu ihren Auswirkungen zählen die explosiven Entwicklungen in
den Informations- und Kommunikationstechnologien, die rapide Ausdehnung der Marktwirtschaft,
die dramatische demographische Entwicklung, die
schonungslose weltweite Verstädterung und die Tendenz zu offeneren Gesellschaften. Auf dem ökonomischen Sektor ist das Privatkapital bei Direktinvesti-
tionen und Anlagefonds schnell gewachsen. Die Sen-
kung der Zollschranken ist zu einem durchgängigen
weltweiten Phänomen geworden. Es gibt ein wach-
sendes Verlangen nach Transparenz von Finanzinstitutionen, und die Sorge über die Korruption nimmt
zu.

Diese Begleiterscheinungen der ökonomischen
Globalisierung haben auf Regierungen großen Druck
ausgeübt, sich stärker der Kontrolle durch die Öffentlichkeit zu unterwerfen, wodurch neue Möglichkeiten der Demokratisierung geschaffen werden. Als
ein Ergebnis sind die Zivilgesellschaften, symbolisiert
durch transnationale Nichtregierungsorganisationen,
zu wichtigen Akteuren der nationalen, regionalen
und internationalen Politik geworden. Gewiss: es
scheint sich der Gedanke zu bewähren, dass »bei

steigender Flut alle Boote mitgetragen werden«.
Während die Reichen immer reicher werden, werden
die Armen nicht zwangsläufig ärmer. Einige Länder,
die ihren Wirtschaftsraum geöffnet, die Zölle herab-
gesetzt sowie den Außenhandel in Form von Import
und Export gefördert haben, scheinen von der neuen
Weltlage profitiert zu haben. Wir müssen indessen
feststellen, dass offene Grenzen für Handelswaren
noch nicht im erforderlichen Maße auch für land-
wirtschaftliche Produkte gelten – eine Öffnung, die
natürlich höchst willkommen wäre und den Ländern
des Südens helfen würde. In den letzten dreißig Jahren haben manche Industriestaaten und einige Ent-
wicklungsländer bereits Anstrengungen unternommen, die tiefste Armut zu bekämpfen, um Entwicklung und Frieden zu fördern. Es scheint so, als würden wir eine alte Welt der Spaltungen und der
Mauern hinter uns lassen und uns auf eine schöne
neue Welt der engen Verbindungen und der Netzwerke zubewegen.

Aber: solange 20 Prozent der Weltbevölkerung 75
Prozent des Einkommens verdienen und 25 Prozent
weniger als 2 Prozent davon bekommen, während 31
Prozent der Menschen Analphabeten sind und 80
Prozent nur über unzureichende Behausung verfügen,
derweil mehr als eine Milliarde Menschen von weniger als einem Dollar am Tag leben und fast andert-
halb Milliarden Menschen keinen Zugang zu saube-
rem Wasser haben, ist die Lage der Welt alles andere
als ermutigend. Hinzu kommt, dass die wachsende
Kluft zwischen den Besitzenden und den Besitzlosen
sowie die um sich greifende Kommerzialisierung und
Verdinglichung des gesellschaftlichen Daseins, einschließlich des Lebens in Familie, Schule und religiösen Institutionen, die staatsbürgerliche Solidarität in

den Entwicklungsländern untergräbt und das moralische Gefüge der Gesellschaften der entwickelten Länder bedroht. Furcht vor dem Verlust der kulturellen Identität und der Schwächung der Gemeinschaftsbindungen ist weit verbreitet. Der Rückzug in ethnische oder andere enge Loyalitäten hat sich als die einfachste Art erwiesen, mit solchen Ängsten fertig zu werden. Kann die Globalisierung uns in eine verheißungsvollere Zukunft führen, die mehr Möglichkeiten eröffnet, oder wird sie in unserer bereits spannungsreichen Welt zusätzliche Konflikte und Widersprüche auslösen? Gibt es eine bessere Methode des Umgangs mit der Globalisierung, die dafür sorgt, dass ihre Segnungen gleichmäßiger verteilt werden?

Von der Verwestlichung und Modernisierung zur Globalisierung

>Globalisierung bedeutet eine Intensivierung des Prozesses der menschlichen Interaktion, einschließlich Reisen, Handel, Migration und Verbreitung von Wissen, die den Fortschritt der Welt über Jahrtausende hinweg geformt haben.«
Amartya Sen, *The New York Review of Books*, Juli 2000

Man sollte die heutige Globalisierung durchaus in einer umfassenderen historischen Perspektive betrachten. Die Verbreitung des Buddhismus von Benares, des Christentums von Jerusalem und des Islams von Mekka aus sind historische Fallbeispiele. Auch die Schaffung von wirtschaftlichen, diplomatischen und militärischen Imperien galt zur ihrer Zeit als Globalisierung. Tatsächlich war in der frühen Neuzeit – lange vor Beginn der industriellen Revolution und der Informationsrevolution – die Kommunikation unter Missionaren, Kaufleuten, Soldaten und Diplomaten, die die Kulturgrenzen überschritt, eine notwendige Voraussetzung beim Vorantreiben der »Protoglobalisierung«. Die Forschungsreisen der Seefahrer des 15. Jahrhunderts trugen sehr viel dazu bei, die Welt zu einem einzigen »System« zusammenzufügen. In ähnlicher Weise haben der Kolonialismus und der Imperialismus einst grundverschiedene Völker in engen Kontakt miteinander gebracht. Westeuropa hat die Geographie der Menschheit gründlich verändert und die Weltgemeinschaft unauslöschlich geprägt.

Eine in den 1950er Jahren in den Vereinigten Staaten formulierte Modernisierungstheorie behauptet, dass der »Modernisierungsprozess«, der im Westen der Neuzeit begann, tatsächlich »global« war in seinem Transformationspotenzial. Die Verlagerung von der räumlich bestimmten Idee der Verwestlichung zum zeitlich geprägten Konzept der Modernisierung ist von großer Bedeutung. Legt sie doch nahe, dass Entwicklungen, die sich zuerst in Westeuropa ereigneten, etwa die Industrialisierung, nicht einfach als »westlich« angesehen werden dürfen, weil sie bereits damit begonnen hatten, auch japanisch, russisch, chinesisch, türkisch, indisch, kenianisch, brasilianisch und iranisch zu werden. Und genau hier liegt der Grund, warum die nichtgeographische Vorstellung einer zeitlich bestimmten Modernisierung besser geeignet schien, die entscheidenden Züge der Verwestlichung als Prozess globalen Wandels begreiflich zu machen.

Allerdings lag der Modernisierungstheorie die unausgesprochene Annahme zugrunde, dass die Entwicklung sich als Fortschritt stets in die gleiche Richtung bewegt und dass die Welt langfristig in einer einzigen Zivilisation zusammenfinden wird. Weil die entwickelten Länder, vor allem die Vereinigten Staaten, den Ton angaben, wurde Modernisierung im Wesentlichen mit Verwestlichung, vor allem mit Amerikanisierung gleichgesetzt. Diese Darstellungsweise wirkt nur oberflächlich gesehen sehr überzeugend, weil die Eigenarten der Moderne und die Leistungen der Modernisierung, wie sie die Theoretiker definiert haben, eben nicht nur westliche oder amerikanische Erfindungen sind. Marktwirtschaft, demokratisches Gemeinwesen, Zivilgesellschaft und individuelle Rechte lassen sich durchaus als universelle Bestrebungen begreifen.

Die Ereignisse der letzten Jahrzehnte haben klar gezeigt, dass der durch Wettbewerb bestimmte Markt eine wichtige Triebkraft wirtschaftlichen Wachstums ist. Sie zeigen auch, dass die Demokratisierung weit verbreitet ist, dass eine dynamische Zivilgesellschaft zu aktiver Teilhabe am politischen Prozess anregt und dass schließlich Respekt für die Würde jedes einzelnen Menschen eine notwendige Voraussetzung gesellschaftlicher Solidarität ist. Manche Gelehrte ließen sich durch diese Entwicklungen zu der Behauptung veranlassen, es gebe auf der Welt keine bedeutende ideologische Spaltung mehr: Der Kapitalismus hat den Sieg davongetragen, die Zukunft gehört der Marktwirtschaft und dem demokratischen Gemeinwesen. Aber die »Geschichte« hat, wie wir wissen, noch nicht geendet.

Dennoch hat sich die euphorische Erwartung, dass die Erfahrung der Modernisierung einer Zivilisation zum Modell für den Rest der Welt wird, als höchst kurzlebig erwiesen. Die Warnung von Samuel Huntington vor einem bevorstehenden Kampf der Kulturen erfolgte möglicherweise in der Absicht, zu zeigen,

dass – solange widerstreitende Weltanschauungen
und Wertekanons existieren – keine Nation, so
mächtig und reich sie auch immer sein mag, ihre besondere Lebensweise anderen auferlegen kann. Im
21. Jahrhundert werden die schlimmsten Bedrohungen der internationalen Sicherheit nicht wirtschaftlicher oder politischer, sondern kultureller Natur sein.
Auf den ersten Blick scheint die Doktrin vom
»Kampf der Kulturen« überzeugender zu sein als die
Lehre vom »Ende der Geschichte«, wie sie Francis
Fukuyama vertreten hat. Denn Huntington räumt
ein, dass die Kultur ein wichtiger Faktor ist und dass
ein angemessener Umgang mit religiösen Unterschieden unerlässlich ist. Unglücklicherweise liegt dieser
Auffassung aber immer noch die Überzeugung zu-
grunde, dass »der Westen« gegen den »Rest der
Welt« stehe, und daher wird eine Handlungsstrategie
empfohlen, die davon ausgeht, dass der Westen am
Ende über seine Gegner triumphieren wird.

Warnungen vor einem unmittelbar bevorstehenden
Kampf der Kulturen machen einen Dialog zwischen
den Kulturen nicht nur wünschenswert, sondern notwendig. Selbst die positivste Definition der Modernisierung – Marktwirtschaft, demokratischer Staat,
Zivilgesellschaft mit persönlichen Rechten und Ver-
antwortlichkeiten – lässt Raum für Auseinandersetzungen und Diskussionen über deren Verwirk-
lichungschancen. Der freie Markt wirft Fragen der
politischen Steuerung auf; die Demokratie kann in
der Praxis unterschiedliche Formen annehmen; die
Formen von Zivilgesellschaft wechseln von Kultur zu
Kultur; und auf die Frage, ob Würde auf einer bestimmten Auffassung von individuellen Persönlich-
keitsrechten beruhen muss, lässt sich nicht so leicht
eine Antwort geben. Modernisierung ist weder Ver-

westlichung noch Amerikanisierung. Der Fehler des Prinzips »Der Westen und der Rest« wie bei »Wir und die Anderen« liegt in der Unfähigkeit und mangelnden Bereitschaft, die Mentalität des »Entweder-oder« zu überwinden. Globalisierung aber zwingt uns, ganz anders zu denken.

Verwestlichung und Modernisierung gehören eindeutig zur Vorgeschichte der Globalisierung, aber zwischen ihnen liegt ein Quantensprung, was die Geschwindigkeit des Wandels und die Tiefe der begrifflichen Veränderungen angeht. Die Informationstechnologie als Haupttriebkraft der wirtschaftlichen Entwicklung hat weit reichende politische, gesellschaftliche und kulturelle Auswirkungen gehabt. Obwohl die Verheißung, dass die »Wissensökonomie« armen Ländern dabei helfen kann, vermeintlich sehr anspruchsvolle Entwicklungsstufen im Sprung zu nehmen, noch eingelöst werden muss, hat sich weltweit bereits der Austausch von Informationen auf allen Ebenen erheblich erhöht. Auch wenn die Geographie bei Wirtschaftsaustausch und Einkommensverteilung immer noch eine wichtige Rolle spielt, verfügen neue Informations- und Kommunikationstechnologien doch über das Potenzial, die Ungleichheiten der Einkommensverteilung im internationalen Vergleich erheblich zu modifizieren. Ein allgemein anerkannter Grundsatz unseres Zeitalters lautet, dass die Linien der Verteilung von Wohlstand, Macht und Einfluss auf der Weltkarte in solcher Weise neu gezogen werden können, dass die Spielregeln ständig verändert werden müssen. Besonders erwähnenswert ist das große emanzipatorische, aber auch destruktive Potenzial neu entstehender Technologien, die zur Globalisierung beitragen. Roboter und Computer können das menschliche Genom entschlüsseln, können chemische Präparate entwickeln, neue Materialien herstellen, genetische Strukturen von Tieren und Pflanzen verändern und sogar Menschen klonen; damit versetzen sie kleine Personengruppen in die Lage, die Gesamtgesellschaft im positiven wie im negativen Sinn wesentlich zu beeinflussen.

Konzeptionell ist Globalisierung nicht mit einem Prozess der Homogenisierung gleichzusetzen. Bislang zumindest wirkt die Vorstellung von Konvergenz – in dem Sinne, dass der Rest der Welt schließlich einem einzigen Entwicklungsmodell folgen wird – allzu vereinfachend, um die Komplexität der globalen Entwicklungslinien zu erfassen. Gewiss: Umweltschäden, Krankheiten, Drogenmissbrauch und Kriminalität sind ebenso weitgehend wie Wissenschaft, Technik, Handel, Finanzwesen, Tourismus und Migration internationalisiert worden. Die Welt ist nie zuvor so komplex verbunden und ihre Teile so voneinander abhängig gewesen. Aber: das im Entstehen begriffene globale Dorf ist keineswegs ein einheitliches Gebilde, geschweige denn aus einem Guss geschaffen, es ist vielmehr durch Vielfalt sowie – in letzter Zeit – durch eine zunehmende Geltendmachung der eigenen Identität geprägt. Das heißt, dass die Welt von heute ein Kampfplatz ist, auf dem die Kräfte der Globalisierung und ihre Gegentendenz – die Lokalisierung – gewaltigen Druck auf Individuen und Gruppen ausüben.

Lokales Bewusstsein, ursprüngliche Bindungen und Identität

Ein wichtiger Grund für diese Vielfalt und für die wachsende Besinnung auf die eigene Identität besteht darin, dass die Globalisierung das Bewusstsein, das

Empfinden, die Sensibilität, die Zugehörigkeitsge-
fühle und die unmittelbarsten Leidenschaften in Bezug auf die lokale Ebene hervorhebt. Das Wiederauf-
tauchen starker Neigungen zu »ursprünglichen Bindungen« ist möglicherweise nicht durch Trends der
Globalisierung verursacht worden, es ist aber wohl
eine ihrer unbeabsichtigten Konsequenzen.

Wir können es uns nicht leisten, Rasse, Geschlecht,
Sprache, Land, Klasse, Alter und Glauben zu ignorieren, wenn wir die heutige Lage der Menschheit beschreiben wollen. Rassendiskriminierung gefährdet
die Solidarität in allen multiethnischen Gesellschaften. Wird damit nicht angemessen umgegangen,
kann es selbst in starken Nationen zu Uneinigkeit
kommen. Die Forderung nach Gleichberechtigung
der Geschlechter erhebt universellen Anspruch.
Keine Gesellschaft kann sich starken Frauenbewe-
gungen verschließen, die Gleichberechtigung fordern.
Sprachkonflikte haben in Industrie- wie in Entwicklungsländern ansonsten stabile Gemeinschaften auseinander gerissen. Der Kampf um Souveränität ist ein
überall auf der Welt zu entdeckendes Phänomen. Die
Zahl der Mitglieder der Vereinten Nationen würde
sich um ein Mehrfaches erhöhen, würden alle separa-
ten Identitäten nach internationaler Anerkennung
streben. Der so genannte Nord-Süd-Konflikt besteht
auf allen Ebenen – international, regional, national
und lokal. Die Ungleichheit zwischen Stadt und Land
nimmt in den Entwicklungsländern zu. Die Armut in
den Städten bedeutet für alle Industrieländer eine
große Herausforderung. Diskrepanzen zwischen den
Generationen sind häufiger geworden – das übliche
Verfahren, eine Generation als eine Phase von dreißig
Jahren zu bestimmen, ist nicht länger mehr angemessen – und der Kampf zwischen den Generationen ist

intensiver geworden. Spannungen zwischen Geschwis-
tern sind oft auf unterschiedliche Lebensstile zurückzuführen, die von verschiedenen »Generationen« in
den Bereichen Musik und Film, Spiele und Computer
geprägt wurden. Glaubenskonflikte tauchen nicht
nur zwischen zwei unterschiedlichen Religionen, sondern auch zwischen verschiedenen Traditionen innerhalb derselben Glaubensrichtung auf. Nicht selten
werden Konflikte innerhalb einer Religion gewaltsa-
mer ausgetragen als solche zwischen unterschiedlichen Religionen.

Kurz, die allem Anschein nach schwer zu bändi-
genden Voraussetzungen, die »ursprünglichen Bindungen«, die uns zu konkreten lebendigen Menschen
machen, sind durch die Globalisierung keineswegs
erodiert, sie sind vielmehr in den letzten Jahrzehnten
besonders akzentuiert worden.

> »Es kann sein, dass die Globalisierung die Autorität
> des Staates untergräbt und die Bedeutung von Sou-
> veränität und Nationalbewusstsein verändert, aber
> sie steigert die Bedeutung der Identität. Je globaler
> die Welt wird, umso vitaler ist das Streben nach
> Identifikation.«
> Elmer Johnson, Präsident des Aspen-Instituts

In der Tat, man kann nicht verlangen, dass wir unsere ursprünglichen Bindungen aufgeben müssen, um
Weltbürger zu werden. Ja, mehr noch, es ist unange-
bracht, diese Bindungen als notwendigerweise schädlich für den weltbürgerlichen Geist anzusehen. Wir
wissen, dass unsere starken Gefühle, unsere stolzen
Bestrebungen und unsere immer wiederkehrenden
Träume sehr häufig mit einer bestimmten Gruppe zu
tun haben, in einer Muttersprache artikuliert werden, mit einem bestimmten Ort zusammenhängen,

und an Menschen desselben Alters und Glaubens ge-
richtet sind. Wir erkennen auch, dass Geschlecht und
gesellschaftliche Einordnung in unserem Selbstver-
ständnis eine wichtige Rolle spielen. In unseren ursprünglichen Bindungen sind wir tief verwurzelt, und
sie verleihen unserem Alltagsleben Sinn. Sie können
genauso wenig nach Belieben ignoriert werden, wie
man sich einfach bewusst dafür entscheiden kann,
eine ganz andere Person zu sein.

Die Befürchtung, dass die Globalisierung als Kraft,
die die Hegemonisierung fördert, die Seele einer Person, einer Gruppe oder einer Nation zerstören kann,
wird von immer mehr Menschen intensiv erfahren
und wird von ihnen deutlich zum Ausdruck gebracht
– man denke nur an die Unruhen in Seattle anlässlich
der Tagung der Welthandelsorganisation im Dezember 1999 und an die Proteste gegen das Weltwirt-
schaftsforum in Davos im Januar 2000. Daher müssen wir das Vorhandensein von ursprünglichen Bindungen im Rahmen des Globalisierungsprozesses unbedingt ernst nehmen. Nur wenn wir bewusst mit
ihnen umgehen, sie nicht nur als passive Zwänge,
sondern als stärkende Ressourcen ansehen, werden
wir von der aktiven Teilnahme an globalen Tendenzen profitieren, die jedoch in lokalen Zusammenhängen fest verankert sind.

Realistisch gesehen sind ursprüngliche Bindungen
niemals erstarrte Gegebenheiten oder statische Strukturen. Gewiss, wir werden mit Merkmalen der Rasse
und des Geschlechts geboren, wir können uns unsere
Generation, unseren Geburtsort, unsere Muttersprache, den wirtschaftlichen Entwicklungszustand unseres Landes und unsere Glaubensgemeinschaft nicht
aussuchen. Ethnische und geschlechtliche Rollen
werden jedoch durch Lernen erworben. Darüber hin-

aus sind unser Bewusstsein und unsere Empfindungen ethnischen Stolzes und das Bedürfnis nach Gleichberechtigung der Geschlechter das Ergebnis von Erziehung. Unsere Empfindlichkeit, unser Gefühl und die Leidenschaften, die durch Rassendiskriminierung und Ungleichheit zwischen den Geschlechtern hervorgerufen werden, sind, ganz gleichgültig, wie stark und selbstverständlich sie uns persönlich zu sein scheinen, Ergebnisse von Sozialisationsprozessen und müssen bewusst gepflegt werden. Dies gilt auch für Alter, Land, Sprache, Klasse und Glauben. Sie sind allesamt unter verschiedenen Umständen und in unterschiedlichem Maße kulturell konstruierte gesellschaftliche Realitäten. In diesem Sinne symbolisiert jede ursprüngliche Bindung einen fließenden und dynamischen Prozess. Wie ein Fluss kann er in verschiedene Richtungen geleitet werden.

Während die ursprünglichen Bindungen der entstehenden globalen Gemeinschaft kräftige Farben geben und ein vielgestaltiges Gefüge gewährleisten, stellen sie zugleich eine ernsthafte Herausforderung für die fragile Weltordnung und die menschliche Sicherheit dar. Die Vereinten Nationen, die aus dem kosmopolitischen Geist des Internationalismus entstanden sind, sehen sich gezwungen, sich mit Fragen der Identität auseinander zu setzen, die mit brisanten Gemeinschaftsgefühlen aufgeladen ist. Die Verbreitung von Rassenvorurteilen, Geschlechterressentiments, Diskriminierungen von Altersgruppen, religiöser Intoleranz, kultureller Ausgrenzung, Fremdenfeindlichkeit, Hassverbrechen und Gewalttätigkeiten überall auf der Welt macht es unbedingt notwendig, dass wir ein tiefes Verständnis dafür entwickeln, wie die Globalisierung die Empfindung der persönlichen Identität vergrößern kann, ohne dass wir das Gefühl dafür verlieren, ein fester Bestandteil der menschlichen Familie zu sein. Der Begriff der ursprünglichen Bindungen ist selbstverständlich nicht statisch zu verstehen.

Wir sehen also, dass das Konzept des Wandels ein integrales Element jeder Kultur und Zivilisation ist und dass die Furcht vor Veränderungen sehr stark mit einem Feindbild verknüpft ist. Wir erkennen auch, dass Kulturen sich Wandlungen so sehr angepasst haben, dass sie nun zu vielen Aspekten die gleichen Ansichten teilen.

> »Globalisierung hat Länder und Kulturen immer enger zusammengeführt. Mehr Ähnlichkeiten und sehr viele gemeinsame Grundwerte werden auf dem Weg zur Konvergenz der Kulturen entdeckt... Die Entwicklung der Globalisierung wird einen breiteren Raum für die Entfaltung von Kulturen schaffen, jede von ihnen mit ihren eigenen einzigartigen Merkmalen.«
>
> Song Jian

Zu den wichtigsten Dimensionen der Globalisierung zählt wohl die ökonomische. Als Maßeinheit gelten hier häufig das Mengenwachstum, die Produktivitätsraten und die Erlöse von Anlageinvestitionen. Weitere Indikatoren wie Ausmerzung von Armut, Beschäftigung, Gesundheit, Menschenrechte, Zugang zu Information und Kommunikation sind von großer Wichtigkeit für die Verbesserung der Lebensqualität. Wenn man nun alle Beteiligten (*stakeholder*) und nicht nur die »Aktionäre« (*shareholder*) einbezieht, kann das ein sich stets erweiterndes Netz von Menschen zur Teilnahme an diesem potenziell alle einbindenden Prozess befähigen. Selbst wenn wir nicht zu den Nutznießern der Marktwirtschaft gehören, haben wir doch alle ein

Interesse an der Erhaltung der Lebensqualität auf diesem Planeten.

Es ist nicht zu leugnen: die globalen Wirtschaftsinstitutionen können die Lebensqualität verbessern; sie wurden geschaffen, um die finanzielle Stabilität zu fördern und schließlich ein ausgewogenes Wirtschaftswachstum zu gewährleisten. In einem vom Wettbewerb bestimmten Markt gibt es offensichtlich Sieger und Verlierer, und die Durchsetzungskraft des kulturellen und sprachlichen Einflusses einer bestimmten Region mag in einem bestimmten Augenblick unvermeidlich sein. Aber wenn Globalisierung als Dominanz des Mächtigen begriffen wird, sei es absichtlich oder durch Zufall, dann wird sie nicht zu internationaler Stabilität führen. Da Globalisierung nicht mit Homogenisierung gleichzusetzen ist, ist ein vermeintlicher oder realer Hegemonismus schädlich für die Pflege einer Kultur des Weltfriedens. Der Dialog der Kulturen verfolgt die Absicht, diese ungewollten negativen Folgen der Globalisierung umzukehren.

Dialog als gemeinsamer Lernprozess

Die gewöhnliche menschliche Erfahrung lehrt uns, dass wahrer Dialog eine Kunst ist, die sorgfältiger Förderung bedarf. Solange wir nicht intellektuell, psychologisch, mental und spirituell gut darauf vorbereitet sind, wird es uns nicht möglich sein, uns umfassend auf einen Dialog einzulassen. Tatsächlich können wir uns dann nur mit wirklichen Freunden und Gleichgesinnten einer echten Kommunikation erfreuen.

Wie aber ist es möglich, dass Fremde die so genannten Grenzen der Kulturen überspringen, um miteinander in einen wirklichen Dialog zu treten, insbesondere dann, wenn sie den »Partner« als einen radikal anderen, als einen Gegner, als einen Feind begreifen? Es scheint geradezu naiv, anzunehmen, dass dies nicht nur möglich, sondern auch machbar ist. Gewiss, es kann Jahre, gar Jahrzehnte beanspruchen, alle Vorteile dialogischer Beziehungen auf persönlicher, lokaler, nationaler und interkultureller Ebene zu erkennen. Vorläufig schlagen wir daher nur bestimmte Mindestbedingungen für eine Kehrtwende auf der globalen Bühne vor.

Der Zeitdruck, unter dem wir stehen, wird durch unsere Sorgen und Ängste hinsichtlich der Belastbarkeit der Umwelt und der Lebenschancen zukünftiger Generationen diktiert. Wir sind überzeugt von der Notwendigkeit einer neuen Wachsamkeit mit einem globalen gemeinsamen Interesse. Wir hoffen, durch den Dialog der Kulturen die positiven Kräfte der Globalisierung anregen zu können, damit sie das materielle, ethische, ästhetische und spirituelle Wohlergehen verbessern und sich insbesondere um die Unterprivilegierten, die an den Rand Gedrängten, die durch die gegenwärtigen Tendenzen der wirtschaftlichen Entwicklung zum Schweigen Gebrachten kümmern. Außerdem hoffen wir, durch den Dialog der Kulturen das gesunde Streben nach mehr persönlichem Wissen, nach Gruppensolidarität, nach Selbsterkenntnis, nach individuellen und gemeinschaftlichen Identitäten fördern zu können.

Wir haben aus einer Reihe von Dialogen zwischen den Religionen gelernt, dass die Akzeptanz von Unterschieden eine Voraussetzung für jede ernsthafte Kommunikation ist. Doch bloße Toleranz ist eine viel zu passive Haltung, wenn es darum geht, eine enge Froschperspektive zu überwinden. Wir müssen uns der Präsenz des anderen in aller Deutlichkeit bewusst sein, bevor wir wirklich beginnen können, miteinander zu kommunizieren. Das Bewusstsein von der Präsenz des anderen als potenziellem Gesprächspartner zwingt uns, unsere Koexistenz als nicht zu leugnende Tatsache zu akzeptieren. Dies führt zu der **68** Erkenntnis, dass die Rolle des anderen (mit seinem Glauben, seiner Haltung und seinem Verhalten) belangvoll und wichtig für uns ist. Anders ausgedrückt: Es gibt einen Kreuzungspunkt, an dem wir beide uns wahrscheinlich begegnen werden, um Konflikte zu überwinden oder ein Gemeinschaftsunternehmen zu erörtern. Wenn die beiden beteiligten Seiten schließlich genügend Vertrauen aufgebaut haben, um einander mit gegenseitiger Hochachtung in die Augen zu schauen, dann wird das Zusammentreffen möglich. Jetzt erst kann ein produktiver Dialog beginnen. Durch den Dialog werden wir erkennen, wie wertvoll es ist, vom anderen im Geiste der Gegenseitigkeit zu lernen. Wir können sogar dahin gelangen, die Unterschiede zwischen uns zu würdigen und als kostbar anzusehen, weil sie dafür sorgen, dass die Beteiligten ihre Horizonte erweitern.

Dialog, so verstanden, ist eine Vorgehensweise, die weder auf Überredung noch auf Bekehrung aus ist. Sie zielt vielmehr darauf, Verständnis füreinander zu entwickeln, indem man sich auf gemeinsame Werte einigt und gemeinsam dem Zusammenleben eine neue Bedeutung verschafft. Wenn wir Dialoge der Kulturen anstreben, dann müssen wir unseren Drang unterdrücken, andere unbedingt von unseren Ideen überzeugen zu wollen, ihre Zustimmung für unsere Ansichten zu gewinnen, unsere Vorgehensweise danach zu bewerten, ob wir Übereinstimmung im Hinblick auf das erzielen, was wir für wahr halten, und ob wir unsere tiefsten Überzeugungen durchsetzen.

Stattdessen sollten wir danach streben, bislang Unbekanntes kennen zu lernen, fremden Stimmen zu lauschen, uns für eine Vielfalt von Perspektiven zu öffnen, über unsere eigenen Prämissen nachzudenken, Ansichten auszutauschen, stillschweigende Übereinstimmungen zu entdecken und herauszufinden, was dem Wohle der Menschheit am besten dient. Nur dann können wir beiderseits vorteilhafte Beziehungen auf der Basis der Wechselseitigkeit ins Leben rufen.

70 Wir müssen uns immer wieder ins Gedächtnis rufen, dass weder die historischen Zufälle noch die sich verändernden Umstände oder die Unterschiede, die im Hinblick auf Hautfarbe, Ethnizität, Sprache, Bildung, kulturelles Erbe und religiöses Bekenntnis unter uns herrschen, unsere menschliche Gemeinsamkeit abschwächen. Unsere genetischen Codes machen ganz deutlich, dass wir mehr oder weniger aus dem gleichen Stoff gemacht sind. Die Vorstellung, dass wir Menschen allesamt nicht nur mit unseren Mitmenschen ein gemeinsames Ganzes bilden, sondern auch mit anderen Lebewesen: Tieren, Pflanzen, Bäumen und Steinen – »mit dem Himmel und der Erde und all den vielen Dingen« –, bringt ebenso eine kosmische Vision wie eine dichterische Wahrnehmung der Verbundenheit zwischen uns allen zum Ausdruck. Es ist sogar vorstellbar, dass wir alle unsere Abstammung auf einen gemeinsamen Ursprung zurückführen können, wenn es sich dabei auch nicht unbedingt um die »afrikanische Urmutter« handeln muss, die einige Gelehrte ins Gespräch gebracht haben. Das afrikanische Sprichwort, dass die Erde uns nicht nur von unseren Vorfahren vererbt, sondern uns auch von jenen Generationen anvertraut worden ist, die nach uns kommen werden, verdeutlicht sehr schön die nicht zu leugnende Tatsache, dass wir stets auf diesem Planeten zusammengelebt haben und weiterhin miteinander leben werden.

Während wir unsere menschliche Gemeinsamkeit bejahen, hüten wir uns doch zugleich vor einem gesichtslosen oder abstrakten Universalismus. Wir sind uns durchaus bewusst, dass Vielfalt notwendig ist, damit die Menschheit gedeiht. So wie unser Planet ohne biologische Vielfalt nicht überleben kann, ist die kulturelle und sprachliche Mannigfaltigkeit ein Wesenszug der Menschheit, wie wir sie kennen. Indes werden gesellschaftlich bestimmte und kulturell konstruierte Vorstellungen von Unterschieden benutzt, um Menschen gegen Menschen, Gruppen gegen Gruppen, Mehrheiten gegen Minderheiten in Stellung zu bringen. Die daraus resultierende Diskriminierung bringt Kampf, Gewalt und systematische Verletzung von Grundrechten hervor. Während wir die Vielfalt hoch schätzen, verdammen wir zugleich den Ethnozentrismus und andere ausgrenzende Formen des Chauvinismus.

Der Raum zwischen dem gesichtslosen Universalismus und ethnozentrischem Chauvinismus ist groß und unübersehbar. Dort liegt der Schauplatz, auf dem Dialoge zwischen den Kulturen stattfinden können. Große ethische und religiöse Traditionen bestimmen seit Jahrtausenden das spirituelle Antlitz unserer Welt. Kommunikation über ethnische, sprachliche, religiöse und kulturelle Grenzen hinweg zählte zu den auffallendsten Zügen der menschlichen Geschichte. Trotz aller Spannungen und Konflikte an den Grenzlinien hat die allgemeine Neigung zu intensiverem Kontakt und Interaktion über diese Grenzen hinweg niemals nachgelassen. Jede große ethische und religiöse Tradition ist in ihrer Geschichte mit verschiedenen anderen Glaubenslehren und Glaubensgemeinschaften zusammengetroffen. Und oftmals ist ihre Vitalität gerade aus diesen Begegnungen hervorgegangen. Durch das Lernen von anderen hat sich der Horizont einer bestimmten Tradition häufig bedeutend erweitert. So profitierte beispielsweise die christliche Theologie von der griechischen Philosophie, das islamische Denken wurde durch die persische Literatur angeregt, und die chinesische Geistesgeschichte wurde bei der Ankunft des Buddhismus im ersten Jahrhundert durch Ideen bereichert, die aus Indien kamen.

Dessen ungeachtet hat die Furcht vor dem Anderen auch zu Querelen und langen Kämpfen geführt. In der Geschichte kam es immer wieder zu so genannten Religionskriegen. Die friedliche Wechselbeziehung zwischen zwei bedeutenden Kulturen, etwa bei der Transformation des chinesischen kulturellen Universums durch Einflüsse aus Indien bei der Einführung, Assimilation und Einverleibung von Lehren des Mahayana-Buddhismus in die geistige Landschaft Chinas, lässt sich selten beobachten. Da ein harmonisches Verhältnis zwischen den Religionen zur Förderung einer Kultur der Hoffnung innerhalb der Familie der Menschheit von entscheidender Bedeutung ist, bilden interreligiöse Dialoge einen integralen Bestandteil des Dialogs der Kulturen. Die Situation, dass alle Religionen, einschließlich der neu entstehenden, die Chance haben, ein gemeinsames Ziel unter Beweis zu stellen, wenn es darum geht, das allgemeine Wohl der Menschheit zu fördern, ist in der menschlichen Geschichte so noch nie da gewesen. In jüngster Zeit hat die Globalisierung die Intensität der Kommunikation zwischen den Religionen erheblich verstärkt.

Die Vorstellung von einem »allumfassenden Gemeinwohl« wird durch den Anbruch der globalen Gemeinschaft angeregt. Ein globales Dorf, wie es sich manche für die Zukunft vorstellen, stellt keine Gemeinschaft dar. Denn der idealtypische Begriff

»Gemeinschaft« setzt voraus, dass Menschen zusammenleben, ein gemeinsames Ethos vertreten und einen praktikablen Bürgersinn pflegen sowie miteinander ein Allgemeinwohl anstreben. Solch eine Zielverbundenheit lässt aber dennoch unterschiedliche Lebensstile und Glaubensbekenntnisse zu, solange die Vielfalt und die Unterschiede die Grundrechte und Freiheiten anderer nicht stören. Obwohl wir noch weit davon entfernt sind, im globalen Dorf einen echten Gemeinschaftsgeist durchgesetzt zu haben, hoffen wir doch, dass globale und lokale Tendenzen, die mit dieser Entwicklung konform gehen, sich weiter beschleunigen und dass sich traditionelle und moderne Verhaltensweisen, die ihr angemessen sind, weiterhin ausbreiten.

Während wir über die Vergangenheit reflektieren und uns über die Zukunft unserer Kinder Gedanken machen, taucht eine große Frage vor uns auf: Wie können wir uns Vielfalt zu Eigen machen, indem wir verantwortungsbewusst leben – die Traditionen der anderen respektieren und zugleich unserer eigenen treu bleiben –, während sich die globale Gemeinschaft herausbildet? Wahre Bejahung von Vielfalt geht über echte Toleranz hinaus, hin zu gegenseitiger Achtung und schließlich zu einer freudigen gegenseitigen Anerkennung. Unwissenheit und Überheblichkeit sind die Hauptursachen für Klischees, Vorurteile, Hass und Gewalt in religiösen, kulturellen, rassischen und ethnischen Zusammenhängen. Während körperliche Sicherheit, wirtschaftliches Auskommen und politische Stabilität den Bezugsrahmen der gesellschaftlichen Integration bilden, kommt es nur dann zu einem echten Gemeinschaftsleben, wenn wir trennende Gräben überschreiten und in Verantwortung und Ehrfurcht füreinander handeln. Durch den

Dialog lernen wir andere in ihrer vollen Besonderheit anzunehmen und diese Unterschiedlichkeit als wunderbare Mischung von Menschen und Kulturen zu verstehen, die dazu beitragen kann, dass wir uns selber besser kennen lernen. Der Dialog erweitert unsere Bemühungen, an der Entstehung einer wahren Gemeinschaft für alle mitzuarbeiten.

»Der Beitrag der traditionellen afrikanischen Religionen für die Weltkultur wird in zunehmendem Maße anerkannt. Nicht länger mehr gelten diese religiösen Anschauungen als verächtlicher Aberglaube, der durch höhere Formen des Glaubens ersetzt werden muss, heute sieht man in ihnen eine Bereicherung des spirituellen Erbes der Menschheit. Der Ubuntu-Geist – jene tiefe afrikanische Überzeugung, dass wir nur durch die Menschlichkeit anderer Menschen menschlich werden – zeugt nicht von einem beschränkten Gesichtskreis, sondern hat weltweit einen zusätzlichen Beitrag zu unserem gemeinsamen Streben nach einer besseren Welt geliefert.«
Nelson Mandela

Der Dialog der Kulturen setzt die Vielfalt menschlicher Kulturen voraus. Er erkennt Gleichheiten und Unterschiede an. Ohne Gleichheit gäbe es keinen gemeinsamen Boden für das Gespräch; ohne Unterschiede bestünde keine Notwendigkeit zur Kommunikation. Während Gleichheit die Grundlage für interkulturelle Dialoge liefert, macht Verschiedenheit solche gemeinsamen Bemühungen wünschenswert, notwendig, wertvoll und wichtig. Als Brückenbauer, die dem Dialog verpflichtet sind, erkennen wir an, dass es in unseren verschiedenen Traditionen gemeinsame Werte gibt, die uns als Frauen, Männer und Kinder der menschlichen Familie verbinden. Unsere

gemeinsame Arbeit und Mühe bei der Erforschung
der Zusammenhänge zwischen diesen Wertmaßstä-
ben lässt uns erkennen, dass Vielfalt die Bildung einer offeneren und lebendigeren Gemeinschaft ermöglicht. Unsere eigenen Erfahrungen bei multikulturel-
len Begegnungen, unsere gemeinsame Entschlossenheit, trennende Schranken niederzureißen, und unsere
Bereitschaft, langfristige gesellschaftliche Probleme
anzugehen, haben uns geholfen, die Werte zu erkennen, die für die Ausbreitung einer Gemeinschaft, die
auf Verantwortung beruht, entscheidend sind.

76 Wie nie zuvor in der Weltgeschichte verlockt uns die kommende Weltgemeinschaft, ein neues Verständnis der Weltlage anzustreben. Inmitten einer großartigen Vielfalt von Kulturen bilden wir eine menschliche Familie mit einem gemeinsamen Schicksal. Während unsere Welt immer stärker verknüpft wird, identifizieren wir uns mit der gesamten globalen Gemeinschaft ebenso wie mit unseren lokalen Gemeinschaften. Wir sind *stakeholders* sowohl unserer eigenen jeweiligen Länder wie auch der einen Welt, in der lokale, nationale, regionale und globale Aspekte in komplizierter Weise miteinander verknüpft sind. Eine von allen geteilte Vision gemeinsamer Werte kann ein ethisches Fundament für einen Dialog der Kulturen liefern und bewahren. Es ist uns klar, dass die Komplexität des heutigen Lebens Spannungen zwischen wichtigen Werten hervorbringen kann. Die Aufgabe, Vielfalt mit Einheit in Einklang zu bringen, ist daher beängstigend; der Konflikt zwischen Privatinteressen und Gemeinwohl kann unlösbar erscheinen; und die Entscheidung zwischen kurzfristigen Profiten und langfristigem Nutzen ist oftmals schwierig. Aber wir sind davon überzeugt, dass ein neues Gefühl globaler Interdependenz wichtig ist im Hinblick auf unsere fortdauernden gemeinsamen Bemühungen, eine weltweite Mentalität der Hoffnung zu fördern.

»Von den Zehn Geboten bis zu den buddhistischen, dschainistischen, konfuzianischen, hinduistischen und vielen anderen Texten werden Gewalttätigkeit

und Täuschung übereinstimmend abgelehnt, ebenso
die Arten von Übel, die sie anrichten, beispielsweise
Folter und Diebstahl. Diese Verbote gegen Gewalt,
Täuschung und Verrat kommen samt und sonders in
jeder Gesellschaft und jedem Rechtssystem vor. Sie
finden Ausdruck schon in so unterschiedlichen
Werken wie dem ägyptischen Totenbuch, der islän-
dischen Edda und der Bhagavad-Gita.«

Sissela Bok, *Common Values*, 1995

Wir versichern von vornherein, dass wir für den
Schutz der persönlichen Freiheit, für Grundrechtsga-
rantien, für die Anerkennung und Respektierung der
Gleichwertigkeit aller menschlichen Wesen sind. Dies
sind die Werte der Aufklärung im modernen Westen,
sie liegen der Marktwirtschaft, dem demokratischen
Gemeinwesen und der Zivilgesellschaft zugrunde.
Zwar ist keiner dieser Werte in irgendeiner existierenden Gesellschaft voll verwirklicht, doch stellen sie
universelle Bestrebungen dar. Tatsächlich haben Freiheit, Recht und persönliche Würde allumfassend An-
klang gefunden, das gilt nicht weniger für die Werte
Pflicht, menschliche Verantwortung und Gemeinwohl. Sie liefern uns eine umfassende Agenda, um
unsere Überlegungen zu beginnen. Die Pflege des
Pflichtgefühls und der Schutz persönlicher Freiheiten
können zusammenwirken, um es dem menschlichen
Geist zu erlauben, ohne die Gefahr gesellschaftlicher
Auflösung nach Höherem zu streben. Die Ermutigung zu menschlicher Verantwortung und die Garan-
tie von Grundrechten können einander ergänzen, um
den Menschen einen sicheren Raum zu gewähren, in
dem sie denken und handeln können, ohne das Gefüge des sozialen Zusammenhalts zu gefährden. Die
Forderung, dass jeder dem anderen (und der Gemeinschaft) gegenüber verantwortlich handelt, und die

Anerkennung und Respektierung der Gleichwertigkeit aller menschlichen Wesen bieten einen ausgewo-
genen Ansatz für die Beziehung zwischen dem Einzelnen und der Gesellschaft.

78   »Ohne die Impulse der Einzelnen stagniert die Gemeinschaft; ohne die Sympathie der Gemeinschaft
verflüchtigen sich die Impulse der Einzelnen.«

William James

Das zum gegenseitigen Vorteil notwendige Zusam-
menspiel zwischen Individuum und Gesellschaft ge-
winnt in unserer Zeit neue Bedeutungsnuancen. Dies
sollten wir in persönlichen, lokalen, nationalen, regionalen und globalen Zusammenhängen untersu-
chen. Auch erkennen wir, dass die Überwindung der
Spaltkräfte des Eigeninteresses es erforderlich macht,
über nationale und regionale Interessen ebenso wie
über persönliche und lokale hinauszugehen. Globale
Kräfte, die wir nicht verstehen, können uns leicht
überwältigen, und »ethnische und religiöse Konflikte«, die wir nicht kontrollieren, vermögen uns
leicht unbeweglich zu machen, als könnten wir uns
den Übeln der beiden extremen Formen der Zerstörung – Dominanz und Auflösung – nicht entziehen.
Dennoch hoffen wir mit dem Entstehen einer auf
Dialog beruhenden Weltgemeinschaft zum ersten
Mal in der Lage zu sein, über die menschliche Familie im realistischen Sinne von Kommunikation und
Verbindung zu sprechen. Wir wollen allerdings nicht
verschweigen, dass die Globalisierung auch beängsti-
gende Aspekte hat. Sie kann beispielsweise zu einem
hegemonistischen und monopolistischen System führen, aber das ist nicht unausweichlich. Trotz Fanatismus und Ausgrenzung in einer Politik der Identität

ist das authentische Streben nach Identität eine edle
Sache und eine lehrreiche Erfahrung für uns und unsere Kinder.

Ya en la mitad de mis dias espigo
esta verdant con frescura de flor:
la villa es oro y dulzura de trigo,
es breve el odio e inmenso el amor.
Mudemos ya por el verso sonriente
aquel listado de sangre con hiel.
Abren violetas divinas, y el viento
desprende al valle un aliento de miel.
Ahora no solo comprendo al que reza;
ahora comprendo al que rompe a cantar.
La sed es larga, la cuesta es aviesa;
pero en un lirio se enreda el mirar.
Gravidos van nuestros ojos de llanto
y un arroyuelo nos hace sonreir;
por una alondra que erige su canto
nos olvidamos que es duro morir.
No hay nada ya que mis carnes taladre.
Con el amor acabose el hervir.
Aun me apacienta el mirar de mi madre.
Siento que Dios me va hacienclo dormir!

Palabras Serenas, Gabriela Mistral

Wir haben uns dazu entschlossen, abstrakten Universalismus, hegemoniale Kontrolle und Alleinansprü-
che auf der einen Seite, ethnozentrischen Fanatismus,
religiöse Ausgrenzung und kulturellen Chauvinismus
auf der anderen abzulehnen. Wir glauben, dass positive Kräfte bei der Globalisierung und authentisches
Streben nach Identität zu einer heilsamen Entwicklung führen können, die im Laufe der kommenden
Jahrzehnte den menschlichen Geist erhebt. Eine ge-

lungene Globalisierung, die Vielfalt zu würdigen weiß und Gemeinschaftlichkeit fördert, bedeutet Zusammenströmen, gegenseitiges Lernen, Anerkennung des reichen und vielfältigen Erbes der Menschheit. Sie erlaubt Querverbindungen und gegenseitige Beziehungen der Kulturen und macht echten Dialog möglich. Ein solches dialogisches Verfahren erzeugt die Resonanzen in allen Zivilisationen, sie ermutigen und inspirieren einander. Der daraus resultierende Wohlklang bedeutet eine wahrhaft kosmopolitische Harmonie, welche die Grenzen von Kulturen und Zeiten überwindet. Um dieses Ziel zu erreichen, wollen wir festhalten, dass der grundlegendste und umfassendste Wert, der allen gemeinsamen Werten zugrunde liegt, die Menschlichkeit ist.

Um die ungeheuer reiche Bedeutung der Humanität zu verstehen, beginnen wir mit einer Darlegung der Goldenen Regel. Ob positiv (»Behandle die anderen so, wie du von ihnen behandelt werden möchtest«) oder negativ (»Was du nicht willst, das man dir tu, das füg auch keinem anderen zu«) formuliert, wird die Goldene Regel buchstäblich von allen großen ethischen und religiösen Traditionen anerkannt. Sie wurde vom Parlament der Weltreligionen 1993 als Grundprinzip des entstehenden Weltethos bezeichnet. Wir glauben, dass das Wahrnehmen, die Anerkennung, die Annahme und die Hochschätzung des Anderen als Bestandteil unseres eigenen Selbstverständnisses, wie sie die Goldene Regel verlangt, uns helfen kann zu lernen, wie man menschlich ist.

Menschlichkeit, Gegenseitigkeit und Vertrauen

Menschlich (oder schlicht »Mensch«) zu sein, ist das charakteristische Lernziel jeder Art von klassischer

Bildung, ob im Orient oder im Okzident. Dies ist in der Welt von heute eine höchst bedeutende Herausforderung, da wir gerade das vielleicht brutalste Jahrhundert der menschlichen Geschichte hinter uns lassen. Die Idee der Menschlichkeit, einbindend und ganzheitlich verstanden, ist unter allen Umständen auf jede Person anzuwenden. Während wir die Schranken der Rasse, der Sprache, des Geschlechts, des Landes, der Klasse, des Alters und des Glaubens überschreiten, indem wir unsere Überzeugung verfechten, dass die Würde des Menschen unantastbar ist, müssen wir lernen, jeden Einzelnen human zu behandeln, ob es sich nun um einen armen alten weißen Mann, einen chinesischen Händler, einen jüdischen Rabbiner, einen moslemischen Mullah, eine wohlhabende junge schwarze Frau oder wen auch immer handelt. Das setzt die Fähigkeit voraus, Unterschiede nicht als Bedrohung anzusehen, sondern als Chance, das Menschengeschlecht vielgestaltiger zu machen.

Unsere erlernte Fähigkeit, Klischees, Vorurteile, Hass und Gewalt in religiösen, kulturellen, rassischen und ethnischen Zusammenhängen abzulehnen, gründet sich auf den Wert der Gegenseitigkeit. Gegenseitigkeit ist ein integraler Bestandteil der Goldenen Regel und eine Handlungsmaxime, die in all unseren spirituellen Traditionen enthalten ist. Streng genommen muss die Goldene Regel jedoch, wenn es um wahre Gegenseitigkeit geht, negativ formuliert werden: »Was du nicht willst, das man dir tu, das füg auch keinem anderen zu.« Diese vermeintlich passive Grundhaltung zieht die Integrität des Anderen in Betracht und sieht davon ab, ihm unseren Willen aufzudrängen, selbst wenn wir aufrichtig davon überzeugt sind, dass wir das Beste für alle wollen. Diese Selbstbeschränkung gründet sich auf die Überzeugung, dass das, was für mich optimal ist, für meinen Nachbarn nicht unbedingt geeignet sein muss. Wenn es um Geschmacksfragen oder um Vorlieben geht, ist das ohne weiteres nachvollziehbar, aber im Kontext des religiösen Pluralismus kann nicht einmal der Glaube vom Prinzip der Gegenseitigkeit ausgenommen werden. Tatsächlich kann der Geist des Dialogs schweren Schaden erleiden, wenn der Vorsatz zur Bekehrung an die Stelle der Notwendigkeit tritt, erst einmal zuzuhören und zu lernen.

Dennoch muss die Goldene Regel in ihrer positiven Formulierung überhaupt nicht mit dem Geist der Gegenseitigkeit in Konflikt geraten. Der Satz »Behandle die anderen so, wie du von ihnen behandelt werden möchtest« gibt uns zwar keinen Freibrief, unseren Glauben voreilig irgendjemandem aufzudrängen, aber er weist uns an, uns um andere zu kümmern und aktiv zu ihrem Wohlergehen beizutragen. Gegenseitiger Respekt, wie er für einen echten Dialog notwendig ist, versetzt uns in die Lage mit anderen eine echte Partnerschaft einzugehen. Nur wenn unsere Gesprächspartner sich verstanden und gewürdigt fühlen, können wir uns aktiv darum bemühen, sie in ein Gemeinschaftsunternehmen zum wechselseitigen Nutzen einzubeziehen. Somit gestattet die Goldene Regel, wenn sie negativ formuliert wird, ein kreatives Engagement; formuliert man sie positiv, so verhindert sie passive Gleichgültigkeit gegenüber dem Leiden der anderen. In ihrer positiven wie in ihrer negativen Fassung fördert die Goldene Regel das Vertrauen zwischen den Menschen.

Vertrauen macht möglich, dass es zum Dialog kommt, dass er andauert und schließlich Früchte trägt. Es ist das Rückgrat jeder wirklichen Kommunikation. Ohne Vertrauen können wir wenig tun, damit es überhaupt zu einer Kommunikation von Belang kommt. Vertrauen ist aber nicht blind. Es ist eine rationale Entscheidung, sich auf Kommunikation mit anderen einzulassen. Es ist die Mindestbedingung, will man den psychischen Zustand der Angst überwinden. Solange wir uns nicht aus unserem selbst gesponnenen Kokon herausbewegen und uns den Herausforderungen des Unbekannten stellen können, werden wir niemals in der Lage sein, uns von unserem Egoismus, von Vetternwirtschaft, Engstirnigkeit und Ethnozentrismus zu lösen. Misstrauen verhindert jeden Versuch der Zusammenarbeit zwischen den Kulturen und hemmt das Wachstum einer Kultur des Friedens. Vertrauen ist ein Engagement für die Möglichkeit einer immer größer werdenden Gemeinschaft. Es ist der Ursprung gegenseitigen Respekts und Verstehens. Vertrauen macht es uns möglich, den anderen um seiner selbst willen anzunehmen – und nicht als Mittel zum Zweck.

Vertrauen verträgt sich durchaus mit einer gesunden Dosis an Skepsis oder einem kritischen Geist, doch ist es niemals dem anderen gegenüber feindselig oder verhält sich angesichts der gegebenen Realität zynisch. Trotz aller Spannungen und Konflikte in der Welt beinhaltet Vertrauen eine Bereitschaft, nach Gemeinsamkeiten und Möglichkeiten des Teilens mit jenen Ausschau zu halten, die als radikal anders abgestempelt werden. Vertrauen erweist sich im Mut, ein gemeinsames Unternehmen mit einem Fremden zu wagen, der gewöhnlich als Feind bezeichnet wird. Durch Vertrauen respektieren wir die Integrität des anderen ganz prinzipiell und als Wert an sich. Während die Person, die Vertrauen schenkt, manchmal enttäuscht oder betrogen wird, hält sie dies nicht ab vom Engagement für ständige Kommunikation innerhalb der Familie, der Gesellschaft und der Nation und darüber hinaus. Zum Vertrauen gehört, dass man Versprechen einhält und zielstrebig handelt. Doch über alldem steht ein höheres Prinzip der Richtigkeit. Wenn das Einhalten eines Versprechens dem Wohlergehen einer Person im Ganzen schadet (so etwa, wenn man einem Drogenabhängigen Geld leiht), dann ist es richtig, das Versprechen zu brechen. Nicht anders ist es, wenn eine bereits eingeleitete Aktion höchstwahrscheinlich katastrophale Folgen haben wird, wenn beispielsweise die Errichtung eines Kraftwerks für die Umwelt schädlich sein wird. Dann ist es recht und billig, das Vorhaben einzustellen.

Der Integrität des anderen zu vertrauen bedeutet, anständig und respektvoll zu sein. Dies ist der Auftakt eines echten Dialogs. Bei jeder geschäftlichen Transaktion oder vertraglichen Vereinbarung ist ganz offensichtlich Vertrauen notwendig, noch wichtiger aber ist Vertrauen bei der Kommunikation zwischen Personen und Kulturen. Während man gegen Verstöße im geschäftlichen Bereich oder bei Vertragsbrüchen Rechtsmittel einsetzen kann, bedeutet das Fehlen von Vertrauen zwischen Menschen und Kulturen einfach das Erlöschen jeder Kommunikationsmöglichkeit. Ein Gefühl der Fairness kann einen Geist des Vertrauens schaffen; und wenn Vertrauen da ist, fällt es leicht, Gerechtigkeit zu verwirklichen. Ähnlich schenkt eine menschliche Person Vertrauen und ist des Vertrauens wert. Durch Anteilnahme und Mitgefühl motiviert, errichtet ein Mensch ein sich stets erweiterndes Netz von persönlichen und interkulturellen Beziehungen. Vertrauen ist die Voraussetzung dieser Beziehungen. Besteht Vertrauen, dann sind rechtliche Zwänge nur noch Vorsichtsmaßnahmen. Wird der Austausch zwischen Menschen und Kulturen nach Treu und Glauben vollzogen, verläuft der Prozess in zivilisierten Formen, und man lernt voneinander. Glauben wir an den Dialog der Kulturen, können wir nicht nur von der Weisheit unserer eigenen Tradition lernen, sondern auch von der gesamten Weisheit der Menschheit.

Menschlichkeit und Vertrauen fördern sowohl auf der Ebene von Individuen als auch von Gemeinschaften das Ethos gemeinsamen Gedeihens interpersonaler Beziehungen. Sie sind Voraussetzung für Diskussionen über gemeinsame Werte. Ohne Menschlichkeit und Vertrauen gibt es keine gemeinsame Basis für die Ermittlung von Werten als gemeinsames geistiges Bemühen gleich gesinnter Partner im Dialog.

Im Lichte dieser Diskussion wollen wir jene Paare gemeinsamer Werte anführen, die näherer Untersuchung bedürfen: Freiheit/Gerechtigkeit, Rationalität/ Anteilnahme, Rechtmäßigkeit/Zivilisiertheit sowie Rechte/Verantwortlichkeit. Da die Werte Freiheit, Rationalität, Rechtmäßigkeit und Rechte in der zeitgenössischen politischen Diskussion recht ausführlich erläutert worden sind, haben wir uns dazu entschlossen, die Bedeutung von Gerechtigkeit, Anteilnahme, Zivilisiertheit und Verantwortlichkeit als ebenso bedeutende Werte für die Genese der globalen Gemeinschaft herauszuarbeiten. Wir sind davon überzeugt, dass diese vier Werte, wenn sie allenthalben anerkannt werden, dabei helfen können, den Dialog der Kulturen zu erleichtern, und solch ein Dialog kann die Möglichkeiten für die Verwirklichung eines Weltethos erheblich fördern.

Auf dem Weg zu einem Weltethos

Freiheit und Gerechtigkeit

Wenn Menschlichkeit uns hilft, Beziehungen zu unseren Mitmenschen einzugehen, dann ist Gerechtigkeit die Methode, diesen Wert in konkretes Handeln umzusetzen. Eine humane Welt ist zwangsläufig gerecht. Ungleichheit der Geschlechter und Rassendiskriminierung sind ungerecht. Desgleichen große Unterschiede in Hinblick auf Einkommen, Vermögen, Privilegien und Zugang zu Gütern, Information oder Bildung. Da die Verbreiterung der Kluft zwischen Besitzenden und Besitzlosen eine unbeabsichtigte negative Folge der Globalisierung ist, machen wir uns insbesondere Sorgen wegen der an den Rand gedrängten, benachteiligten und zum Schweigen gebrachten Individuen und Gruppen der menschlichen Familie. Sie verdienen unsere konzentrierte Aufmerksamkeit und unsere beharrliche Unterstützung. Je einflussreicher und mächtiger ein Einzelner, eine Gruppe, eine Nation oder eine Region ist, umso mehr besteht unserer Überzeugung nach für sie oder ihn die Verpflichtung, das Wohlergehen der menschlichen Gemeinschaft zu verbessern. Es ist nicht durchführbar und schon gar nicht gerecht, Individuen und Gruppen willkürlich ein Prinzip der Gleichmacherei aufzuerlegen, aber es scheint nur angemessen, wenn man verlangt, dass die Nutznießer der Globalisierung ihre Ressourcen fairer mit allen teilen. Gerechtigkeit verlangt, dass die Politik dazu beiträgt, den Schwächeren zu helfen. Es ist menschlich und gerecht, nach Wegen zu suchen, jenen beizustehen, die an den Rand gedrängt, benachteiligt oder zum Schweigen gebracht worden sind.

Gerechtigkeit im Sinne von Fairness bedeutet ein

Verlangen nach höheren Maßstäben des Verhaltens. Angesichts des Entstehens der globalen Gemeinschaft ist die Ausrottung der Armut ein wichtiges und gerechtes Anliegen. Wie können wir den Armen ermöglichen, Fähigkeiten zu entwickeln, ihr Elend zu überwinden? Wie können wir Frauen und Mädchen so ausbilden, dass sie aus dem Teufelskreis von Bevölkerungsdruck und wirtschaftlicher Unterentwicklung ausbrechen können? Wie können wir die Führung des Nordens und erfolgreiche Volkswirtschaften anderswo zu der Einsicht bringen, dass die Überwindung der Armut, ganz gleich wo sie vorkommt, ein integraler Bestandteil ihrer nationalen Interessen ist? Wie können wir an das Gewissen der Menschen in aller Welt appellieren, damit sie erkennen, dass Armut, wo auch immer sie auftaucht, ein Weltproblem ist? Fragen dieser Art müssen auf lokaler, nationaler, regionaler und globaler Ebene angegangen werden.

Wir haben den Eindruck, dass man langsam beginnt, sich mit diesen Fragen auseinander zu setzen. Die Verpflichtung des Weltsozialgipfels 1995 in Kopenhagen zu einer »Beschleunigung der Entwicklung in Afrika und den am wenigsten entwickelten Ländern« stützt sich auf ein realistisches Modell der gegenseitigen Abhängigkeit. Wenn wir ethnische, kulturelle, sprachliche und religiöse Vielfalt als einen globalen Aktivposten ansehen, dann kann man Afrika nicht nur als den Kontinent von Aids-Epidemien, Unterentwicklung und gesellschaftlicher Disintegration sehen. Man kann diesen Kontinent auch als einen reichen Fundus an menschlicher Spiritualität und gesammelter Weisheit der Stammesältesten betrachten. Der Geist Afrikas, verkörpert in der geologischen und biologischen Vielfalt des winzigen Gebiets um Kapstadt in Südafrika, das an Reichhaltigkeit mit dem riesigen Gebiet Kanadas vergleichbar sein soll, kann zu einer Quelle der Inspiration für ein neues Denken werden, das gesellschaftliche Entwicklung als globales Gemeinschaftsunternehmen ansieht. Das Schicksal Afrikas ist auch für Nichtafrikaner wich-

tig, weil wir ohne eine ganzheitliche Wahrnehmung menschlichen Wohlergehens unsere Sicherheit nicht angemessen verankern können – und schon gar nicht unser Wohlergehen in der globalen Gemeinschaft als Gesamtheit. In der Tat hat Afrika uns Lehren dieser Art erteilt.

»Als der Prophet Mohammed seine unterdrückten Anhänger zu dem christlichen afrikanischen König Negus von Abessinien schickte und sie dessen Schutz erhielten, war das nicht ein Beispiel von Toleranz und Zusammenarbeit, das heute Nachahmung verdient? . . .
Das Wesen der Wechselbeziehung der verschiedenen Stränge unseres religiösen Erbes könnte uns dabei helfen, solide Fundamente für die Errichtung einer Weltordnung zu legen, die sich auf gegenseitigen Respekt, Partnerschaft und Gerechtigkeit gründet. Auf einem Kontinent, der gegen die Plagen von Unterentwicklung, Aids, Umweltkatastrophen und Armut kämpft, wäre eine Rivalität zwischen den Religionen völlig fehl am Platze. Toleranz und Zusammenarbeit andererseits werden die moralische Führung verleihen, die so dringend vonnöten ist.«

Nelson Mandela

Weder romantisches Schwärmen noch Gefühlsduselei zwingt uns, unsere Aufmerksamkeit auf Afrika zu richten. Während Anteilnahme, Einfühlungsvermögen und Mitgefühl uns veranlassen, mit unseren Brüdern und Schwestern in Not solidarisch zu sein, gibt uns das Gerechtigkeitsgefühl Anlass zu der Überlegung, dass unser Wohlergehen gefährdet ist, wenn in irgendeinem Winkel der Welt oder gar auf einem ganzen Kontinent große Gefahr herrscht. Eine rationale kurzfristige Betrachtung wird möglicherweise keinerlei Zusammenhang zwischen den Problemen Afrikas und den Eigeninteressen anderer Regionen entdecken. Aber der gesunde Menschenverstand sagt uns, dass – da die gegenseitige Abhängigkeit in der globalen Gemeinschaft zu einer Tatsache geworden ist – Unkenntnis und Vernachlässigung eines beträchtlichen Teils der Welt langfristig die Sicherheit der Menschheit erschüttern. In der Tat verringert die verächtliche Behandlung auch nur eines von uns die Würde und Unantastbarkeit der Menschheit insgesamt.

Der Dialog der Kulturen zielt auf Einbindung ab. Das bedeutet eine offene Einladung an alle Mitglieder der globalen Gemeinschaft. Gerechtigkeit, die sich auf Fairness gründet, sorgt dafür, dass alle, die am Dialog teilnehmen wollen, ohne Unterschied zugelassen werden. Diese Art von Gerechtigkeit regt außerdem zu einer breiteren Teilhabe an, bei der man sich darum bemüht, jene einzubeziehen, die sich am Rande befinden. Jene, die den Dialog als zwecklose Übung oder als überflüssigen Luxus begreifen, weil sie von den brennenden Notwendigkeiten des bloßen Fortlebens überwältigt sind, können aus einem positiven Engagement in einem permanenten Dialog ganz besonderen Gewinn ziehen. Tatsächlich kann ihre Anwesenheit bei einem fairen Austausch (in dem man zum Beispiel Geschichten miteinander teilt) dazu beitragen, das Verhalten derer zu korrigieren, denen des Elend jener, die am Rande stehen, gleichgültig ist. Gleichzeitig können Ursachen und Lösungen für dringende Probleme in neuem Licht gesehen werden. Oft sind Missstände auf Seiten der politischen Führung (Mangel an Transparenz, Rechenschaftspflicht gegenüber der Öffentlichkeit und Fairness) der Hauptgrund wirtschaftlicher und gesellschaftlicher Krisen. Aus einer vergleichenden kulturellen Perspektive heraus lassen sich solche Probleme klarer erkennen und wirksamer regulieren.

Rationalität und Anteilnahme

Die Menschen sind häufig als vernunftbegabte Lebewesen definiert worden. Fähigkeiten wie die, unser Eigeninteresse zu erkennen, unseren Profit auf dem freien Markt zu maximieren und unsere relativen Vorteile zu kalkulieren, zeigen, dass wir über eine instrumentelle Vernunft verfügen. Rationalität oder besser gesagt Vernünftigkeit ist außerdem von wesentlicher Bedeutung für interpersonelle Beziehungen, Erwerb von Kenntnissen, politische Teilhabe und gesellschaftliches Engagement. Menschlichkeit umfasst aber auch Anteilnahme (Sympathie), Einfühlung (Empathie) und Mitgefühl. Humanität als Wert kann nicht allein durch Rationalität verwirklicht werden. Die Fähigkeit, eine bestimmte Person menschlich zu behandeln, ist nicht das Ergebnis von rationalen Entscheidungen, sondern von Feingefühl, Überzeugung, Engagement und Empfindsamkeit.

Treue und Vertrautheit jenen gegenüber, die uns nahe stehen, zählen zu den natürlichsten und allgemeinsten menschlichen Erfahrungen. Wir können es nicht ertragen, wenn jene, die wir lieben, leiden. Dieses Mitgefühl beschränkt sich häufig auf unsere Kinder, Gatten, Eltern, nächsten Verwandten und besten Freunde. Wenn wir darüber hinaus dieses persönliche

Mitgefühl für jene, die wir mögen und für die wir sorgen, auch auf Menschen ausdehnen können, die wir kaum kennen, selbst auf Fremde und noch weiter, dann wird sich unser Gefühl der gegenseitigen Verbundenheit gewaltig steigern. Wir mögen die erhabene Vorstellung, mit der gesamten Menschheit eine Einheit zu bilden, nie wirklich verspüren. Doch wenn wir uns an dem ethischen Gebot orientieren, alle Menschen als Brüder und Schwestern zu behandeln, so werden wir versuchen, zu einem stets wachsenden Geflecht von Verbindungen untereinander harmonische Beziehungen aufzubauen. Die Notwendigkeit eines Dialogs der Kulturen beruht auf der Mitsorge für andere.

Es wird oft angenommen, dass Rationalität zwar objektiv verifizierbar und öffentlich überprüfbar sei, Anteilnahme aber als eine Sache des Herzens persönlich und privat sein müsse. Gewiss kann Anteilnahme als ein Gefühlszustand nicht leicht in präziser Diktion beschrieben oder nach streng quantitativen Maßstäben bestimmt werden. Auch kann sie nicht notwendigerweise als eine allgemeine Eigenschaft der menschlichen Seele nachgewiesen werden. Wir alle hoffen, dass Menschen es lernen, Mitgefühl zu haben, aber wir können die Universalität der Anteilnahme über alle Grenzen von Rassen, Kulturen und Religionen hinweg nicht garantieren. Unter dem Einfluss der griechischen Philosophie sind wir beispielsweise zu der Annahme bereit, dass Menschen rationale Lebewesen sind, aber wir zögern, darauf zu bestehen, dass Mitgefühl ein ebenso bestimmendes Merkmal der menschlichen Natur ist.

Doch aus der Perspektive des Kulturvergleichs lässt sich sagen, dass sowohl der Konfuzianismus als auch der Buddhismus behaupten, Sympathie, Empa-

thie und Mitgefühl seien gleichzeitig Mindestvoraus-
setzungen wie auch maximale Verwirklichung der
menschlichen Art, zu leben. Nach konfuzianischer
und buddhistischer Denkweise sind die Menschen
empfindungsfähige Wesen. Empfindungsvermögen
92 ist eher als Rationalität das besondere Attribut der
Menschheit. Wir fühlen, also sind wir. Durch unsere
Empfindungen erfassen wir unsere eigene Existenz
und unsere Koexistenz mit anderen Menschen, ja
auch mit Tieren, Pflanzen und all den Erscheinungen
des Universums. Da die Empfindung der Verbundenheit untereinander nicht nur ein persönliches Gefühl
ist, sondern eine Wahrnehmung der Zusammengehörigkeit, die intersubjektiv nachweisbar ist, handelt es
sich hier um einen Wert, der von allen geteilt werden
kann.

In einem tieferen Sinn ist Mitgefühl keine erlernte
Fertigkeit, sondern eine naturgegebene Fähigkeit von
Herz und Verstand. Es ist natürlich, das Leiden anderer wahrzunehmen. Selbst wenn wir durch Umstände
jenseits unserer Kontrolle verhärtet und durch häufi-
ge Konfrontation mit Grausamkeiten abgestumpft
sind, geht unsere Fähigkeit, auf tragische Ereignisse
zu reagieren, doch nie völlig verloren. Doch eine der
traurigsten menschlichen Tragödien besteht gegenwärtig im Verlust allen Mitgefühls gegenüber einem
angenommenen Feind. Im Falle eines Psychopathen
oder eines Terroristen, der von Rache und Vergeltung
besessen ist, wird das Opfer (und das bedeutet häufig
das unschuldige Opfer) derart »enthumanisiert«,
dass es als unvermeidlich oder gar als erstrebenswert
gilt, ihm Schmerz, Leid und Tod zuzufügen. Es ist
nicht das Fehlen instrumenteller Rationalität, auch
nicht Selbstgerechtigkeit und moralische Empörung
(natürlich in den entstelltesten Formen, die man sich

vorstellen kann), sondern das totale Fehlen von Anteilnahme, Einfühlung und Mitgefühl, was das Handeln eines solchen Menschen in so inhumaner Weise verheerend macht. Will man ein globales Friedensdenken fördern, ist die Förderung von Mitgefühl durch Erziehung als eine Methode zur Freilegung der ursprünglichen Gestalt von Herz und Seele in der menschlichen Natur von wesentlicher Bedeutung.

Es ist offensichtlich naiv, anzunehmen, dass Erziehung zum Mitgefühl den Terrorismus tatsächlich bekämpfen kann. Doch zweifellos wird ein politisch manipulierter und »religiös aufgeladener« Terrorismus durch die feste Überzeugung motiviert, dass außerordentliche, gewalttätige Maßnahmen notwendig seien, um das vermeintlich Schlechte zu korrigieren. Wie anders könnten intelligente und von Überzeugung geleitete Männer und Frauen eine derart tief greifende »Gehirnwäsche« durchgemacht haben, dass sie wohl durchdachte Pläne entwickeln, um Selbstmordattentate gegen unschuldige Menschen durchzuführen? Das psychopathische Verhalten, die schiere Raserei, die solchen Verzweiflungstaten zugrunde liegen, sind höchst beängstigend. Der Hass sitzt so tief, dass die extremste Aufopferung – nämlich Tod durch Selbstmord – als Strategie angewandt wird, um maximalen Schaden anzurichten. Der Grundsatz »leben und leben lassen« wird hier auf den Kopf gestellt. Menschlicher Verstand verlangt, dass wir uns in die Denkweise dieser Terroristen hineinversetzen, um zu begreifen, wie sie schließlich dahin gelangt sind, auf eine derart grausame und inhumane Weise zu handeln. Mehrere gemeinsame Werte werden entstellt und missbraucht, um die vermeintliche Zwangsläufigkeit solch eines schändlichen Akts zu rechtfertigen: Geradlinigkeit, Engagement, moralische Empörung, Rationalität, Opferbereitschaft, Gerechtigkeit und Kühnheit; doch Anteilnahme, Einfühlung und Mitgefühl für jemanden, der als ein »Anderer« angesehen wird, fehlen vollkommen. Diese wesentlichen Merkmale der Menschlichkeit werden von gefühllosen Terroristen komplett abgelehnt. Ohne Sympathie, Empathie und Mitgefühl wird Geradlinigkeit zu Besessenheit, Engagement zu Fanatismus, moralische Empörung zu aggressiver Wut, Rationalität zu einem Instrument der Zerstörung, Aufopferung zu massivem Leiden, Gerechtigkeitsstreben zu Arroganz und Kühnheit zu Brutalität. Menschlichkeit aus Herz und Verstand pflegt andere Werte, damit Geradlinigkeit, Engagement, moralische Empörung, Rationalität, Opferbereitschaft, Gerechtigkeitsstreben und Kühnheit unsere inneren Ressourcen bereichern und unsere Entschlossenheit stärken, durch persönliche Veränderung einen Geist des Friedens zu pflegen.

Rechtmäßigkeit und Zivilisiertheit

Rechtsstaatlichkeit ist zur Aufrechterhaltung von Ordnung unbedingt erforderlich. Die Forderung nach Transparenz in der Marktwirtschaft, nach öffentlicher Verantwortlichkeit in einem demokratischen Gemeinwesen und nach geregelten Verfahren im gesellschaftlichen Bereich machen mit Nachdruck deutlich, dass es ohne Rechtsstaatlichkeit schwierig ist, Sicherheit, gute Regierungsführung und Rechtsschutz zu gewährleisten. Aber Recht, das eine Minimalvoraussetzung für Ordnung darstellt, kann allein noch nicht staatsbürgerliche Haltung oder Verantwortungsgefühl zuwege bringen. Für Menschen, die nach der Fülle des Lebens in gemeinschaftlicher Harmonie streben, ist die Pflege eines zivilen Ethos unerlässlich. Da eine Vielzahl von Traditionen das Denken und Handeln der Völker der Welt anleitet, kann Rechtmäßigkeit (*legality*) ohne Zivilisiertheit (*civility*) nicht zu staatsbürgerlicher Haltung anregen. Ein Rechtssystem ohne staatsbürgerliches Ethos kann leicht zu exzessiver Prozesssucht degenerieren.

Zivilisiertheit ergänzt die Rechtsstaatlichkeit und verhilft der Legalität zu einem moralischen Fundament. Es ist die angemessene Art des Umgangs mit den eigenen Mitbürgern. Wenn positive globale Tendenzen – jene also, die Kommunikation und Verbindungen fördern, ohne den Hegemonismus zu intensivieren – dazu beitragen, eine sich stets erweiternde, zusammenhängende Gemeinschaft hervorzubringen, dann ist zivilisiertes Verhalten der Schlüssel zur Förderung eines solchen Prozesses. Ohne Zivilisiertheit ist ein wirklicher Dialog nicht möglich. Bei der interkulturellen Kommunikation sind zivilisierte Umgangsformen unbedingt notwendig. Unsere Bereitschaft, Urteile zurückzustellen, unsere eigenen Grundannahmen kritisch zu überprüfen, das Gesagte zu würdigen, ohne voreilige Schlüsse zu ziehen, an den wichtigen Punkten weiter nachzufragen und über die Bedeutung des Gesprächs nachzudenken, gehört zur Pflege eines staatsbürgerlichen Ethos.

Humanität versetzt uns in die Lage, miteinander Beziehungen auf der Basis der Gegenseitigkeit einzugehen; gerechtes Verhalten macht es uns möglich, unsere humanen Empfindungen für den anderen in Handeln umzusetzen, und zivilisiertes Verhalten stellt die angemessene Form für die Kommunikation zwischen Menschen dar. Ohne Zivilisiertheit verkommt Wettbewerb zu dem brutalen Versuch, Dominanz und Druck durchzusetzen, und Gegnerschaft

wird sehr schnell zu einem unversöhnlichen Macht-
kampf. Gesetze können möglicherweise aus sich
selbst heraus zu Unterwürfigkeit ermutigen, aber die
Förderung von zivilisiertem Verhalten ist für das rei-
bungslose Funktionieren einer harmonischen Gesellschaft unerlässlich. Wenn wir uns eine globale Zivilgesellschaft der Zukunft vorstellen, in der die wechselseitigen Beziehungen aller Kulturen, auch der neu
entstehenden, zu gegenseitigem Lernen anregen,
dann fördert dies die Hoffnung auf einen andauern-
den Frieden.

Das Aufkommen einer globalen Zivilgesellschaft,
wie sie sich in der kreativen Vorstellungskraft, der
begeisterten Teilnahme und der dynamischen Aktivi-
tät von Nichtregierungsorganisationen bei den Konferenzen von Rio (Umwelt und Entwicklung, 1992),
Kairo (Bevölkerung, 1994), Kopenhagen (soziale
Entwicklung, 1995) und Peking (Frauen, 1995) wi-
dergespiegelt hat, deutet stark darauf hin, dass die
neuen Akteure der internationalen Bühne, wenn sie
ethnische, sprachliche, kulturelle und religiöse Grenzen überschreiten, doch nach neuen Spielregeln verlangen, die dazu beitragen können, in einem Bereich
voller Spannungen und Konflikte auf einem passa-
blen Niveau von Zivilisiertheit Verhandlungen zu
führen. Wir können unsere Verhaltensweise in diesem ungewohnten Terrain nicht nur von klar definierten Gesetzen und Regeln abhängig machen. Ein
gemeinsames Maß an Anstand und Gastfreund-
schaft, wie es alle spirituellen Traditionen lehren, bietet eine Grundlage für Dialog und Kommunikation.

In der Sprache der Zivilisiertheit wird die Diplomatie zwischen Nationen in Höflichkeit zwischen Individuen übersetzt. Angst vor dem anderen gebiert
den ungesunden Wunsch nach Dominanz. Zorn führt

leicht zu Gewalttätigkeit, und die Psychologie des Verdachts ist eine Hauptursache von Aggression. Zwar ist Wachsamkeit notwendig, wenn man auf unruhigen Gewässern segelt, doch ziviles Handeln ist im Gegensatz zu militärischem oder juristischem der einzige zukunftsfähige Ansatz für dauerhafte Beziehungen zwischen Personen. Ein Ethos der Zivilisiertheit ist kein Ersatz für Rechtsstaatlichkeit, aber ohne den Geist der Zivilisiertheit können gesetzestreue Bürger distanziert, gleichgültig und sogar grob werden. Zivilisiertheit regt zu Menschlichkeit, Gegenseitigkeit und Vertrauen an und ergänzt gleichzeitig die Legalität, die Rechtmäßigkeit.

Rechte und Verantwortlichkeit

Während das Bewusstsein, Rechte zu haben, für die Pflege von Autonomie, Unabhängigkeit und persönlicher Würde wesentlich ist, entspricht die Betonung der Vorstellung von einem sich frei entscheidenden und über Rechte verfügenden Menschen, der ohne jedes Gefühl der Verpflichtung, der Schuldigkeit oder der Verantwortlichkeit lebt, nicht dem Ziel der gesellschaftlichen Solidarität oder dem Wohl der Menschheit. Seit der Allgemeinen Erklärung der Menschenrechte der Vereinten Nationen von 1948 ist die Befürwortung von Menschenrechten zu einem wichtigen Merkmal des modernen Bewusstseins geworden. Dass der Staat für die Menschenrechte eintritt, gilt heute nicht mehr nur für einige wenige hochentwickelte Länder. Die meisten Mitgliedstaaten der Vereinten Nationen haben einige, wenn nicht gar alle, internationale Vereinbarungen über die Menschenrechte unterzeichnet. Selbst Regime, die entsetzliche Menschenrechtsverletzungen praktizieren, lassen sich durch die öffentliche Meinung dazu zwingen, diesen Rechten Lippenbekenntnisse zu leisten. Der Geist unserer Zeit trägt ermutigend dazu bei, dass sich das Gespräch über Rechte in alle Winkel der Erde ausbreitet, so die ganze Menschheit umfasst

und dabei die Grenzen von Rasse, Geschlecht, Klasse, Alter und Glaubensbekenntnis überschreitet.

Doch die Menschenrechte haben sich weiterentwickelt, umfassen nicht mehr nur politische, sondern zunehmend auch ökonomische Rechte und schließlich auch kulturelle und Gruppenrechte. Während die ursprüngliche Allgemeine Erklärung der Menschenrechte der Vereinten Nationen einen weiten Rahmen absteckte, erfolgte der tatsächliche Prozess der Durchführung selbst bei jenen Nationen, die sich am stärksten für die Förderung von Menschenrechten als universelle menschliche Bestrebung aussprachen, schmerzlich langsam. Obwohl Behauptungen wie die, dass verschiedene Länder unterschiedliche Vorstellungen von Menschenrechten haben können und wir nicht verlangen sollten, alle Länder sollten den gleichen Maßstäben von Menschenrechten entsprechen, umstritten sind, ist die Frage, wie wir die politischen Rechte mit den wirtschaftlichen, sozialen, kulturellen und Gruppenrechten koordinieren und integrieren können, für einen Dialog der Kulturen von entscheidender Bedeutung.

Hinter der Notwendigkeit und Wünschbarkeit eines internationalen Dialogs über Menschenrechte verbirgt sich die Frage der Verantwortlichkeit und indirekt auch der Verpflichtung und Verbindlichkeit für alle Dialogpartner. Während das Rechte-Bewusstsein in seinen vielfältigen Dimensionen historisch betrachtet erst vor relativ kurzer Zeit auftauchte, entwickelten alle spirituellen Traditionen schon früh ei-

nen hoch entwickelten Sinn für Verantwortlichkeit
und Pflichtbewusstsein. Ein Teil der Kritik am Diskurs über Menschenrechte ist möglicherweise durch
das besondere Bestreben politischer Führer motiviert,
Achtung vor der Autorität als Grundlage jeder Stabilität zu begünstigen.

Es ist ein Gemeinplatz, festzustellen, dass Länder,
die sich auf unterschiedlichen Stufen der wirtschaftlichen Entwicklung befinden oder verschiedene Traditionen und kulturelle Hintergründe besitzen, anders geartete Vorstellungen von Menschenrechten
und differierende Formen der Menschenrechtspolitik
haben. Doch Menschenrechte als geradezu bestimmendes Merkmal der Moderne dürfen keiner dikta-
torischen oder autoritären Politik unterworfen werden. Wenn man die Bedeutung von Rechten und Verantwortlichkeit in gleicher Weise betont, dann ist
dies ein ausgewogener Ansatz zum Wohlergehen der
Menschen und ein gangbarer Weg für den Dialog der
Kulturen.

Tatsächlich können Rechte ohne Verantwortlichkeit zu einer Art von Verantwortungslosigkeit führen, die von Egozentrismus auf Kosten harmonischer
gesellschaftlicher Beziehungen zeugt. Die moralische
Kraft der Betonung von Rechten liegt in der allgemeinen Berufung auf die Würde des Einzelnen gegenüber der Zwangsgewalt des Staates. Oftmals lassen
sich Befürworter der Menschenrechte durch einen
Sinn für Gerechtigkeit motivieren, nicht für sich
selbst, sondern für die an den Rand Gedrängten und
zum Schweigen Gebrachten, die unter dem Zwang
von Kräften, über die sie keine Kontrolle haben,
nicht in der Lage sind, sich selbst zu verteidigen.
Hinter dem Diskurs über Rechte verbirgt sich die Erkenntnis, dass alle Mitmenschen eng untereinander

verbunden sind. Diese Erkenntnis schließt ein Gefühl der Verantwortlichkeit für jene ein, die sich nicht in der glücklichen Lage befinden, ihre Rechte selber geltend machen zu können. Menschen, die die Vorstellung von unveräußerlichen Rechten ausschließlich aus Eigeninteresse vertreten, entpuppen sich leicht als Egoisten.

Aus dem oben Dargelegten lässt sich der Grundsatz ableiten, dass das Privileg, Rechte zu besitzen, immer auch Verantwortlichkeit bedeutet. Sind die Mächtigen und Einflussreichen dem Wohle der unterschiedlich definierten Gruppierungen von der Familie bis zur globalen Gemeinschaft stärker verpflichtet? In den Verfassungen einiger Länder sind nicht einklagbare Rechte wie das Recht auf einen sicheren Arbeitsplatz und auf wirtschaftlichen Wohlstand zu finden. Im Unterschied zur Freiheit der Rede, der Versammlung und des Glaubensbekenntnisses kann man jedoch nicht erwarten, dass Regierungen prinzipiell nicht einklagbare Rechte gewähren. Das Verlangen danach zählt aber dennoch zu den legitimen Bestrebungen gewöhnlicher Bürger, die verantwortliche Regierungen im Großen und Ganzen zu erfüllen versuchen. Schließlich ist es höchst ratsam, dass jene, die von der Gesellschaft profitieren, die Verantwortung für deren Schwache und Unterprivilegierte übernehmen. Kultivieren die »Gewinner« der globalen Marktwirtschaft in ähnlicher Weise ein Pflichtbewusstsein, das ihrer Macht, ihrem Einfluss und ihrem Zugang zu Technologie, Information, Ideen und materiellen Ressourcen entspricht?

Menschlichkeit und Vertrauen bilden die Grundlage
der gemeinsamen Werte. Ohne sie werden Freiheit/
Gerechtigkeit, Rationalität/Anteilnahme, Rechtmä-
ßigkeit/Zivilisiertheit und Rechte/Verantwortlichkeit
nicht über ein günstiges ethisches Umfeld verfügen,
in dem sie umfassend verwirklicht werden können.
Doch das Formulieren gemeinsamer Wertmaßstäbe
erfordert eine Art von persönlichem Auffassungsver-
mögen, das seit den frühesten Zeiten der menschlichen Kultur im Mittelpunkt philosophischer Überlegungen steht. »Erkenne dich selbst« – dieses Ideal
des Sokrates verlangt spirituelle Übungen und moralische Selbsterziehung, eine humanistische Art des
Lernens, die nötig ist, um ganz und gar Mensch zu
sein. Während Intelligenz für die Fähigkeit steht, aus
Erfahrung zu lernen, Kenntnisse zu erwerben und zu
behalten und die Möglichkeiten der Vernunft einzusetzen, um Probleme zu lösen, kommt es erst durch
die persönliche Intelligenz in Form von Weisheit dazu, dass die Menschheit überlebt und Blütezeiten erlebt hat. Angesichts der gewaltigen Gefahren, die unsere Lebensfähigkeit als Gattung ernsthaft bedrohen,
ist Weisheit nun dringend erforderlich.

Weisheit bedeutet ganzheitliches Verstehen, tiefe
Selbsterkenntnis, eine langfristige Perspektive, gesunden Menschenverstand und gutes Urteilsvermögen.
Ein Funke der Inspiration kann einen Aspekt der
Weltlage aufhellen, aber ein umfassendes Verständnis
der Lage der Menschheit setzt kontinuierliche Bildung
voraus. Eine bruchstückhafte Art des Lernens ist un-

zulänglich. Persönliche Erfahrungen, die Art von Selbsterkenntnis, die auf Empirie beruht und dabei gemeinschaftsbezogen und kritisch zugleich ist, kann nur durch ständiges Bemühen vervollkommnet werden. Wenn wir nach kurzfristigen Gewinnen auf Kosten langfristiger Erträge streben, dann mögen wir vielleicht pfiffig, wir werden aber niemals weise sein. Wenn das Denken in einer langfristigen Perspektive auch eine prophetische Sichtweise voraussetzt, so bringt Weisheit doch, da sie mit spekulativem Denken überhaupt nichts zu tun hat, stets konkrete Ergebnisse hervor. Die Fähigkeit, eine Vielzahl von Faktoren zu berücksichtigen, wenn man Entscheidungen fällt, ist ein Zeichen von Weisheit. Während ein fruchtbarer Dialog das Zurückstellen von vorgefassten Meinungen voraussetzt, bedeutet Zurückhaltung im Urteil keineswegs, dass man zu gesundem Urteil nicht fähig ist. Ein Weiser urteilt maßvoll und ausgewogen; er geht den Mittelweg zwischen den starren Extremen.

Fortschritte in Wissenschaft und Technik haben unsere Horizonte und unsere Wahrnehmung der Welt um uns so enorm erweitert, dass viele meinen, die Weisheit der großen Religionen und philosophischen Traditionen sei für unsere moderne Bildung nicht von Bedeutung. Gewiss, die Globalisierung hat zu einer Vermehrung der Daten, der Informationen und der Kenntnisse geführt, die uns zur Benutzung und zum Verbrauch zur Verfügung stehen. Aber sie hat gleichzeitig die durch die Zeiten erprobten Formen des Lernens beträchtlich geschwächt, insbesondere die traditionellen Mittel, Weisheit zu erlangen. Wir dürfen Daten nicht mit Informationen, Informationen nicht mit Wissen und Wissen nicht mit Weisheit verwechseln; wir müssen lernen, wie man weise und nicht nur informiert und kenntnisreich wird. Es gibt im wesentlichen drei Wege, Weisheit zu erwerben, und sie sind in unserem Zeitalter der Information besonderer Aufmerksamkeit wert.

An erster Stelle steht die Kunst des Zuhörens. Das Hören verlangt mehr Geduld und Aufnahmebereitschaft als das Sehen. Ohne Geduld nehmen wir möglicherweise etwas mit den Ohren auf, begreifen aber den Inhalt nicht, von subtilen Bedeutungsnuancen ganz zu schweigen; ohne Aufnahmebereitschaft wird die Botschaft nicht in die innersten Winkel unseres Herzens und unseres Verstandes eindringen, selbst wenn wir mitbekommen, was gesagt worden ist. Durch intensives Zuhören erleben wir wirkliche Begegnungen mit anderen. Manche Völker können uns beispielsweise beibringen, wie man nicht nur aufeinander hört, sondern auch die Stimme der Natur wahrnimmt. Nur durch intensives Lauschen werden wir wirklich begreifen, was durch das Ohr in uns eindringt.

An zweiter Stelle steht die Kommunikation von Angesicht zu Angesicht. Das direkte Gespräch miteinander ist die allgemeinste und einfachste Art des Kommunizierens, stellt aber zugleich die größten Herausforderungen und bringt den meisten Gewinn. Gespräche am Telefon oder unter Einsatz von noch raffinierteren elektronischen Instrumenten sind kein Ersatz für das direkte Gespräch von Mensch zu Mensch. Ein Partner ist erforderlich für diese Art von Kommunikation. Die Kommunikation von Angesicht zu Angesicht ist die dauerhafteste Methode der Wechselwirkung zwischen Menschen und letzten Endes die authentischste Art und Weise der Vermittlung von Werten. Wenn sie in den Hintergrund verbannt wird, besteht kaum mehr die Chance, dass wir weise werden können.

Die Kunst des Zuhörens und das unmittelbare Gespräch von Angesicht zu Angesicht sind die unerläss-
liche Voraussetzung für die dritte, seit Urzeiten vor-
handene Art des Lernens: Damit meinen wir die gesammelte Weisheit der Ahnen. Gerade weil wir in der
modernen Welt einer derartigen Flut von Daten, Informationen und Kenntnissen ausgesetzt sind, ist die
Notwendigkeit, dass wir Weisheit erwerben, dringen-
der als je. Die Weisheit der großen religiösen und
philosophischen Traditionen lehrt uns, wie wir wahrhaft Mensch sein können. Die gesammelte Weisheit
der Ahnen bezieht sich auf die Kunst des Lebens, wie
sie im Denken und Handeln der Vorbilder einer bestimmten Gesellschaft verkörpert wird. Nur durch
exemplarische Lehren, durch Lehren aus dem Beispiel anderer eher als durch Worte können wir lernen, voll und ganz Mensch zu sein. Wir können es
uns nicht leisten, uns selbst von den spirituellen Ressourcen abzuschneiden, die unserem Leben Bedeutung geben. Wir eifern jenen nach, die auf die anre-
gendste Weise zeigen, was es bedeutet, in unserer Gesellschaft wahrhaft Mensch zu sein, nicht nur mit
dem Verstand, sondern auch mit Herz und Seele, mit
dem ganzen Körper. Diese Art von umfassendem Lernen kann nicht allein durch Nachahmung erfolgen.
Verständlicherweise helfen uns Sprache, Geschichte,
Literatur, klassische Philologie, Philosophie, Religion
und Kulturanthropologie – also geisteswissenschaft-
liche Fächer – beim Erwerb von Weisheit, und daher
veralten sie niemals.

Will man lernen, voll und ganz Mensch zu sein,
dann geht es mehr um Charakterbildung als um den
Erwerb von Kenntnissen oder das Erlernen von Fer-
tigkeiten. Kulturelle Kompetenz ist ebenso notwendig wie technische, um in der Welt von heute ange-

messen wirken zu können. Ethische Kompetenz ist ebenso wie kognitive Intelligenz für das Persönlichkeitswachstum von erheblicher Bedeutung; ohne das erste Element wird das moralische Gefüge der Gesellschaft unterminiert. Spirituelle Vorstellungen und Übungen sind für das Wohl der menschlichen Gemeinschaft ebenso erforderlich wie angemessene materielle Bedingungen. Höchst wünschenswert ist auch kulturelle Kompetenz. Selbst wenn wir nicht lesen und schreiben können und kein Gefühl für geschichtliche Zusammenhänge, keine literarischen Neigungen oder keine Kenntnis klassischer Schriften besitzen, dann können wir noch immer den Mindestanforderungen an die Staatsbürgerrolle gerecht werden. Aber unsere Teilnahme am politischen Leben unseres Landes wird dürftig sein. Ethische Intelligenz ist notwendig für gesellschaftliche Solidarität. Spirituelle Ideen und Übungen sind kein überflüssiger Luxus für die Schicht der Müßiggänger; sie sind ein integraler Bestandteil des geistigen Lebens, das einer Kultur ihren bestimmten Charakter und ihr besonderes Ethos verleiht.

Die oben genannten Werte sind eher exemplarisch als vollständig. Es ist notwendig, in Übereinstimmung mit diesen Werten zu handeln, wenn es zu einem wirksamen und fruchtbaren Dialog der Kulturen kommen soll; diese Werte können auch durch den tatsächlichen Prozess des Dialogs gefördert werden. Es handelt sich um gemeinsame Werte, die in allen spirituellen Traditionen in unterschiedlichen Umfeldern und historischen Situationen artikuliert worden sind. Diese Werte können durch Beispiele vermittelt werden, indem man sich gegenseitig seine Geschichte erzählt, durch religiöse Predigten, durch Ethikunterricht und vor allem durch den Dialog.

Die Vorstellungen, die diesem Kapitel zugrunde liegen, lassen sich an einem einfachen Schema mit zwei Prämissen verdeutlichen: (1) Globalisierung kann zu einer gesichtslosen Homogenisierung führen, die nichts von Unterschieden weiß und auf eine

hegemoniale Machtstellung stolz ist; durch einen Dialog kann sie aber auch zu einem echten Gefühl globaler Gemeinsamkeit führen. (2) Das Streben nach Identität kann zu bösartiger Ausgrenzung führen, verbunden mit ethnozentrischer Engstirnigkeit und auf Ausgrenzung abzielender Gewalttätigkeit; durch Dialog kann es auch hier zu einer authentischen Form globaler Kommunikation und zu einem echten Respekt vor Vielfalt kommen.

Drittes Kapitel:
Ein neues Paradigma für globale Beziehungen

Einleitung

Das alte Paradigma: Die Schlüsselelemente

Die Theorie vom »Kampf der Kulturen« war der Versuch, ein neues Feindbild für all jene zu finden – und
von denen gab es viele –, die es als unerträgliche Zu-
mutung empfanden, ohne Feind auskommen zu müssen. Nicht viel anders war der Versuch, »das Ende der
Geschichte« zu erklären, denn damit wurde der Sieg
der einen Seite über die andere verkündet. Das waren
keine Theorien für den Aufbruch in eine neue Ära, sie
setzten den Schlusspunkt unter die alte. Ihrem Wesen
nach waren sie eng mit dem alten Paradigma verknüpft: dem Paradigma des »Entweder – Oder«, des
»Wir und die Anderen«, der Ausgrenzung.

Ausgrenzung war und ist der Kern dieses Paradigmas, dass nach Ansicht vieler schon Jahrtausende alt
ist. Genau wie Grenzen die Souveränität der Nationalstaaten sicherten, entwickelte sich der Begriff
»Feind« zu einem unverzichtbaren Bestandteil eben
dieses alten Paradigmas – und zugleich zu einem sehr
bequemen, denn »Feind« ist ein Werkzeug des
Machtmanagements.

Mit wenigen Ausnahmen, zu denen vor allem die
großen religiösen und moralischen Autoritäten zählen, hatten wir keine Führungspersönlichkeiten, die
es vermocht hätten, ohne Feindbilder ihre Rolle auszufüllen. Sie wandelten zwar das Paradigma auf individueller Ebene mit Erfolg ab, änderten es aber nicht
auf gesellschaftlicher Ebene, weil die Gesellschaft
weiterhin per Ausgrenzung regiert wurde. Wichtig an
jenen wenigen Ausnahmen ist, dass sie sowohl das
Herz als auch den Verstand einzelner Menschen er-

reichten und dass dies als Indiz für die Suche nach einem Paradigma der Einbindung gewertet werden kann, obwohl es ein solches noch nicht gibt.

Die Welt des alten Paradigmas kannte viele Grenzen; sie gründete sich zunächst und vor allem auf geografische Ausgrenzungen. Doch daneben gab es noch viele andere Grenzziehungen: solche der Religion, Kultur, Rasse, des Stammes, des Geschlechts. Ein weiteres Charakteristikum des alten Paradigmas war, wie der Begriff der Vielfalt interpretiert wurde: Vielfalt war ein Synonym für Bedrohung, wenn nicht für Feindschaft. Von dieser negativ verstandenen Vielfalt gelangt man rasch zur »Dämonisierung des Anderen«, man vertieft die Kluft und errichtet noch höhere Mauern. Das Tragische bei all dem ist, dass wir hier nicht über Verhältnisse von vor Jahrhunderten sprechen, sondern von Zeiten und Orten, die unserer eigenen Lebensspanne zugehören.

Die »Dämonisierung des Anderen« scheint mit der »Ignoranz dem Anderen gegenüber« Hand in Hand zu gehen; mehr noch: das eine kann zu dem anderen direkt proportional sein. Grenzen, Ausgrenzung, Feindschaft und Dämonisierung nähren sich alle auf unterschiedliche Weise von Unwissenheit. Es war kein Zufall, dass die Führer von gestern Wissen monopolisieren wollten, und es ist kein Zufall, dass unsere jüngste Geschichte voller Beispiele ist, wie Wissen verdreht wurde, wie das Rüstzeug des Wissens zerstört und Bildung verweigert wurde. All diesen Übeln des alten Paradigmas liegt letzten Endes genau die Arroganz der Ignoranz zugrunde, die allein zum höchsten Niveau der Arroganz der Macht führen kann. »Macht schafft Recht«, hieß das Paradigma, auf das sich so viele Ideologien gründeten und mit dem so viele Imperien zu überleben versuchten.

Die Unterminierung des alten Paradigmas

Es wäre unrealistisch zu behaupten, dass ein so komplexes Paradigma zu einem bestimmten Zeitpunkt ungültig wird und ein neues an seine Stelle tritt. Vielmehr ist noch viel vom alten Paradigma »Wir gegen die Anderen« lebendig; es leitet das Denken vieler und das Handeln einiger. Doch scheint sich manches zu ereignen, das unserer Ansicht nach darauf hindeutet, dass sich ein neues Paradigma bereits zu entwickeln begonnen hat, dass seine Saat bereits am Aufgehen ist. Wir werden versuchen, dieses Keimen zu unterstützen und zu fördern.

Wesentliche Bedingungen des alten Paradigmas sind erstens der Begriff der Grenzen aller Art und zweitens die Notwendigkeit der Ausgrenzung. Wirklich unterminieren kann das alte Paradigma daher jede Entwicklung, die eine grenzenlose Realität schafft, egal ob faktisch oder ideell. Man könnte sagen, die im 20. Jahrhundert gegründeten weltweiten Institutionen, vor allem die Vereinten Nationen, waren die ersten bewussten oder unbewussten Versuche, das alte Paradigma in Frage zu stellen. Sie waren Ausdruck einer Universalität, die erstmals die Vorstellung von einer globalen Realität jenseits der geteilten und fragmentierten vermittelte. *Per definitionem* wurden die Vereinten Nationen mit dem Ziel gegründet, der internationalen Völkergemeinschaft das Gefühl des Einsseins zu vermitteln; und so begann das Denken in Grenzen und Ausgrenzung nach und nach abzubröckeln.

Die Institutionen, die sowohl auf politischer als auch auf ökonomischer Ebene folgten, und die diversen sich spezifischen Aufgaben widmenden Organe der Vereinten Nationen stellen schon von ihrer Konzeption her eine Weiterentwicklung – von dem Prinzip der Vielfalt als Bedrohung – dar. Unvermeidlich brachte die Universalität jener Institutionen sowohl auf der Makro- als auch auf der Mikroebene der Gesellschaft Gleichheit mit sich, was das für das alte Paradigma entscheidende Konzept »Wir und die Anderen« weiter aufweichte. Es kommt nicht darauf an, dass diese Ideen im letzten Jahrhundert oder in den letzten fünfzig, vierzig oder dreißig Jahren noch nicht vollständig implementiert wurden. Es zählt allein, dass sie begonnen haben, die Gültigkeit des Konzepts der Vielfalt als Bedrohung in rassischer, religiöser, ethnischer, geschlechtsspezifischer oder kultureller Dimension auszuhöhlen.

In umfassenderer Weise hat die Entwicklung des internationalen Rechts zur Erosion des alten Paradigmas beigetragen, da internationales Recht darauf beruht, dass Regeln und Gesetze anerkannt werden, die für alle gelten – ohne Grenzen. Die Doppelmoral, mit der diese angeblich universellen Gesetze und Verhaltensmaßregeln umgesetzt wurden, hat allerdings zu neuen Teilungen geführt. Diese Doppelmoral mag sehr wohl die Erbsünde des alten Paradigmas gewesen sein – eine Sünde, die wir unverfroren immer wieder begangen haben.

Des Weiteren untergruben das alte Paradigma neue, grenzenlose gesellschaftliche Trends, seien dies nun die ökonomische und finanzielle Globalisierung, die Kommunikation in Echtzeit, die globale Vernetzung zwischen Teilen der Zivilgesellschaft, ökologische Belange, die Gefahr ansteckender Krankheiten oder ungeahnte Ausmaße von Migration und die Entstehung von »Diaspora«-Gemeinschaften.

Moderne Koalitionen entstehen zunehmend themenorientiert über traditionelle Grenzen hinweg. Sowohl Globalisierer – große Unternehmen – als auch Globalisierungsgegner – das »Volk von Seattle« – wirken sich in gleicher Weise auf das alte Paradigma aus. Beide unterminieren es, weil sie beide innerhalb traditioneller Grenzen keine Existenzgrundlage hätten. Beide Seiten der Barrikade dienen demselben Zweck. Nationalstaaten halten weiterhin die internationale Gemeinschaft zusammen, obwohl eines ihrer Elemente – Grenzen nämlich – immer poröser wird.

Die Keime des neuen Paradigmas

Wir haben versucht, die das alte Paradigma unterminierenden Elemente zu umreißen, und genauso wollen wir auch die Keime des neuen Paradigmas identifizieren, die sich auf der Makroebene zeigen. Es gibt globale Probleme, die globale Lösungen verlangen. Nur die Gemeinschaft der Nationen als Ganzes kann sie angehen. Die Thematisierung globaler Klimaveränderungen ist vielleicht das offensichtlichste Indiz, dass ein neues Paradigma im Entstehen begriffen ist. Ein weiteres ist, dass die Menschenrechte der Frauen mit anscheinend nicht zu bewältigenden globalen Problemen verknüpft sind, die bei der Weltkonferenz von Beijing 1995 zur Sprache kamen. Beim Wiener Kongress von 1815 hätte man kaum jemand »globale Fragen« aufwerfen hören können, geschweige denn von »globalen Lösungen« sprechen. Heutzutage ist dies durchweg als Realität akzeptiert.

Dass Akteure der Zivilgesellschaft über Grenzen hinweg Koalitionen geschmiedet haben, hat zu informellen Foren geführt, auf denen jenseits des Rahmens traditioneller Institutionen grenzüberschreitende Fragen angesprochen und Lösungen gesucht oder angeboten werden. Auf der Mikroebene hat heutzutage die Stimme kleiner Gruppen, sogar die einer Einzelperson, eine Chance, von vielen gehört zu werden und von so vielen wie nie zuvor in der menschlichen Geschichte ein Feed-back zu bekommen. Wer Zugang zu Echtzeit-Kommunikation hat – die keine Einbahnstraße ist –, hat die Möglichkeit, seine Botschaft zu verbreiten.

Die Südafrikanische Wahrheits- und Versöhnungskommission und der Internationale Gerichtshof dürften einen qualitativen Paradigmenwechsel repräsentieren, der einst unanfechtbare Rechtsvorstellungen infrage stellt. Erstens haben beide solchen Begriffen wie Reue und Vergebung bei der Handhabung gesellschaftlicher Belange Geltung verschafft. Zweitens haben sie auf der Ebene der *res publica* – auf der Ebene des Staats wie sogar der internationalen Beziehungen – den Begriff der individuellen Verantwortlichkeit eingeführt. *De facto* konnten wir schon sehen, dass im Rahmen des Internationalen Gerichtshofs das Konzept der individuellen Verantwortlichkeit nicht nur auf Besiegte, sondern auch auf Sieger angewendet wurde. Drittens werden Fragen, die bislang nur innerhalb der Grenzen eines Staates erörtert wurden, jetzt von der internationalen Gemeinschaft unter die Lupe genommen. Heutzutage müssen sich auch Individuen nach internationalem Recht verantworten, während früher nur Staaten zur Verantwortung gezogen werden konnten. Ohne sich unbedingt staatliche Autorität anzumaßen, verhandeln internationale Tribunale direkt bestimmte Verbrechen, die von Individuen innerhalb eines Staates begangen wurden.

Wie vielleicht noch keines zuvor hat das letzte Jahrzehnt die Hoffnung auf Entwicklungen genährt, die früher unmöglich schienen. Sogar auf der Makroebene der internationalen Gemeinschaft ist das Undenkbare möglich geworden. Wir haben Wandlungen beobachten können, die schlicht unvorhersehbar waren; sie führten nicht nur zu einem Paradigmenwechsel, sondern ließen zugleich, und das ist am wichtigsten, Hoffnung keimen, wo zuvor keine war; und sie machten neue Visionen und Entwicklungen möglich. Ausweglose Situationen wurden bewältigt; mehr Gerechtigkeit wurde geschaffen. Gleichzeitig kam es wieder zu mehr Vorurteilen, mehr Engstirnigkeit, mehr Diskriminierung, mehr Rassismus und sogar das Vergehen des Völkermords tauchte wieder auf. Das Aufkeimen der Hoffnung hat der Forderung nach mehr Gerechtigkeit die Tür geöffnet und dementsprechend mehr Opfern von Ungerechtigkeit die Möglichkeit gegeben, daran zu glauben, dass ihre Hoffnungen sich eines Tages erfüllen werden.

Neue Koalitionen haben ungeahnte Möglichkeiten eröffnet – und werden dies weiter tun –, um die Hoffnungen und sogar die Träume junger Generationen zu erfüllen. Zwar gibt es noch immer Zynismus, aber die internationale Zivilgesellschaft nimmt Herausforderungen an, die noch vor fünfzig Jahren als unmöglich zu bewältigen galten. Heute werden sie auf individueller Ebene über Grenzen hinweg in einem Ausmaß unterstützt und befürwortet, das noch vor zwei Generationen undenkbar war. Dürfen wir im Rahmen inoffizieller, grenzüberschreitender Gruppen von dem moralischen Mut sprechen und von einem umfassenderen Sinn von Solidarität – inoffizieller Solidarität wenigstens –, um Ziele zu verfolgen, die zu anderen Zeiten einfach als unerreichbar gegolten hätten? Ganze Industriesektoren – mächtige Sektoren – sind gezwungen worden, den Bitten und Forderungen weniger machtvoller Koalitionen Beachtung zu schenken, welche die Entschlossenheit und die Fähigkeit unter Beweis stellten, ein immer breiteres öffentliches Interesse erregen zu können. Heute können unterdrückte Minderheiten, Nationen ohne eigene Institutionen, Aids-Kranke,

misshandelte Frauen und Opfer von Menschenhandel sowie Kindersoldaten hoffen, dass die internationale Gemeinschaft im Sinne der Gerechtigkeit reagieren wird. Zu jeder anderen Zeit in der Geschichte wären diese Opfer zur Anonymität verdammt geblieben, da sie sich kein Gehör hätten verschaffen können.

Ein weiteres Beispiel für das Aufkeimen des neuen Paradigmas ist das, was wir »Hoffnung auf Gerechtigkeit« nennen: die Hoffnung, Lösungen für Dispute und Konflikte zu finden. Die klassische Debatte um Frieden und Gerechtigkeit ist vielleicht noch nicht zu Ende. Doch greift die realistischere Einstellung um sich, dass Hoffnung auf Gerechtigkeit als unverzichtbare Komponente zur Lösung von Disputen und Konflikten erkannt wird. In gewisser Weise sind die Erwartungen vielleicht heruntergeschraubt worden, aber die Voraussetzungen für die Hoffnung auf Gerechtigkeit sind stärker geworden.

Das neue Paradigma

Das neue Paradigma, wie es sich unserer Ansicht nach ausbildet und hoffentlich gefördert werden wird, ist, einfach ausgedrückt, das Paradigma des Einbindens aufgrund von Notwendigkeit und bewusster Entscheidung. Notwendig ist es, weil Probleme, Gefahren, Herausforderungen und Lösungen globale Dimensionen haben und weil es zwischen all diesen wechselseitige Abhängigkeiten gibt. Zur Entscheidung dafür kommt es, weil in einer Zeit ohne existenzielle Staatsfeinde und in einer zunehmend grenzenlosen Realität wir von Einbindung mehr profitieren als von Ausgrenzung. Und die Entscheidung gründet sich auch darauf, dass sich ein Konsens von der Würde des Menschen herausbildet und ein »Macht schafft Recht« nicht länger akzeptiert wird. Zu einem großen Teil bewegen wir uns immer mehr auf eine Realität zu, in der wir entweder alle gemeinsam gewinnen oder alle gemeinsam verlieren. Es mag sein, dass das Aufkommen dieses neuen Paradigmas die Konfliktlösung erschwert, weil der Preis für eine Lösung auf der Grundlage von Kompromissen gestiegen ist, während die Bereitschaft, »Macht schafft Recht« zu akzeptieren, geschwunden ist.

Man kann heute erkennen, dass die Entwicklung nicht nur in Richtung Wettbewerb auf einem freien Markt geht, sondern auch in Richtung auf fairen Wettbewerb. Regulierungssysteme, Antitrust-Gesetze, Umweltschutz, gerechte Arbeitsgesetze und allmähliche Angleichungen sind Beispiele für diesen Trend zur Fairness. Gleichzeitig wird Vielfalt immer noch als Bedrohung wahrgenommen, als feindselig – ein Hauptcharakteristikum des alten Paradigmas –, und Beispiele dafür finden sich noch immer in vielen Weltgegenden. Gleichermaßen präsent sind jedoch die Notwendigkeit und die Entscheidung dafür, Vielfalt als ein Element des Wachstums und der Verbesserung zu betrachten – ein Charakteristikum des sich ausbildenden neuen Paradigmas. Während es in ganz Europa noch immer Demonstrationen und sogar Gewalt gegen Immigranten gibt – worin sich das alte Paradigma manifestiert –, haben Untersuchungen der Europäischen Union (EU) gezeigt, dass die EU bis zum Jahr 2025 zusätzlich 35 Millionen erwachsene

Immigranten braucht, um ihr Wirtschaftswachstum sicherzustellen.

Das alte Paradigma dämonisiert den Feind noch immer, das neue verwandelt ihn in einen Konkurrenten, einen Gegenspieler, einen Partner. Man kann sicher sein, dass die vielen Fälle von feindseliger Gewalt, die es im Verlauf der letzten zehn Jahre gegeben hat, die letzten Rückzugsgefechte derjenigen gewesen sein könnten, die das Aufkommen des neuen Paradigmas – genauer: den Verlust eines traditionellen Feindbilds – fürchten. Denn sie waren und sind immer noch unfähig, ohne Feind zurechtzukommen und zu regieren. Das neue Paradigma erfordert Führungspersönlichkeiten, die ihren Führungsanspruch auf positive Werte gründen, auf konstruktive Beiträge und auf die Bereitschaft, einzubinden statt durch Ausgrenzung und in einigen Fällen sogar durch ein festgeschriebenes Feindbild zu regieren.

In gewisser Hinsicht erfordert das neue Paradigma eine neue Art von Führungspersönlichkeiten. Wenn solche neuen Führer Feinde haben, dann kommen diese aus der eigenen Gemeinschaft, der eigenen Gruppe, vielleicht sind sie oder er sich selbst der größte Feind, aber nicht von außen. Die Größe der neuen Führer bemisst sich nach den von ihnen vertretenen positiven Werten, nicht den negativen, die sie angeblich bekämpfen. Die Visionen der neuen Führer wurzeln in einer neuen Gesellschaft, in der Partizipation weit verbreitet ist und viele Stimmen gehört werden, wo die Tür offen steht zu neuen Wegen für jene Partizipation und für die Beiträge, die neue Stimmen leisten können. Bei diesen Visionen sind Institutionen nicht Überbleibsel der Vergangenheit, sondern sie sind offen für Umbau und Neugestaltung. Sie sehen eine Zukunft, die noch nicht definiert ist; Ideen werden nicht gefürchtet, sondern willkommen geheißen und diskutiert; ein neues Gleichgewicht zwischen der Würde des Einzelnen und der Weisheit der Tradition wird gefunden.

Am wichtigsten ist vielleicht, dass das neue Paradigma Individuen vorsieht, die ihren Dienst an der Öffentlichkeit als temporäres Ehrenamt im Rahmen des Erwerbslebens begreifen und nicht als permanenten Beruf. Das werden Führungspersönlichkeiten sein, die ihr »Amt niederlegen«, selbst wenn man sie zu bleiben bittet. Vor allem aber werden dies Führer sein, denen die institutionelle Verantwortlichkeit genauso wichtig ist wie ihre persönliche, individuelle. In diesem neuen Paradigma werden sowohl Institutionen als auch Individuen ihre Rollen spielen, und keine der beiden Seiten wird die andere in den Schatten stellen. Denn Institutionen können ohne Individuen nicht existieren, noch nicht einmal denken; und Individuen können kaum etwas erreichen, ohne über die Strukturen zu verfügen, die Institutionen bieten. *De facto* hat dem neuen Paradigma zufolge jedes Individuum das Potenzial zu führen. Dürfen wir auf Führer hoffen, die ohne Feindbild herrschen?

> »Der Herrscher regiert mit Tugend, nicht mit Gewalt.«
>
> Konfuzius

120 Die Globalisierungsprozesse haben ein neues Paradigma der globalen Beziehungen ins Leben gerufen: Gleichstellung, Neubewertung des Begriffs »Feind«, Machtstreuung, Teilhabe (*stakeholding*), individuelle Verantwortlichkeit und themenorientierte Kooperationen sind dafür typisch. Die momentane Realität gleicht einem Mosaik des alten und des neuen Paradigmas. Die Elemente des neuen gibt es bereits, doch in gewissem Ausmaß schlägt uns das alte noch mit Blindheit, und das hindert uns zu erkennen, was da im Entstehen ist. Natürlich entwickeln sich menschliche Gesellschaften genau so: Die Grenze zwischen alt und neu, zwischen gestern und heute ist selten scharf gezogen.

Gleichstellung

Es scheint uns die tiefste Bedeutung des Begriffs Dialog zu sein, dass er ein Instrument ist, mittels dessen ein Paradigmenwechsel stattfinden kann. Insofern erfordert der Dialog, »Vielfalt als Bedrohung« zurückzuweisen und »die Anderen« als gleichgestellt zu akzeptieren.

Die Minimaldefinition von Gleichstellung (*equal footing*) scheint eine Situation zu sein, in der jede Stimme gehört werden kann und Gelegenheit, Mittel und Rahmenbedingungen bekommt, auch tatsächlich gehört zu werden; die Maximaldefinition ist wohl die der *gleich großen Partizipation*. Gleichstellung darf jedoch nicht als Gnadenakt eines Stärkeren gegenüber einem Schwächeren betrachtet werden. Auch der Schwächere hält einen Trumpf in der Hand, denn er kann dem Legitimitätsanspruch des Stärkeren die Unterstützung gewähren oder verweigern.

Gleichstellung impliziert, dass der Würde jedes einzelnen Akteurs auf der internationalen Bühne wie im nationalen Rahmen gleichermaßen Respekt gezollt wird. Das Streben nach Gleichheit und Fairness ist nicht neu. Zu ganz unterschiedlichen Zeiten trachtete man danach, auf der institutionellen wie auf der gesellschaftlichen Ebene, lokal wie international. Das Streben nach Gleichstellung spiegelt das universelle Freiheitsbedürfnis und die Ablehnung der Dominanz des Stärkeren über den Schwächeren wider. Im Rahmen von Nationen, die herrschendes Recht respektieren, ist ein bestimmtes Ausmaß von Gleichheit sichergestellt. Auf internationaler Ebene sind Versuche, andere zu dominieren, mit dem Bedürfnis nach Sicherheit und in einigen Fällen sogar mit dem Überleben gerechtfertigt worden. Wo existenzielle Bedrohungen nicht länger real sind und Länder freiwillig oder gezwungenermaßen gelernt haben, dass sie einander brauchen und voneinander profitieren können, hat das Streben nach Gleichstellung mehr Aussichten.

Die wechselseitige Abhängigkeit – sei es auf wirtschaftlicher Ebene oder bei Migrationsbewegungen, Krankheiten, Terrorismus oder auch Kunst – hat die Möglichkeit näher gebracht, so etwas wie Gleichstellung zu erreichen. Auf internationaler Ebene war das wechselseitige aufeinander Angewiesensein in verschiedenen Formen niemals so deutlich wie heute, und es wurde niemals von so vielen wahrgenommen. Manche haben das natürlich noch nicht getan; doch das sind diejenigen, die Ausgrenzung und die Furcht vor anderen – beides Folge der Unsicherheit hinsichtlich der eigenen Überzeugungen – in den Rang einer Ideologie erhoben haben.

Dialoge bringen, ob bewusst oder unbewusst, Gleichstellung mit sich, denn sie sind ein Prozess, durch den wir genauso akzeptieren, wie wir akzeptiert werden wollen. Wir beziehen genauso ein, wie wir einbezogen werden wollen. Wir hören zu, genau wie wir wollen, dass man uns zuhört. So betrachtet, kann der Dialog vielleicht schließlich ein neues Paradigma der globalen Beziehungen einleiten, weil er das alte Paradigma in Frage stellt. Wenn man echte Demokratie daran bemisst, wie viel Respekt Minoritäten gezollt wird – und nicht allein danach, dass die Mehrheit regiert –, dann kann auf globaler Ebene der Dialog einen Rahmen abstecken, in dem dem Schwächsten das Privileg zugestanden wird, angehört zu werden, und in dem der Stärkste es für notwendig erachtet, seinen Standpunkt anderen zu erklären.

Es scheint außer Frage zu stehen, dass der Begriff Gleichstellung auf internationaler Ebene instinktiv als idealistisches und unerreichbares Ziel betrachtet wird, vor allem da wir ein Jahrzehnt hinter uns haben, in dem Staaten ziemlich oft von »Macht« Gebrauch gemacht haben. Diese Fälle von »Macht vor Recht« haben jedoch zu einer Reaktion geführt, die mit der Zeit immer stärker wird: Lauter und lauter fordern Stimmen Recht und Gerechtigkeit. Vielleicht haben wir in den letzten zehn Jahren Fälle »ungerechten« Friedens kennen gelernt. Höchstwahrscheinlich werden wir solche Fälle immer seltener sehen, denn nach dem alten Paradigma war es viel leichter, vorübergehend dem Frieden den Vorzug vor der Gerechtigkeit zu geben, doch dem aufkommenden neuen nach ist das schwieriger. Dass Frieden um jeden Preis über Gerechtigkeit ging, passte besser zum Paradigma der Ausgrenzung, des »Macht schafft Recht« und der Sieger und Besiegten, in dem der Begriff »Feind« König ist. Jetzt, da das neue Paradigma aufkommt, scheint das Gebot des Friedens um jeden Preis, auch auf Kosten der Gerechtigkeit, einiges von seiner Attraktivität zu verlieren. Es dauert vielleicht länger, und vielleicht bringt es auch mehr Leid mit sich, doch anscheinend sind immer mehr Menschen als noch vor zehn oder zwanzig Jahren bereit, der Gerechtigkeit oder wenigstens der Hoffnung auf Gerechtigkeit einen höheren Stellenwert einzuräumen als dem Frieden um jeden Preis. Das letzte Jahrzehnt war dadurch charakterisiert, dass in vielen Fällen Gewalt über Gerechtigkeit siegte und eine einzige Supermacht übrig blieb, und genau im selben Maß ist auf der ganzen Welt die Forderung nach Gleichstellung lauter und stärker geworden.

Während die wirklichen Unterschiede, was Macht und Größe und ökonomisches Gewicht der verschiedenen Parteien angeht, sich nicht so leicht verändern lassen, selbst wenn sich die Geisteshaltung ändern sollte, finden wir es ermutigend, dass heute in mehr Ländern als in den vergangenen Jahrzehnten Rechtsstaatlichkeit herrscht. In diesen Gesellschaften können die Schwachen unter dem Schutz allgemein akzeptierter Normen und Verhaltensweisen ihr Leben entfalten. Auf verschiedene Art und Weise nähern wir uns der Gleichstellung, sei es in regionalen oder internationalen Gemeinschaften. *De facto* wird die Notwendigkeit solcher Bemühungen nicht länger in Frage gestellt; darüber hinaus gibt es sowohl auf lokaler als auch auf internationaler Ebene wenigstens den Versuch, die Existenz von Gleichstellung zu behaupten, selbst wenn das in Wirklichkeit nicht der Fall sein sollte.

Die Globalisierung mag den Stärkeren Möglichkeiten gegeben haben, ihre Anliegen und Ansichten gründlicher über den Globus zu verbreiten als je zuvor. Unvermeidlicherweise hat sie aber auch den Schwächeren die Möglichkeit gegeben, die Informationstechnologie zu ihrem Vorteil zu nutzen, sodass ihre eigenen Anliegen ebenfalls in einem ungeahnten Ausmaß die Stärkeren erreichen. Darüber hinaus hat die Globalisierung wechselseitige Abhängigkeiten mit sich gebracht, und es sind diese wechselseitigen Abhängigkeiten, die den Schwächeren Mittel in die Hand gegeben haben, Einfluss auf die Stärkeren zu nehmen. Das können wir nicht nur auf ökonomischer und finanzieller Ebene beobachten, sondern auch auf politischer und gesellschaftlicher. Die wechselseitige Abhängigkeit ist zwar noch deutlich unausgewogen, dennoch hat gerade sie die Aussichten auf Gleichstellung verbessert.

Solche Interdependenzen wurden vielleicht nicht geplant, und die Schritte in Richtung gleichberechtigter Partizipation standen wohl auch nicht auf dem Wunschzettel aller, aber sie sind nun einmal die Folgen einer immer stärker vernetzten Welt. Im Jahr 1898 wäre das starke britische Pfund wohl kaum geschwächt worden, wenn die Währung in einer der britischen Kolonien zusammengebrochen wäre. 1997 jedoch sorgte der Zusammenbruch des thailändischen Baht für Erschütterungen auf fünf Kontinenten und löste das aus, was als die Finanzkrise am Ende des Jahrzehnts bekannt wurde.

Viele weniger mächtige Länder verdankten ihren Einfluss in der Vergangenheit – wie in der Gegenwart – ihrer geografischen Größe, ihren natürlichen Ressourcen und ihrer Bevölkerung. Heute können wir dieser Liste jedoch eine Reihe neuer Länder hinzufügen, die ihren Einfluss und ihr Profil ihrem Wissen verdanken, ihrem Beitrag zum Weltwissen und ihrer Fähigkeit, Wissen anderer effizienter zu nutzen. Eine ganze Anzahl solcher Staaten fallen einem bestimmt ein, und ihre Rolle in dieser Welt ist sicherlich keine Folge ihrer Demografie oder Geografie, ihrer Handelsgüter oder militärischen Macht. Sie ist das Ergebnis der Informationsgesellschaft. Singapur und Hongkong haben eine führende Rolle übernommen, was den Erwerb, die Anwendung und die Weitergabe technologischen Wissens angeht. Ihre geringe Größe ist dabei kein Hindernis; entscheidend sind eindeutig ihre Fähigkeiten. Wir können zwar nicht behaupten, dass dies überall so sei, doch allein die Existenz weltweit anerkannter Wissenszentren sowohl in Entwicklungsregionen wie in Ländern der Organisation für wirtschaftliche Zusammenarbeit und Entwicklung (OECD) beweist, dass Gleichstellung kein Fantasieprodukt ist.

In der Tat sieht es so aus, dass die Rollen und Profile, die einige Länder im Lauf der letzten Jahre gewonnen haben, aus ihrer Fähigkeit herrühren, Wissen zu nutzen und zu übertragen, und nicht aus ihrer militärischen oder geografischen Größe. Finnland, Norwegen, Singapur, Südkorea und Chile sind für wirtschaftliche, diplomatische oder technologische Leistungen beispielhaft. In einer Welt, die nur Arbeitskraft und Handelsgüter schätzte, wäre es kaum dazu gekommen. In einer Welt, in der Ideen und Wissen genauso relevant – wenn nicht relevanter – zu werden begonnen haben, ist genau das möglich geworden.

Die Globalisierung hat für den Dialog mehr Möglichkeiten eröffnet als je zuvor, denn Zugang und Kontrolle von Übertragungsbändern, Transponder, Frequenzen und Glasfaserkabel sind bereits auf der ganzen Welt verbreitet. Gleich verteilt sind solche Kommunikationskanäle keineswegs, doch sie sind nicht länger Monopol eines Landes oder einer Gruppe von Ländern. Mehr Staaten haben Kommunikationssatelliten ins All geschossen, als Länder Nuklearwaffen besitzen, und der Wellen und Frequenzen können sich nicht nur institutionalisierte Machtzentren bedienen, sondern auch so vielfältige Entitäten wie Nichtregierungsorganisationen (NGOs) oder Terrorgruppen und sogar ganz kleine Einheiten bis hinunter zum Individuum. Der Zugriff auf Technologien und wissenschaftliche Entdeckungen, vor allem der Chemie und der Physik, hat mehr Wissen verfügbar gemacht, als man sich vor nur fünfzig Jahren noch hätte träumen lassen. Und das hat natürlich Vor- wie Nachteile.

Der Trend, dass stärkere Nationen schwächere als gleichgestellt behandeln, wird sowohl durch gleich große Verwundbarkeit als auch, wenn auch vielleicht weniger, durch gleich große Chancen gefördert. Wir alle sind Zeugen, dass sich in globalem Maßstab neue und manchmal sehr ernste Aufgaben stellen. Der Kampf gegen Aids, Regeln für neue Technologien wie etwa das Klonen von Menschen, Genmanipulation und Biotechnologie, Urheberrechtsfragen, Anti-Drogen-Gesetze, Seuchenbekämpfung und der Schutz von Computersystemen von Institutionen, Ländern, Parteien und Organisationen sind nur einige Aufgaben von solchen Dimensionen, die, um erfolgreich durchgeführt zu werden, die umfassende Kooperation aller Mitglieder der internationalen Gemeinschaft erfordern. Dementsprechend müssen auch noch die Kleinsten dafür gewonnen werden, und eben diese Kleinsten können möglicherweise einen wichtigen Beitrag leisten. Beim Kampf gegen ansteckende Krankheiten beispielsweise ist eine Koalition dagegen nur so stark wie ihr schwächstes Glied, was *de facto* bedeutet, dass auch das schwächste Mitglied dieser Koalition Macht hat und Verantwortung trägt. Beim Umgang mit der Maul- und Klauenseuche oder dem ansteigenden Meeresspiegel, der ganze Wirtschaftszweige oder sogar einen ganzen Staat auslöschen könnte, ist die Kooperation sämtlicher Mitglieder im Dialog unverzichtbar. Wenn bei der Prävention oder Behandlung ansteckender Krankheiten auch nur eine Person nicht kooperiert, sind alle anderen einem Risiko ausgesetzt. All diese Bedrohungen erfordern es von sämtlichen Mitgliedern der internationalen Gemeinschaft, sich gemeinsam gesetzten Regeln oder Normen zu unterwerfen. Der Kampf gegen diese Bedrohungen kann und wird *de facto* nur dann erfolgreich sein, wenn sich auch das schwächste Mitglied dieser Herausforderung stellt. Diese gleich große Verwundbarkeit stimuliert den Dialog. Genauso verwundbar zu sein wie andere ist auch eine direkte Folge der Interdependenz auf vielen, vielen Ebenen. Es sind die wechselseitigen Abhängigkeiten, welche die »Bedrohung« in eine »globale Bedrohung« transformiert haben.

Ein Dialog über Gräben, Grenzen und Kulturen hinweg bringt Würde und Respekt und führt dazu, dass Normen, Regeln und allgemeine Verhaltensprinzipien befolgt werden, die von jenen als ganz natürlich empfunden werden, die nicht an »Macht schafft Recht«glauben. Das Anliegen der Gleichstellung in internationalen Angelegenheiten hat daher im Jahr 2001 einen viel besseren Stand als im Jahr 1981, denn genauso wie die entscheidenden internationalen Akteure erstarkten, sind sie auch verwundbarer geworden. Wir sind der Meinung, dass der Dialog – als Form der Interaktion – die Demokratisierung des internationalen Systems fördern wird, weil er die **128** unglaublichen Unterschiede berücksichtigt, die es noch immer hinsichtlich Wirtschaftskraft, politischer Macht und militärischer Stärke gibt. Der Dialog führt die Dimension der Gleichstellung ein; die faktischen, realen Machtverhältnisse hingegen kann und wird er nicht ändern. Er dürfte allen Mitgliedern der internationalen Gemeinschaft den Weg zu neuen und anderen Rollen eröffnen. Entscheidend dabei bleibt, dass die Stimme jedes einzelnen gehört wird.

Hier liegt möglicherweise die Stärke der Schwächeren und ihre Chance, noch mehr Gleichstellung zu erlangen. Das Befolgen gemeinsamer Verhaltensregeln und Normen erfordert von jedem Mitglied der internationalen Gemeinschaft, egal wie klein, eine bewusste Entscheidung. Solche Normen zu akzeptieren wird daher für die schwächeren einerseits zu einer Notwendigkeit, andererseits zur Möglichkeit, von einer höheren moralischen Warte aus zu sprechen.

Neubewertung des Begriffs »Feind«

Die sich abzeichnenden Bedrohungen des internationalen Systems, wie immer wir sie definieren wollen, haben zu erheblichen Teilen bereits die Art und Weise beeinflusst, wie viele den »Feind« sehen. Es wäre vielleicht vermessen, hier ein Paradigma der internationalen Beziehungen zu umreißen, bei dem der Begriff »Feind« keine Rolle mehr spielt. Wir müssen einräumen, dass wir bislang kaum irgendwelche Führungspersönlichkeiten hatten, die ohne Feindbild herrschen konnten, denn »der Feind« ist zunächst und vor allem ein Werkzeug der Macht. Natürlich haben wir im Verlauf der letzten fünfzig Jahre spektakuläre Veränderungen erlebt, zumindest in einigen Teilen der Welt; sie haben gezeigt, wie wir von einem feindseligen Umgang miteinander zu einem freundschaftlichen gelangen können. Europa, das jahrhundertelang in Kriegen ausblutete und von der sogenannten Erbfeindschaft zwischen Frankreich und Deutschland geprägt war, hat eine Wandlung durchgemacht, die noch vor fünfzig Jahren unvorstellbar war. Die Länder Westeuropas sind nicht nur von der Konfrontation zur Kooperation übergegangen und haben eine Allianz gebildet, es ist ihnen auch eine Integration der Werte, Ökonomien, Finanzen und sogar der Politik gelungen, was die feindseligen Beziehungen der Vergangenheit heute undenkbar macht. Zugleich ist signifikant, dass jene westeuropäischen Strukturen und Institutionen, wenn auch abgeändert, anderen Staatengruppen wie erst kürzlich Mitgliedern der afrikanischen Union als Beispiel dienen.

Einige mögen meinen, dass der Übergang von einer Gesellschaft, der der Begriff des Feindes inhärent ist, zu einer »feindlosen« Gesellschaft selbst aus idealistischer Sicht ein zu großer Sprung wäre. Doch die Realität der Globalisierung und die Sehnsucht nach einem Dialog kann die Tür zu einer Neubewertung des Feind-Konzepts und zur Definition eines neuen Feindbilds öffnen.

Die oben umrissenen Bedrohungen gelten in unterschiedlichem Ausmaß für jede Gesellschaft, jede Kultur, in jedem Winkel der Erde. Sie sind nicht die Besonderheit einer bestimmten Nation, einer bestimmten Kultur oder irgendeines bestimmten Volkes. Vielleicht sollten wir nicht länger von individuellen Feinden individueller Länder reden, sondern von *einem* Feind mit vielen Gesichtern. Ansteckende Krankheiten, Massenvernichtungswaffen, die ungehinderte Verbreitung von Handfeuerwaffen oder die Armut repräsentieren alle unterschiedliche Facetten eines »Feindes« der gesamten menschlichen Spezies. In einem neuen Paradigma, das auf der Realität gemeinsamer Bedrohungen für die gesamte menschliche Gemeinschaft basiert, ist der wahre »Feind« nicht länger ein Individuum, ein Staat, eine Kultur oder eine Religion, und schon gar nicht ist er ein spezifischer »Feind« für ein spezifisches Land oder Volk. Wenn es einen gemeinsamen Feind gibt, folgt daraus, dass seine Bekämpfung einmütiges Handeln erfordert.

Die erkennbare und erkannte Notwendigkeit eines gemeinsamen Kampfes aller Mitglieder der internationalen Gemeinschaft gegen jede dieser Bedrohungen stärkt weiter die Position, dass auch noch die schwächsten Mitglieder dieser Gemeinschaft für die Allianz für den Kampf gewonnen werden müssen. Wenn ein erfolgreicher Dialog ein Prozess ist, in dem Vielfalt nicht länger als Bedrohung wahrgenommen wird, folgt daraus, dass er eine der wichtigsten Begründungen des Begriffs »Feind« an sich unterminieren kann. Unvermeidlicherweise wurde nämlich die gesamte Geschichte hindurch der »Feind« mit dem »Anderen« gleichgesetzt, mit dem, »was verschieden ist«. In erheblichem Umfang hatte das auch mit der Ignoranz hinsichtlich des Anderen zu tun.

Den Dialog auf das Konzept der Vielfalt auszurichten, stellt daher eine Bedrohung für jene dar, die ihre Daseinsberechtigung aus der Existenz eines »Feindes« beziehen. Es ist sehr wahrscheinlich, dass wir unter den Gegnern des Dialogs jene finden werden,

die einen Feind dämonisieren müssen, anstatt rationale Argumente oder positive Anreize zur Durchsetzung berechtigter Interessen vorzubringen. Von solchen Zentren der Macht und der Einflussnahme erwarten wir kein Verständnis für den Dialog, denn der
Dialog selbst und der Verzicht, Vielfalt als Bedrohung zu sehen, würden die Macht unterminieren, die
sie zusammenhält. In gewisser Hinsicht wäre dies ein
Test, um zwischen jenen zu unterscheiden, die sich
zum Dialog nur mit Worten bekennen, und jenen, die
ihn durch ihre Taten fördern; zwischen jenen, die einen Feind brauchen, um das darstellen zu können,
was sie sind, und jenen, die einfach darstellen, was
sie an Rationalität und positiven Werten zu bieten
haben. Traditionell wurde der Begriff »Feind« als Bedrohung unserer unmittelbaren Existenz interpretiert. In einer Zeit der wechselseitigen Abhängigkeiten – und trotz des 11. September 2001 – ist es wahr-
scheinlicher, dass »der Feind« nicht jemand ist, der
die Macht hat, uns zu zerstören, sondern jemand, der
ein Wettbewerber oder Gegenspieler sein kann. Genau betrachtet, treffen die Ausdrücke »Feind« und
»Krieg« nur in einer marginalen Zahl von Fällen zu,
bei denen sie sich auf Extremsituationen beziehen.
Wenn wir beispielsweise über Beziehungen zwischen
Ländern sprechen, verwenden wir viel eher Ausdrücke wie »Konkurrent«, »Gegenspieler« und »Wider-
sacher«, also Worte, die nicht die Drohung der exis-
tenziellen Auslöschung implizieren. In einigen Fällen
sind ehemalige Feinde zu Mitbewerbern geworden,
und in anderen wurden sie gar zu echten Partnern.
Auf dem Gebiet der Ökonomie begegnen wir kaum
noch dem Begriff »Feind«, des Öfteren aber dem
»Wettbewerber« oder »Konkurrenten«. Auf gesellschaftlicher Ebene sind wir vom Begriff des Klassen-

feindes zu dem des Interessenvertreters (*stakeholder*) übergegangen, worunter nicht unbedingt Anteilseigner (*shareholder*) zu verstehen sind. In den letzten paar Jahren wurden sogar Kriege zwischen Ländern geführt, die ihre Gegner nicht als »Feind« bezeichneten.

Wir sprechen hier jedoch nicht von einem Wandel der Terminologie; wahrscheinlich werden wir Zeugen einer ziemlich unbewussten Akzeptanz, dass der totale »Feind« immer schwieriger zu identifizieren ist. Ja, es gibt noch immer jene, die in der Lage sind, ihn in physischen und zeitlichen Dimensionen zu definieren. Und es trifft auch zu, dass wir alle im letzten Jahrzehnt beobachten konnten, wie neue Feinde erfunden wurden. Können wir es als »ethnischen Konflikt« bezeichnen, wenn sich Individuen bekämpfen, die am Tag zuvor noch im selben Viertel zusammenlebten, ja, untereinander heirateten? Haben wir es hier nicht mit der »Erfindung eines Feindes« zu tun? Solche Fälle haben sich, extrem wie sie sind, tief in unser Gedächtnis eingegraben, zugleich trifft aber auch zu, dass gemessen an ihrer Zahl »Völker im Krieg« nur eine kleine Minderheit der sechs Milliarden Menschen auf unserem Planeten ausmachen. Weitaus höher ist die Zahl derjenigen, die kämpfen, gegen Plagen wie Krankheiten, Drogenmissbrauch oder Kriminalität, als derjenigen, die tatsächlich in bewaffneten Auseinandersetzungen mit dem »Feind« von gestern involviert sind.

Der Bequemlichkeit eines Feindbildes beraubt, versuchen einige Menschen noch immer, Feinde zu erfinden, und der neueste scheint die Globalisierung zu sein. Gewiss, die Globalisierung wird von manchen als Bedrohung nicht ihrer physischen Existenz, sondern einer menschlichen Solidarität begriffen, die keine Grenzen kennt, und die sich viele, nicht nur auf sozialem und ökonomischem Gebiet, sondern auch in den Bereichen Umwelt, Ethik und Medizin, auf die Fahnen geschrieben haben. Viele kommen gut mit einer Realität zurecht, in der es Wettbewerb gibt, aber keine Feindschaft, in der es verschiedene Interessen gibt, aber keine Feindschaft, und in der es echte Partnerschaft gibt, aber keine Feindschaft. Es gibt aber auch jene, die noch verlangen. Sie fordern menschliche Solidarität jenseits aller ökonomischer Regeln, lokaler Interessen und sogar globaler Interessen – und über diese hinaus. Menschliche Solidarität ist wahrscheinlich auf einer Ebene oberhalb von Partnerschaft anzusiedeln, denn sie findet ihre Rechtfertigung und ihre Ambitionen gerade in der Vorstellung der Zusammengehörigkeit der gesamten menschlichen Spezies.

In gewisser Weise gehören jene, die heutzutage in den Augen vieler die weltweite Globalisierung repräsentieren (die Institutionen von Bretton Woods, die multinationalen Unternehmen, die Führer der mächtigsten Staaten) genauso wie jene, die auf die Straßen gehen, um zu protestieren wann immer die erstgenannten sich versammeln, nicht zwei verschiedenen Welten an, noch nicht einmal zwei verschiedenen Sphären; sie sind vielmehr Teil derselben Entwicklung, die vom Konzept »Feind« wegführt.

Die Vorsitzenden der Institutionen, die Chefs der Unternehmen und die politischen Führer bevorzugen weitgehend eine Welt, in der es keinen Feind gibt; denn sie sind die Ersten, die dem Begriff des Wettbewerbers oder Gegenspielers oder Partners gegenüber dem Feind den Vorzug geben. Sie stehen in vorderster Front der Globalisierung, die als das neue System interpretiert wird. Die dagegen Protestierenden, die ho-

rizontalen Allianzen von NGOs und Individuen, die
sich in Seattle und Prag, in Stockholm und Genua
und so weiter getroffen haben, sind auch gegen das
Konzept des »Feindes«. Sie gehen nur schneller vor
und weiter; sie vertreten die Ansicht – solange sie
nicht in irgendeinen neuen Protektionismus verfallen
und somit wieder Ausgrenzung fordern –, dass Wettbewerb nicht ausreicht und dass mehr nötig ist, um
»Feindlosigkeit« zu erreichen; denn menschlicher Solidarität kann in ihren Augen nicht allein durch
Wettbewerb genüge getan werden. Anscheinend wollen die Gegner der Globalisierung sagen, dass Wettbewerb noch immer ein gewisses Maß an Feindschaft, wenn auch unter anderem Namen, impliziert.
Und daher ist er mit ihrer ultimativen Forderung
nach menschlicher Solidarität nicht zu vereinbaren,
der einzigen Form von »feindloser« Gesellschaft,
nach der sie nach bestem Wissen trachten können.

In Wirklichkeit ist es nicht die menschliche Solidarität, es ist das Verlangen nach Gleichheit, nach Fairness, nach Gerechtigkeit, die der institutionalisierten
Welt, öffentlich oder privat, ins Gesicht geschleudert
worden ist. All dies ereignet sich in der Folgezeit –
oder in einigen Fällen in einer Übergangsphase – von
einer Ära, in der der Begriff »Feind« so populär war,
zu einer anderen, in der der Begriff verblassen wird.
Selbst wenn die Institutionen und die institutionalisierte Welt in Bewegung kommen, werden sie langsa-
mer vorankommen, als es der jüngeren Generation
gefällt, soviel steht fest. Institutionen und die institutionalisierte Welt sind Produkte einer vorangegange-
nen Generation; die neue will verständlicherweise
mehr. Die Befürworter der Globalisierung und jene,
die sie oberflächlich betrachtet zu bekämpfen scheinen, gehören derselben neuen Ära an, die sich dem

Begriff »Feind« verweigert und sich irgendwo zwischen Gegner, Wettbewerber, Partner und menschlicher Solidarität bewegt. Sie decken ein sehr breites Spektrum ab, doch sie befinden sich auf derselben Seite der Barrikade – auf derjenigen, wo wir begonnen haben, einen qualitativen Schritt in die Richtung zu machen, Vielfalt nicht mehr als Bedrohung wahrzunehmen.

Es wäre natürlich zu früh zu behaupten, dass wir das Stadium des Regierens ohne Feind erreicht hätten, denn in vielen Gesellschaften ist das noch nicht passiert. Wahr ist aber auch, dass in vielen anderen der Feind von gestern der Partner von heute geworden ist. Grenzüberschreitende horizontale Kooperationen auf der Ebene der Zivilgesellschaft und auf der Basis gemeinsamer Interessen wie des gesunden Menschenverstands hat Gruppen zusammengebracht, die in transnationaler Zusammenarbeit eine bessere Lösung sieht als in nur nationaler Zusammenarbeit. Der Erfolg regionaler Kooperationen, mögen sie nun kommerziellen, sachlichen oder Sicherheitszwecken dienen, hat es für viele akzeptierbar gemacht, dass die Zusammenarbeit mit den Nachbarn einen Wert an sich darstellt. Natürlich gibt es Ausnahmen, und die wird es weiterhin geben. Die Zusammenarbeit mit Nachbarn hat in unterschiedlichem Ausmaß von Europa über Südostasien bis nach Lateinamerika Erfolge gezeitigt. Im Verlauf solcher Prozesse wurde im Denken vieler die Vorstellung eliminiert, dass unser Nachbar potenziell ein Feind ist; stattdessen hat sich die Idee verfestigt, dass der Feind ein potenzieller Partner ist.

Das Motto des alten Paradigmas, nach dem Allianzen wechseln, die Interessen von Staaten aber nicht, scheint immer weniger Gewicht zu haben, je mehr sich die wechselseitigen Abhängigkeiten vertiefen und je mehr Gruppen und Menschen nicht nur die Zusammenarbeit mit dem eigenen Nachbarn als segensreich betrachten, sondern auch horizontale Kooperationen mit ähnlichen Gruppen in verschiedenen, mehr oder weniger weit entfernten Ländern. Dass es NGOs für Umwelt, Menschenrechte, Frauenfragen und menschliche Solidarität gibt, stellt das Denken in Feindbildern und die Notwendigkeit eines Feindes weiter in Frage – ja sogar, ob es überhaupt klug ist, einen Feind zu haben.

In vielen Ländern der Welt würde es jungen Menschen schwer fallen, rasch die Frage zu beantworten: »Wer ist dein Feind?« Natürlich gibt es auch hier Ausnahmen, und sie alle sind uns bewusst, doch wir können nicht länger sagen, dass ein Mensch morgens aufwacht und genau weiß, wer sein Feind ist. Wie wir oben umrissen haben, hat sich in vielen Fällen die Art und Weise der Bedrohung gewandelt, und sie wird nicht länger durch eine Person, einen Staat, eine Religion oder eine Rasse verkörpert. Diese qualitative Entwicklung bei der Neudefinition der Bedrohung ist der erste Schritt in Richtung auf eine Gesellschaft, in der das klassische Konzept des »Feindes« ernstlich untergraben ist.

Mittels eines »Feindes« zu regieren ist zwar am leichtesten, doch in einer Welt, in der Autarkie oder nationale Selbstversorgung Synonyme für Armut geworden sind, erkennt man vielleicht deutlicher, dass wir uns auf eine neue Art von Regierungsform zubewegen. Wir sind vielleicht noch weit davon entfernt, auf globaler Ebene die menschliche Solidarität zur Leitlinie des Regierens zu machen, doch wir haben schon wichtige Schritte in dieser Richtung hinter uns. Die Zivilgesellschaft hat kreuz und quer um die ganze Welt Individuen mit denselben Anliegen über Grenzen vielerlei Art hinweg miteinander verbunden. Dass wir angesichts von Terrorismus und überwältigender Natur- und Umweltgefahren unsere eigene Verwundbarkeit erkannt haben, hat uns vielleicht geholfen, das Bedürfnis nach einem Feind zu überwinden. Vielleicht hat der Fortschritt des Wissens noch viel mehr Menschen aus der Isolation der Ignoranz befreit, aus der sich schon immer die Angst und dementsprechend auch die Wahrnehmung von Feinden gespeist haben.

Im Verlauf unseres Lebens haben wir nicht nur gesehen, wie alte Feinde sich aussöhnten und in einigen Fällen Partner wurden, in anderen zu Verbündeten, wir haben auch erfahren, dass es möglich ist, den Ballast der Geschichte abzuwerfen und, was am meisten überrascht, sich in einem Prozess die Hand zu reichen, bei dem nicht nur der Feind neu definiert, sondern bei dem ihm auch vergeben wird. Diese Beispiele sind umso wichtiger, als damit etwas erreicht wurde, das in der Vergangenheit sicherlich viele als unmöglich betrachtet hätten, weil das »noch niemand geschafft hat«. Das Unmögliche daran war, einen historischen »Feind« in den »Partner« oder sogar »Alliierten« von heute zu transformieren.

Solche Beispiele beweisen nicht nur, dass Länder fähig sind, über sich hinauszuwachsen, sondern zugleich auch, und das ist wichtiger, dass ihre Völker zeigen können, dass sogar das erreicht werden kann, was noch nie zuvor geschafft wurde. Bei unseren Gesprächen tauchten zwei solche Fälle häufiger auf als andere: die historische Feindschaft zwischen Frankreich und Deutschland, die heutzutage nicht nur in eine Partnerschaft und Allianz, sondern in Freundschaft verwandelt ist, sowie die Südafrikanische

Wahrheits- und Versöhnungskommission. Weitere Fälle könnte man hier anführen wie beispielsweise das neue Verhältnis zwischen Vietnam und den Vereinigten Staaten. Nicht nur wurde dabei der »Feind« neu definiert, sondern diese Beispiele, und das ist am wichtigsten, bewiesen auch, dass die Geschichte sich noch immer ändern kann und sich nicht wiederholen muss. Wer darauf insistiert, den Kehrreim des unveränderlichen Charakters der menschlichen Natur, der unveränderlichen Interessen von Staaten und des Hasses der Völker über die Generationen hinweg zu wiederholen, dem wurde von der Realität das Gegenteil bewiesen – dank der Taten jener, die an die Möglichkeit glaubten, zu schaffen, was noch niemand geschafft hat. Das ist die Welt, in der wir heute leben, und der Grund, warum wir Mut, Zuspruch und Optimismus finden. Trotz der vielen gegenteiligen Beispiele beweisen die Ereignisse von heute, dass der Hass, der Jahrtausende der Feindschaft begründete, wirklich aus der Welt geschafft werden kann und dass der historische Determinismus nur noch von jenen ins Feld geführt werden kann, die zu faul oder, schlimmer noch, zu feige sind, um für ihre Kinder einen Neuanfang zu wagen.

Wir haben also guten Grund zu der Annahme, dass ein neues Paradigma sich realistischerweise darauf gründen kann, dass das Konzept des Feindes in das des Wettbewerbers, vielleicht Freundes transformiert wird. Es ist an der Zeit, eines zu akzeptieren: Wenn in der menschlichen Gesellschaft etwas nicht geschafft wird, dann liegt das daran, dass wir es nicht tun wollen oder dass die Generation, deren Auftrag es wäre, schlicht und einfach unfähig ist, es zu tun. Und dann müssen wir akzeptieren, dass wir versagt haben; doch die nach uns Kommenden können dort Erfolg haben, wo wir keinen hatten. Das Versagen der einen Generation heißt nicht, dass auch zukünftige Generationen versagen, auch wenn das bequem für jene wäre, die nicht daran glauben. Für die Dickschädel, die am Konzept des Feindes festhalten, gibt es vielleicht einen Trost: Ja, es gibt noch immer viele, die die Geschichte und die menschliche Natur als Rechtfertigung für ihre Feindschaft missbrauchen; ja, es stimmt, es fällt schwer, eine Zeit abzusehen, da wir vom »Regieren durch einen Feind« zum »Regieren durch menschliche Solidarität« fortgeschritten sind. Vielleicht können wir jene Dickschädel nur auffordern, ganz genau und gründlich hinzusehen; und wenn sie um jeden Preis einen Feind finden wollen, den die nächste Generation bekämpfen kann, müssen sie vielleicht nicht allzu weit gehen: Es ist ihre Unfähigkeit, die Wahrnehmung von Vielfalt als Bedrohung zu transzendieren. Intoleranz ist es, was sie hegen und pflegen; die Intoleranz ist es, die sie bekämpfen müssten. Ist Intoleranz »der letzte Feind des 21. Jahrhunderts«?

Machtstreuung

Klar und deutlich haben wir Elemente des alten Paradigmas bei den Straßendemonstrationen gegen internationale Gipfeltreffen erkannt. Bei ihnen handelt es sich um die Dämonisierung des »Anderen«, des »Feindes« die einige Demonstranten betrieben, als sie ihr Missfallen an den Versammlungen der G-8, der Welthandelsorganisation (WTO) oder der Weltbank bekundeten. Extremere Gruppen haben sich dabei in den Rang jener begeben, die einen neuen Feind brauchen; ziemlich vage haben sie sich einen erfunden und ins Visier genommen. Die Extremen am Rand des Geschehens stellen kein neues Phänomen dar, sie sind nur eine weitere Gruppe, die einen Feind braucht. Die Mehrheit der Demonstranten jedoch hat bewiesen, wie breit in unserer modernen Welt die Macht gestreut ist; schon ihre Anwesenheit machte klar, dass die Demonstranten eine Stimme repräsentierten, die nicht ignoriert werden kann. Man könnte sagen, dass ein neues Machtzentrum aufgetaucht war.

Ein paar Jahre zuvor hatte eine nicht gewählte Organisation – Greenpeace – die Aktivitäten einer großen Ölgesellschaft in Nigeria gebrandmarkt, weil sie Teilen der lokalen Bevölkerung gegenüber die Gebote der Fairness, Gerechtigkeit und der Menschenwürde nicht beachtete und schwere Umweltschäden verursachte. Über Grenzen hinweg wurde eine diese Ansicht teilende Bewegung mobilisiert, die ihre Schlagkraft aus zahlreichen Gruppen in vielerlei Ländern gewann und so etwas wie eine horizontale Allianz darstellte. Die Ölgesellschaft musste in vielen dieser Länder an ihr Image denken – von den Verkäufen ganz zu schweigen – und ihre Aktivitäten ändern. Sie musste darauf achten. Der Druck von Seiten dieser nicht gewählten, aber in der Basis wurzelnden Organisation war stark genug, um berücksichtigt werden zu müssen.

Die Macht ist heute breiter gestreut als je zuvor. Sie konzentriert sich nicht länger in den Sitzungssälen von Regierungen oder einiger weniger großer Finanzzentren, die Macht hat sich in die Hände vieler Gruppen und Organisationen aufgeteilt, die folglich in der Lage sind zu beeinflussen, wie unsere Gesellschaften wachsen und sich entwickeln. Die Macht hat sich nicht vom Zentrum an die Peripherie verlagert. Sie ist von neuen Akteuren auf der globalen

Bühne übernommen worden, die über Grenzen hinweg und themenspezifisch große Koalitionen von Individuen zu schmieden vermögen und die so eine kritische Masse zusammenbringen, die nicht ignoriert werden kann. Die Machtstreuung ist somit ein weiteres Element unseres neuen Paradigmas.

Diese Machtzentren entstanden spontan und in manchen Fällen nach und nach, fast in aller Stille. Sie gingen nicht aus Wahlen hervor, und sie waren keine Folge einer Machtübertragung; sie gründeten sich auch nicht auf sonstige strukturelle Entscheidungen von Akteuren des alten Paradigmas. Das Wachsen dieser Machtzentren hängt mit ihrer Fähigkeit zusammen, eine große Menge Menschen in verschiedenen Ländern dazu zu bringen, für eine gegebene Gesellschaft Alternativen zu entwickeln. Im Großen und Ganzen sind sie problem- oder themenorientiert, und zwar auch auf globaler Ebene. Sie bieten keine Lebensphilosophie für alle möglichen Aspekte, aber sie nehmen für sich in Anspruch, in den einzelnen Problembereichen der menschlichen Solidarität eine Stimme zu geben. In gewisser Weise ist es eine Ironie, dass sie kein öffentliches Mandat haben und in einigen Fällen auch kaum zur Verantwortung gezogen werden können, aber dennoch einem Anliegen Gehör verschaffen.

Dieser gerade aufgezeigte Widerspruch sagt viel über die flexiblen Strukturen heutiger Macht aus. Die neuen Zentren sind sehr mächtig, und sie können die Entscheidungen ganzer Gesellschaften, manchmal sogar die der globalen Gemeinschaft beeinflussen. Einige dieser Gruppen gehen natürlich in die Falle der protektionistischen Interessen und werden damit Teil jener Ausgrenzungsbewegung, die der Dialog zu überwinden versucht. Doch im umfassenderen Sinn rechtfertigen sie ihre Aktionen mit ihrem Anliegen, Entscheidungsprozesse stärker zu demokratisieren und die Interessen des gesamten Planeten wahren zu wollen. Sie projizieren ihre eigene Position als Antithese zu den elitären und exklusiven mächtigen Zusammenballungen von Regierungen, Institutionen oder Finanzzentren.

Diese Art von Machtstreuung ist daher an und für sich ein Schritt in Richtung Demokratisierung der Entscheidungsprozesse, denn je mehr die traditionellen Entscheidungsträger diese anderen Stimmen berücksichtigen müssen, desto mehr wird der Prozess der Demokratisierung voranschreiten. Die neuen informellen Machtzentren haben noch einen weiten Weg vor sich, bis sie den Anforderungen von Verantwortlichkeit, Transparenz und Legitimität genügen, die für traditionelle Institutionen gelten. Es gibt jedoch wenig Zweifel, dass die Wahrnehmung von Interessen durch Basisbewegungen zu einem effektiven Werkzeug geworden ist, um auf globaler wie lokaler Ebene die unterschiedlichsten Zielsetzungen zu unterstützen.

Die Ausbreitung von Macht auf so informelle und unaufhaltsame Weise scheint ein auf dem Dialog basierendes Vorgehen zwingend zu erfordern. Die andere Natur und Struktur dieser Machtzentren erlaubt es nicht länger, sich im Rahmen traditioneller Institutionen zu treffen und zu kommunizieren, und es gibt vielleicht noch kein angemessenes Verfahren, die Rolle, die Glaubwürdigkeit und die Macht dieser neuen Akteure zu werten und zu gewichten. Doch muss unbedingt eine Lösung gefunden werden, wie man den Dialog zwischen diesen Gebilden und den traditionellen Machtinstitutionen strukturiert. Freilich, diese neuen Machtzentren sind entstanden, weil sie ein Vakuum füllen; dieses Vakuum entstand dadurch, dass viele an der Basis das Gefühl hatten, dass ihre institutionalisierten, formellen Repräsentanten nicht ausreichten oder unfähig oder Unwillens waren, ihre Stimmen zu vernehmen und weiterzuleiten. Wenn man die Wahl hat, diese Stimmen zu ignorieren oder sie in eine neue Art von Entscheidungsprozess zu kanalisieren, ist die Entscheidung ganz einfach. Denn die großen Mächte können die Stimmen der Basis nur auf eigene Gefahr ignorieren.

Was die neuen Machtzentren ihrem Wesen nach so anders macht, ist ihre Fähigkeit, die Grenzen zu umgehen, die der Macht traditioneller Strukturen Schranken setzen. Keine Frage, die Nationalregierungen bleiben die Machtzentren par excellence, und sie verfügen noch immer über einen Großteil ihrer Fähigkeit, eine Rolle auszufüllen, die sonst niemand spielen kann. Gleichzeitig aber müssen sie die Notwendigkeit akzeptieren, sich in einem Dialog mit neuen Teilnehmern auf der ganzen Welt als Bühne zu engagieren, wobei die Stärke dieser neuen Akteure erheblich vom zur Debatte stehenden Problem abhängt.

Die Machtstreuung bietet nicht nur vielen weiteren Gruppen, sondern auch Individuen die Gelegenheit, den »Lauf der Geschichte« zu beeinflussen. Zugang zu Wissen zu haben, zu kommunizieren und Mitteilungen zu empfangen war lange Zeit das Monopol oder Quasi-Monopol traditioneller Machtzentren; mittlerweile eröffnen sich diese Möglichkeiten immer mehr einer größeren Menge von Individuen und Gruppen außerhalb der traditionellen Strukturen. In einigen Fällen ist jetzt sogar der Zugriff auf Gewaltanwendung – bislang das wichtigste Monopol der Nationalstaaten – auch inoffiziellen Akteuren möglich.

Der Zugang zu Wissen und das Empfangen wie Weiterleiten von Kommunikationsinhalten bedarf nicht länger der Vermittlung der offiziellen und traditionellen Mächte. Der Nationalstaat ist noch immer für die Sicherheit zuständig, doch der Zugang zu Wissen und Kommunikation wird nicht länger von traditionellen Strukturen vermittelt. Und je weiter sich Wissen und Kommunikation ausbreiten, desto breiter gestreut wird die Macht. Wissen und Kommunikationswege bieten die Möglichkeit zu beeinflussen, und Einflussnahme ist der erste Schritt zur Macht. Dementsprechend ist die Macht umso breiter gestreut, wie die Barrieren und die Begrenzungen des Wissenszugangs niedergerissen wurden.

Das repräsentative politische System, wie wir es heute kennen, wurde zu einer Zeit erfunden, als die Kommunikationsmechanismen ziemlich dünn gesät waren und die Kommunikation selbst von der institutionalisierten Macht vermittelt wurde. In solch einem Umfeld war der Mechanismus der politischen Repräsentation synonym mit indirekter Repräsentation. Bis auf den heutigen Tag hat dieser Mechanismus Gültigkeit, doch die Suche nach direkteren Formen der Repräsentation oder sogar nach Selbst-Repräsentation stellt ihn in Frage.

Die Machtstreuung wird früher oder später zu einer unmittelbaren Auseinandersetzung zwischen repräsentativer Demokratie und direkter Demokratie führen. Sind die heutigen Parlamente die Instrumente der Machtrepräsentation von morgen? Eine Antwort darauf fällt nicht leicht, und vielleicht unterstreicht das an sich schon den Paradigmenwechsel. Wir haben keine Antwort darauf, was die repräsentative Demokratie ersetzen könnte, und wir plädieren auch nicht für direkte Demokratie als rasche oder sogar realistische Lösung. Doch es ist eine Tatsache, dass gerade die Institutionen in Frage gestellt werden, welche die repräsentative Demokratie verkörpern. Sowohl national als auch international bewegen wir uns wahrscheinlich in eine Richtung, wo unsere Gesellschaften die Mechanismen der Machtrepräsenta- tion angehen und vielleicht neue Formen für umfassendere Beteiligung an den Entscheidungsprozessen finden müssen; und das ist nicht nur eine Frage der zahlenmäßigen Beteiligung. Die Machtstreuung hat bereits gezeigt, dass auch jene, die keine Entscheidungen fällen, diese dennoch beeinflussen können. Sie haben vielleicht auch die Fähigkeit, die getroffene Entscheidung zu kontrollieren (*checks and balances*), und irgendwann werden sie Beteiligung am Entscheidungsprozess fordern.

Allein die Tatsache, dass manche heute Einfluss von eigenen Gnaden ausüben, stellt das Paradigma von der demokratischen Wahl als Mechanismus der Machtdelegierung in Frage. Es sieht so aus, als könne man unter dem neuen Paradigma Macht auch ohne Wahlen haben; in gewissem Umfang war das zwar auch in der Vergangenheit so, doch heute trifft es in viel weiterem Sinn zu. Solche Einflussmöglichkeiten verdanken sich nicht nur dem Reichtum, sondern auch Überzeugungen, Werten und menschlicher Solidarität.

Das Anomale der neuen Akteure auf der internationalen Bühne ist nicht so sehr ihre – verglichen mit dem Nationalstaat – Vielfalt, sondern das Wesen ihres »Mandats«. Man könnte argumentieren, dass einige sich selbst eines gegeben haben und sich ihr Mandat weder verifizieren noch kontrollieren lässt. Am anderen Ende des Spektrums könnte man argumentieren, dass das Mandat dadurch legitimiert wird, dass sie sich an der Macht halten und auf der internationalen Bühne aktiv bleiben können. Denn die ihnen eigene Effektivität ist in gewisser Hinsicht eine Legitimierung ihres Mandats. Eindeutig sind viele der Gruppen, die heute die Szene beherrschen, nicht aus Wahlen hervorgegangen. Das wahre Kriterium für die neuen Akteure auf der internationalen Bühne ist jedoch nichts weniger als ihre Glaubwürdigkeit: Glaubwürdigkeit in den Augen so vieler Menschen, dass dies ausreicht, um sie zu unterstützen, sich für sie einzusetzen und in gewisser Weise sie als Sprachrohr der eigenen Stimme anzusehen. Interessanterweise – und erstaunlich schnell – scheinen die internationale öffentliche Meinung und faktisch auch die Nationalstaaten diese neuen Kräfte akzeptiert zu haben; internationale zwischenstaatliche Institutionen und zwischenstaatliche Gremien räumen auf unterschiedliche Weise bei ihren Beratungen den neuen Akteuren Platz ein. Am anderen Ende des Spektrums haben Regierungen den Aktionen von Terrorgruppen Rechnung getragen, ohne allzu viel über deren Mandat zu diskutieren. Klar geworden ist, dass die neuen Akteure verschiedene Möglichkeiten haben, Wirkung zu zeigen und ihre Macht zu demonstrieren. Von vielen könnte man sagen, dass die Kommunikation ein äußerst wichtiges Instrument ihrer Effektivität ist; und ihre kommunikative Macht erstreckt sich nicht nur auf lokale, sondern auch auf globale Ebene.

Aus der Machtstreuung resultiert auch die Forderung oder potenzielle Forderung nach mehr direkter Beteiligung und weniger Delegation von Macht; es werden weniger Mittelsmänner benötigt, sondern mehr neue Mechanismen, um den eigenen Willen und die eigenen Ansichten direkt in den Entscheidungsprozess einzubringen. Natürlich ist die Rolle der mittleren Instanzen im Rahmen der Machtstrukturen schon von anderen Entwicklungen in Frage gestellt worden. Die wachsende Bedeutung der Medien und der umfassende Zugang zu Informationen haben bereits die Bedeutung gewählter Repräsentanten beeinflusst. Der Dialog als Methode wird daher immer notwendiger. Wenn wir uns auf eine Gesellschaftsstruktur mit weniger dazwischen geschalteten Ebenen und immer mehr direkter Beteiligung zubewegen, scheint eine Form von Dialog eine methodisch kluge Lösung zu sein, und eine globale Ethik könnte für alle nötig werden.

Das Auftreten neuer Akteure auf der globalen Bühne, die das Monopol der Nationalstaaten als alleinige Spieler erschüttert hat, die zunehmende Bedeutung nichtstaatlicher Akteure – dank ihrer zeitweiligen Glaubwürdigkeit – und ihr Zugang zu Information und Kommunikation, die »neue Bedeutung« von Grenzen und Gräben, die sich immer weniger von Autoritäten kontrollieren lassen, und vor allem die weit verbreitete Forderung nach Menschenwürde und Gerechtigkeit oder wenigstens die Hoffnung auf Gerechtigkeit – all das wird wahrscheinlich die Suche nach einem neuen Paradigma noch zwingender machen. Vielleicht war die Demokratisierung des internationalen Systems so nie geplant. Noch in den siebziger Jahren des 20. Jahrhunderts hätte man sich kaum eine Suche nach einer neuen Ordnung vorstellen können, die Privatunternehmen, Individuen, Sprachgruppen oder religiöse Gemeinden einschließt, da sie als mögliche Mitspieler auf der internationalen Bühne gelten werden. Der Zusammenbruch alter Barrieren, mögen sie technologisch, finanziell, politisch und in gewisser Hinsicht auch psychologisch gewesen sein, im Verlauf der letzten zwanzig Jahre hat all das möglich gemacht. Am wichtigsten aber ist vielleicht, dass der Zuwachs an neuen Akteuren auf der internationalen Bühne durch deren eigene Fähigkeit, zu kommunizieren und damit Wirkung weit über ihren Stand- oder Ursprungsort hinaus zu zeigen, möglich wurde.

Unvermeidlicherweise wird der nächste Schritt darin bestehen, dass die traditionellen institutionellen Strukturen kontinuierlich von diesen neuen Akteuren infrage gestellt werden, die so wenig mit den Akteuren des alten Paradigmas gemein haben. Dank ihnen wird der Dialog wahrscheinlich lebhafter und tief schürfender werden, als er je zuvor zwischen Nationalstaaten gewesen ist, seien sie nun Partner oder Konkurrenten. Sie werden nach immer mehr Auftritten auf der Bühne des neuen globalen Systems verlangen, das sich herausbildet.

Teilhabe

Das alte Paradigma der Ausgrenzung basiert darauf, dass implizit oder explizit ein »Nullsummen-Spiel, akzeptiert wird, das heißt eine Situation, in der es stets einen Gewinner und einen Verlierer gibt. Zugleich gründet es sich darauf, dass dringend ein Feind benötigt wird. Sowohl Ausgrenzung als auch ein Feindbild haben aber nichts in einer Realität verloren, in der die Macht gestreut ist. Das alte Paradigma beruht auf der Vorstellung, dass es Verlierer und Gewinner gibt, dass eben jemand verlieren *muss*, wenn man gewinnen will. Es erscheint legitim, beim gegenwärtigen Entwicklungsstand der menschlichen Gesellschaft die Frage zu stellen: Ist das Nullsummen-Spiel noch von Belang?

Das Verständnis des gesamten Planeten als einzigartiges Ökosystem, die Erkenntnis, dass ansteckende Krankheiten keine Grenzen kennen, die Echtzeit-Kommunikation, die in vielen Fällen den Raum überwunden hat, die unvorstellbare Möglichkeit, dass so viele Menschen so vielen anderen zuhören und, was noch besser ist, ihre eigenen Ansichten über so viele Gräben hinweg verbreiten können, und die überwältigende Realität der ökonomischen Globalisierung – das alles macht klar, dass es da draußen nur eine einzige gemeinsame Welt gibt, an der wir alle teilhaben.

Diejenigen, die mit Herz und Verstand an dem einen Ökosystem der Erde hängen, diejenigen, die auf den freien Markt schwören, von dem es ihrer Ansicht nach auch nur einen gibt, und diejenigen, die die Würde und Persönlichkeitsrechte ihrer Mitmenschen hoch halten, unabhängig davon, wo auf diesem Planeten sie leben – all sie haben etwas gemeinsam. Sie alle glauben, dass wir Teil des Ganzen sind, einer Weltgemeinschaft, die miteinander verknüpft ist und deren Teile sich gegenseitig beeinflussen. Die Grünen, die globalen Geschäftsleute und die Menschenrechtler verfolgen, ohne es vielleicht zu wissen, eine gemeinsame Vision: dass dies eine Welt für alle ist und dass wir alle Komponenten dieser Gesamtheit sind. Anders ausgedrückt: Jeder behauptet von sich, eine Teilhabe am Wohlergehen der Welt zu haben.

Wie das Beispiel der thailändischen Wirtschaftskrise von 1997 zeigt, ist die Zeit längst vorbei, da die Großmächte ihren Einfluss auf die Kleinen ausübten, ohne sich darum Sorgen zu machen, was im Gegenzug passiert. Auf unterschiedliche Art und Weise können wir aufeinander einwirken, egal wie groß der geografische Abstand zwischen uns ist. In den Köpfen mancher ist die Arroganz der Ignoranz vielleicht noch quicklebendig, doch der Glaube, was Tausende von Kilometern entfernt passiert, könne einen nicht behelligen, ist längst Illusion. Spätestens der Terrorismus hat deutlich gezeigt, dass wir nicht länger auf einer Insel leben, sondern alle von Entwicklungen ergriffen werden können, die wir eigentlich ignorieren wollten.

Dass wir alle zunehmend die Fähigkeit haben, das Leben anderer nicht nur über Entfernungen, sondern auch über Zeiträume hinweg zu beeinflussen, nimmt uns in die Verantwortung. Unsere Kinder werden mehr erben als nur unsere Immobilien; sie werden auch die Schäden oder die Verbesserungen erben, die wir an der Welt und der Menschheit vorgenommen beziehungsweise verursacht haben, seien es materielle oder geistige. Diese Fähigkeit, zukünftige Generationen zum Besseren oder, tragischerweise, manchmal zum Schlechteren zu beeinflussen ist mit Sicherheit ein gewichtiges Argument, das die Einheit der Welt nicht nur in den drei räumlichen Dimensionen beweist, sondern auch die Einheit der Welt in der vierten Dimension, der Zeit.

Dass wir die Fähigkeit besitzen, das Leben der anderen in Zeit und Raum wie nie zuvor in der Geschichte zu ändern, macht jeden von uns in gewisser Weise tiefer und wahrhaftiger zu einem Teil des Ganzen. Dementsprechend macht sie uns in dem Sinn zu Teilhabern der gesamten Welt, in dem Sinn, dass jeder von uns globale Verantwortlichkeit trägt. Angesichts dieser Realität hat gerade die Theorie von Gewinnern und Verlierern immer weniger Bedeutung. Wenn wir alle Teilhaber an derselben Einheit sind, dann ist gut möglich, dass wir uns irgendwann alle zusammen als Gewinner oder zusammen als Verlierer wiederfinden. Das ist ein evolutionärer Prozess, der nicht in 24 Stunden abgeschlossen ist, aber eindeutig bereits begonnen hat. Die Dynamik des Dialogs kann nicht nur unsere Fähigkeit stärken, einander zu beeinflussen, sondern gerade auch das Wissen darum, dass wir uns gegenseitig beeinflussen. Das gesamte Ökosystem prosperiert, wenn jedem Teil die Möglichkeit gegeben wird, die Rolle auszufüllen, die ihm im immer während Zyklus von Leben und Tod gegeben ist.

Die Teilhaberschaft stellt in grundlegender Weise gerade das Konzept von »Wir und die Anderen« in Frage und führt zu der Erkenntnis, dass das, was für uns gut ist, gleichzeitig auch für andere gut sein kann. Das Gefühl, Teilhaber zu sein, ist daher ein fundamentaler Bestandteil des neuen Paradigmas, das wir zu umreißen versuchen. Paradoxerweise folgt die Erkenntnis unserer Teilhaberrolle in dieser Welt nicht aus unserem altruistischen Wesen, sondern ist eine notwendige Voraussetzung für ein besseres Leben für alle – und vielleicht sogar für unser Überleben. Treuhandschaft wird eher zunehmen als abnehmen, und sei es aus keinem anderen Grund, als dass die schiere Zahl von Menschen auf dieser Welt von jedem verlangt, unsere Rolle als Teil des Ganzen besser zu verstehen.

In ihrem ersten Artikel stellt die Allgemeine Erklärung der Menschenrechte fest: »Alle Menschen sind frei und gleich an Würde und Rechten geboren.« Die Vielfalt zu akzeptieren und die Würde des Anderen zu respektieren erfordert, dass beide Seiten etwas zu verlieren haben. Wenn ein Individuum die Menschenwürde anerkennt und respektiert, dann hat es ein Interesse daran, dass auch andere Menschen seine eigene Menschenwürde respektieren und ihre Verhaltensweise so wählen, dass das Leben anderer Menschen nicht zu deren Nachteil beeinflusst wird. Anders ausgedrückt: Wir sind als Teilhaber ein und desselben Unternehmens füreinander verantwortlich. In einer prosperierenden Welt, in der die Menschenwürde hochgehalten wird, werden wir wirklich in globalem wie im spezifischen Sinn füreinander zu Hütern und *de facto* fähig sein, auf sehr direkte und praktische Weise die Würde des jeweils anderen positiv zu fördern.

Als Teilhaber wird von uns erwartet, dass wir uns für das Wohl des Ganzen einsetzen, weil das sinnvoll ist; und wir erwarten von anderen, dass sie genauso handeln. Das höchste Gut in einer Gesellschaft menschlicher Teilhaber wäre offensichtlich die Menschenwürde. Während die Menschenwürde uns das Individuum in seiner Einzigartigkeit begreifen lässt, bringt uns die Teilhaberschaft dazu, die Partnerschaft zu berücksichtigen, in der wir alle miteinander verbunden und somit Teil der Gesellschaft sind. Auf den ersten Blick scheint das ein Widerspruch zu sein, doch diese Dualität erklärt vielleicht die Realität des sozialen Zusammenlebens und wohl auch seine Ziele besser. Individuum und Gesellschaft sind zwei Seiten derselben Medaille, und dieses Verhältnis spiegelt sich im Konzept der Teilhaberschaft mit der Menschenwürde als höchstem Gut wider.

Es sieht so aus, als könne die Debatte zwischen denen, die dem Individuum größere Bedeutung einräumen und jenen, die die Gemeinschaft für wichtiger erachten, im Gedankengebäude der Teilhabe versöhnlich beendet werden. Wer glaubt, dass die Rechte des Individuums in größerem Maß respektiert werden sollten als die Rechte der Gemeinschaft, dem bietet die Teilhabe das Bewusstsein, etwas Größerem als dem Individuum anzugehören, ein Gefühl des Respekts für etwas Größeres als das Individuum und die Einsicht, dass es eine Gemeinschaft gibt, zu der jedes Individuum gehört. Wer die Rechte der Gemeinschaft höher wertet als die des Individuums, dem bietet die Teilhaberschaft das Bewusstsein für den Respekt jeder einzelnen Komponente der Gesellschaft, die Erkenntnis, dass es jenseits der eigenen Gemeinschaft noch andere gibt, und die Einsicht, dass jeder auch nur einem Individuum zugefügte Schaden *de facto* der gesamten Gemeinschaft schaden kann. Folglich kann das Konzept der Teilhabe vielleicht nicht nur zwei Denkrichtungen versöhnen helfen, sondern zwei Mentalitäten und damit zwei Möglichkeiten, unsere gemeinsame Welt zu betrachten.

Machtstreuung unterstützt Teilhaberschaft sowohl direkt als auch indirekt. Die neuen Machtzentren werden, wie erwähnt, von globalen Aufgaben gespeist – oder zumindest Aufgaben, die größer sind als die einer einzelnen Nation. Die Errichtung eines neuen, problemorientierten Machtzentrums erfordert daher eine horizontale Verbindung von Individuen über die Grenzen verschiedener Nationen hinweg, von Individuen, die hinsichtlich der fraglichen Aufgabenstellung dieselbe Vision teilen und somit begonnen haben, ihre Rolle als Teilhaber in der Gemeinschaft der Menschen zu praktizieren. Ihr Handeln gründet sich auf die Akzeptanz, dass wir alle, unabhängig von unserem geografischen Standort, für die Zerstörung unserer Umwelt verantwortlich sind.

Die neuen informellen Machtzentren stützen sich auf ein Verständnis von Teilhaberschaft in einem viel größeren Umfeld als demjenigen, das unmittelbar das ihre ist. Die neuen Machtzentren gibt es, weil sie an die Verantwortung gegenüber dem gesamten Planeten glauben, nicht nur an die gegenüber einer lokalen

Autorität. Die Machtstreuung führt auch zu einer Art von Ermächtigung vieler weiterer Menschen und damit in gewisser Weise zur Möglichkeit, auf den Wandel tatsächlich Einfluss zu nehmen. Daraus folgt, dass immer mehr Menschen – als Individuen oder kleine Gruppen, Verantwortung für immer größere Aufgaben tragen. Natürlich kann es dabei auch vorkommen, dass Eigeninteressen hinsichtlich eines Problems mit der Sorge für das Wohlergehen insgesamt verwechselt werden.

Während eine große Anzahl Individuen sich heutzutage als Teilhaber des Schicksals des gesamten Planeten betrachtet, hatte eine noch viel größere Zahl unglücklicherweise bislang nicht Gelegenheit, das Gefühl zu entwickeln, dass sie in dieser Hinsicht etwas zu verlieren haben. Eine kleinere, doch mächtige Anzahl von Individuen hält aus Ignoranz und Arroganz an der anti-historischen Überzeugung fest, dass sie sich selbst retten können, auch wenn der Rest der Welt zusammenbricht. Die Isolationisten, die Rassisten, die Sexisten, alle, die andere wegen ihrer Andersartigkeit hassen, sie alle sind vielleicht nicht viele, doch mit Sicherheit sind sie gefährlich, weil ihre Ignoranz sie mit Blindheit schlägt. Es gibt noch immer welche, die glauben, dass physische Distanz sie schützen wird und dass sie von der Realität einer Welt unberührt bleiben werden, an die sie nicht glauben und die sie nicht als interdependent betrachten. Diese Gruppe ist ein bunt zusammengewürfelter Haufen, denn dazu zählen genauso Personen mit einem hohen Bildungsgrad wie solche, die überhaupt nichts gelernt haben. Sie alle eint ihr fundamentalistischer Glauben an eine Art perverser Überlegenheit, die ihnen auf die eine oder andere Weise zu Eigen ist. Materiell können sie arm sein, doch sie zeichnen sich durch eine elitäre Mentalität aus und durch ihre Verachtung für alle anderen. Können wir je wirklich zu Teilhabern werden, wenn wir Vielfalt mit Feindschaft gleichsetzen?

Denjenigen jedoch, die nichts zu verlieren zu haben glauben, weil sie auf die eine oder andere Weise marginalisiert sind, kann das Gefühl, einem größeren Gebilde anzugehören, vielleicht nur durch menschliche Solidarität vermittelt werden. Dieses Zugehörigkeitsgefühl ist eindeutig ein der Teilhaberschaft innewohnendes Element, dasselbe gilt aber auch für das Gefühl der Verantwortlichkeit. Die Marginalisierten empfinden vielleicht beides nicht. In dieser Hinsicht würde die Globalisierung tatsächlich scheitern, wenn sie nicht eine stets größer werdende Gruppe von Individuen erreicht. Teilhabe in wahrem Sinn impliziert aber auch, dass man diese Marginalisierten wahrnimmt und in gewisser Weise dafür verantwortlich ist, in ihrer Richtung »die Gräben zu überbrücken«.

Regierungen und Institutionen des internationalen Systems haben Programme ausgearbeitet, um zu jenen Brücken zu bauen, die überall weltweit auf der Schattenseite leben. Auf ökonomischer Ebene beispielsweise zielte das Konzept der Auslandshilfe wie auch die Politik internationaler Organisationen auf die aus der Vergangenheit bekannten Akteure, nämlich Regierungen. Ein ökonomisches Instrument, das im Lauf der letzten 15 Jahre entwickelt wurde und mit den traditionellen, institutionalisierten Instrumenten nichts zu tun hat, ist die Idee der Mikrokredite und damit der Möglichkeit, selbst einzelnen Individuen, wenn auch in begrenztem Umfang, das Gefühl zu geben, dass sie im Rahmen eines viel größeren Systems etwas zu verlieren haben. Die Idee der Mikrokredite hatte nicht die institutionalisierte Politik und hatten auch nicht die Akteure von gestern; sie ist das geistige Produkt einer Einzelperson und das praktische der harten Arbeit vieler weiterer Individuen. Die von zahlreichen NGOs an der Basis vor allem auf diesen Gebieten durchgeführten Aktivitäten

setzen mittlerweile viele Personen in zahlreichen unterschiedlichen Ländern in den Stand, sich selbst als Teilhaber zu verstehen. Das scheint uns das erfolgreichste Beispiel zu sein, wie man aus jenen, die sich marginalisiert fühlten und wirklich auch waren, Teilhaber macht. Die Idee der Mikrokredite ist auch deswegen bemerkenswert, weil sie das Gefühl der Teilhabe mit der Empfindung individueller Verantwortlichkeit kombiniert und somit ein Prozess in Gang kommt, der nicht nur die ökonomischen Verhältnisse verändert, sondern auch das Denken. Die Machtstreuung ist ein weiterer Vorzug dieser Entwicklung.

Fragen wir, ob Teilhaberschaft sich auf die globale Ebene erstreckt oder ob sie nur auf kleinere Gruppen anwendbar ist. Teilhabe auf globaler Ebene kann es kaum geben, wenn es keinen gemeinsamen globalen Nenner gibt. Die Achtung vor der Menschenwürde ist mit Sicherheit – glauben wir – ein allgemein akzeptierter Wert. Man könnte argumentieren, je mehr sich jemand zur Verteidigung der Menschenwürde verpflichtet fühlt, desto mehr beweist er oder sie, dass es so etwas wie globale Teilhaberschaft gibt. Leisten dies nur Helden oder außergewöhnliche Individuen? Eigentlich nicht. Die Meinung, dass wir nur daran denken, unsere eigene Haut zu retten, wird von den Hunderttausenden Menschen widerlegt, die quer über die Gräben hinweg für humanitäre und andere Zwecke arbeiten, die Tag für Tag grenzüberschreitend das die Menschen verbindende Band beweisen, und zwar ungeachtet aller Gräben und allen

Gräben zum Trotz. Gleichermaßen widerlegt dies die internationale Solidarität, die im Fall von Naturkatastrophen und anderen Notlagen zahlreiche Regierungen unter Beweis stellen. Können wir leugnen, dass die internationale menschliche Solidarität legitimerweise von vielen angestrebt wird? Wenn nicht, dann müssen wir einräumen, dass so etwas wie Teilhaberschaft auf globaler Ebene möglich ist.

Die Fähigkeit von Individuen, Gruppen und Staaten, sich gegenseitig zu beeinflussen, macht sie alle zu Teilhabern einer globalen Gesellschaft und erlegt ihnen globale Verantwortlichkeit auf. Dieses Gefühl der Teilhabe ist ein fundamentaler Bestandteil des neuen Paradigmas.

Individuelle Verantwortlichkeit

Kollektive Entscheidungen der einen oder anderen Form waren die Antwort von Gesellschaften auf die Willkür von Monarchen und Tyrannen. Im Lauf der Zeit haben wir uns daran gewöhnt, Institutionen oder kollektive Gremien als Entscheidungsträger anzusehen, nicht Individuen. Sowohl Rechtsprechung als auch politische Ideologien haben viel unternommen, um den Entscheidungsprozess ziemlich anonym zu machen, und das aus gutem Grund. Die Individuen, aus denen sich solche Institutionen, Gremien und Organe zusammensetzen, repräsentierten nicht sich selbst, sondern andere Institutionen, Organisationen und Gremien. Sie waren die Stimme anderer Kollektive. Es war aber auch bequem, die Individuen hinter der Anonymität solcher kollektiver Entscheidungen zu verstecken. Es war so bequem, dass es unvermeidlicherweise zu Missbrauch kam. Ein Merkmal des alten Paradigmas internationaler Beziehungen war vielleicht, dass kollektive Entscheidungen fast automatisch dem Konzept der kollektiven Verantwortlichkeit den Weg bereiteten. Und aus kollektiver Verantwortlichkeit wurde leicht die Verantwortlichkeit von niemandem.

158   Im Verlauf der letzten zehn Jahre wurde die Frage gestellt, ob kollektive Verantwortlichkeit die einzige Form von Verantwortlichkeit in internationalen Angelegenheiten ist. Genauer lautet die Frage, ob es auch bei kollektiven Entscheidungen individuelle Verantwortlichkeit gibt. Wenn nein, engagieren sich dann die Individuen, die an einer Entscheidungsfindung partizipieren, genauso für ihre Aufgabe, als wären sie individuell verantwortlich? Nehmen sie ihre Entscheidungen eher auf die leichte Schulter, wenn nur kollektive Verantwortlichkeit auf dem Spiel steht? Die kollektive Entscheidungsfindung hat, seit die Herrschaft Einzelner abgeschafft wurde, erhebliche Fortschritte gemacht, was das Fällen demokratischer Entscheidungen angeht. Es ist eine große Leistung der Menschheit, Entscheidungen kollektiv von gewählten Repräsentanten des Volkes treffen zu lassen. Doch der kollektive Prozess kann nicht die Verantwortlichkeit der Individuen verdecken, die an der Entscheidungsfindung beteiligt sind. Jeder einzelne Beteiligte ist sich natürlich bewusst, dass er oder sie von der Wählerschaft zur Rechenschaft gezogen werden kann.

Eine Führungsperson oder ein Soldat, den man vor einem Kriegsverbrechertribunal wegen Verbrechen gegen die Menschlichkeit und Folter anklagt – das ist ein neuartiger Anblick für eine Welt, die in den neunziger Jahren des 20. Jahrhunderts von Gewalt gegen Zivilisten zerrissen wurde. Ist die Einrichtung von Kriegsverbrechertribunalen durch die Vereinten Nationen für die internationale Gemeinschaft etwas Neues? Zum ersten Mal in der Geschichte versuchen sie, genauso über das Verhalten von Siegern zu urteilen wie über das von Besiegten. In dieser Hinsicht stellen sie eine qualitative Veränderung der internationalen Zivilgesellschaft dar. Implizit haben die Tribunale einen Weg eröffnet, das Konzept der kollektiven Verantwortlichkeit infrage zu stellen. Das ist eine wichtige Entwicklung. Wird sie uns allen die eigene Bürde bewusster machen, wenn wir auf der internationalen Bühne und als Mitglieder von Institutionen agieren? Bedeutet das, dass nicht Institutionen verantwortlich sind, sondern Individuen, die im Namen dieser Institutionen handeln und zunächst und vor allem persönlich zur Rechenschaft gezogen werden können? Es besteht kein Zweifel, dass damit eine Büchse der Pandora geöffnet worden ist. Sind wir auf dem Weg, die Zahl der Fälle zu vermindern, in denen irgendein Individuum egal welchen Amtes als über oder jenseits des Gesetzes stehend betrachtet werden kann? Können wir davon ausgehen, dass jeder zur Rechenschaft gezogen wird, wenn er gegen die Menschenwürde eines anderen verstößt?

Vielleicht wäre es zu einfach, die Frage damit zu beenden, dass die Einrichtung von Kriegsverbrechertribunalen Türen geöffnet hat, die bis dahin völlig verschlossen waren. Vielleicht ist das Problem individueller Verantwortlichkeit in internationalen Beziehungen auch eine Folge der Tatsache, dass die Akteure auf der internationalen Bühne nicht länger nur Nationalstaaten sind, sondern auch kleine Gruppen und Einzelpersonen, deren Glaubwürdigkeit ausreicht, um sie eine Rolle spielen zu lassen. Vielleicht sind wir einmal den ganzen Kreis gegangen von den Zeiten, da die Gesellschaften einem Monarchen, König oder Königin, die Entscheidungsgewalt abnahmen, sie einem Kollektiv übertrugen und richtigerweise begannen, Individuen vor Entscheidungen zu schützen, die im Namen des Kollektivs getroffen wurden. Vielleicht hat, wie in vielen anderen Fällen der menschlichen Geschichte, der Missbrauch ihrer Position durch einige Individuen den Bann gebrochen, und dann wurden die Kriegsverbrechertribunale eingerichtet. Vielleicht sind wir aber auch noch weiter gegangen. Wenn sich individuelle Verantwortlichkeit in die Welt der internationalen Angelegenheiten einschleicht, liegt das auch an einem umfassenderen Verständnis des Gemeinwohls und des gemeinsamen Schicksals für lokale Gemeinschaften wie für die Gesellschaft insgesamt und an einem anderen Verständnis der Macht des Individuums. Auf einer bestimmten Ebene beginnen wir uns darüber klar zu werden, dass in bestimmten Fällen das Versagen eines Individuums genauso verdammungswürdig sein kann wie die aktive Beteiligung an einer Gräueltat. Das Nichthandeln des Individuums kann verheerend sein. Viele glauben, dass der Holocaust niemals hätte stattfinden können, wenn Individuen nicht bereit gewesen wären, passiv zu akzeptieren, was ihren Nachbarn angetan wurde. Viele mutige Menschen handelten und intervenierten, wobei sie ihr eigenes Leben riskierten, aber es waren einfach zu wenige.

Wenn individuelle Verantwortlichkeit die eine Seite der Medaille ist, besteht die andere darin, dass wir alle Teilhaber unserer Gesellschaften und auch des Planeten sind, auf dem wir leben. Dieses Konzept ist mittlerweile noch bereitwilliger aufgegriffen worden als das der individuellen Verantwortlichkeit in internationalen Angelegenheiten. De facto kam es auch bereits viel früher auf. Dieses Gefühl einer planetarischen Teilhaberschaft stand mit am Anfang des Drucks von NGOs auf Regierungen, endlich die Konferenzen über Umwelt und nachhaltige Entwicklung von Stockholm und Rio einzuberufen. Sie haben eine Tür geöffnet, die nicht mehr geschlossen werden kann. Diese Idee der Teilhabe brachte ein Gefühl für Solidarität über Grenzen hinweg mit sich – die Vorstellung, dass das, was wir in einem Teil des Planeten tun, andere Menschen in einem anderen Teil schließlich auch beeinflusst. Möglicherweise stellt dieser Beitrag das Beste an der heutigen internationalen Gemeinschaft dar. Es ist das Gefühl der Solidarität, das zugleich die unvermeidliche Notwendigkeit individueller Verantwortlichkeit in sich trägt.

Dem vom Dialog hervorgebrachten Paradigma zufolge werden globale Solidarität und individuelle Verantwortlichkeit Hand in Hand gehen, denn es ist schwer, sich überhaupt für eine Sache zu engagieren, wenn dieses Engagement nicht im Lauf des eigenen Lebens gemessen und geprüft werden kann. Die gute Nachricht lautet, dass unabhängig von den Gesetzen aller möglichen Länder heutzutage Dutzende von Individuen von sich aus die Verantwortlichkeit dafür übernommen haben, Bürger dieses Planeten zu sein, Weltbürger, besorgte Individuen, die bereit sind, individuell ihren Beitrag zu leisten, Gräben zu überbrücken, persönliche Entscheidungen zu treffen, die zusammen mit Millionen anderer Entscheidungen, von anderen Individuen getroffen, die Welt verändern werden. Die Anziehungskraft und die Durchschlagskraft des guten Beispiels haben sich in der Geschichte als umwerfend effektiv erwiesen. Das Beispiel eines einzelnen Individuums kann die Welt verändern. Moses, Konfuzius, Buddha, Jesus, Mohammed, Mahatma Gandhi, Martin Luther King jr., Mutter Teresa und Nelson Mandela veränderten die Art und Weise, wie wir unsere Verantwortlichkeit gegenüber unseren Mitmenschen sehen. Das Engagement weniger hat die Welt dadurch gestaltet und verändert, dass so viele davon inspiriert wurden. Einige nennen sie Apostel, andere Eliten, wieder andere Avantgarde und nochmals andere »Blüten der Revolution«. Es waren nur unterschiedliche Namen für dieselbe Hand voll von Individuen, welche die Verantwortlichkeit auf die eigenen Schultern luden und mit ihrem Beispiel die Massen mitrissen.

Können wir sagen, dass die individuelle Verantwortlichkeit sich aus den internationalen Angelegenheiten verabschiedet hatte? Und dass sich heute immer mehr Stimmen erheben, die sie zurückrufen? In einem echten Dialog, einem zwischen Individuen und Institutionen, zwischen den Ohnmächtigen und den Mächtigen, zwischen den mit Füßen Getretenen und den superorganisierten Mächten, stellt die individuelle Verantwortlichkeit vielleicht eine weitere Möglichkeit dar, die Individualität von uns allen zu schützen und die Originalität unserer Gedanken vor dem Zugriff der Hegemonie und Homogenität der Mehrheit oder der Mächtigsten zu bewahren.

Die Verantwortlichkeit des Individuum ist heute umso nötiger, als das Individuum mehr Zugang zu Echtzeit-Informationen hat als zuvor. Dieser Zugang stellt eine neue Ebene von Freiheit dar, denn er erlaubt dem Individuum, anderen zuzuhören und seine eigenen Ansichten so gut wie unabhängig von Institutionen, Strukturen und Autoritäten zu verbreiten. Die Rolle, die die Informationstechnologie bei den Aufständen in Palästina oder auch im Kosovo spielt, ist nur ein Beispiel für die neue Art und Weise, Zugang zu anderen und zu Informationen zu finden, die

Teil unserer Realität geworden ist. In gewisser Weise werden in allen Gesellschaften die Individuen mächtiger und kenntnisreicher, und die Chance, dass irgendeine Struktur mit einer ganzen Bevölkerung wie mit einer Herde Schafe umgehen kann, schwindet immer mehr.

In den internationalen Beziehungen reift die individuelle Verantwortlichkeit nur langsam und gegen viel Widerstand, aber sie nimmt dennoch zu. Die Finanzkrise in Ostasien 1997 und 1998 hatte viele negative Auswirkungen, doch auch ein paar positive, wozu auch der Konsens von Intellektuellen und Denkern in Asien gehörte, dass Korruption und Kumpanei bekämpft werden müssen und dass Ostasien niemals eine Ökonomie von Weltniveau aufbauen wird können, ohne die internationalen Werte der Transparenz, Integrität und Verantwortlichkeit sich zu Eigen zu machen. Diese Bewegung hat jetzt auf ganz Asien übergegriffen, bis hin zu den Aufständen und Demonstrationen in Jakarta, wo Studenten gegen »Korruption, Verschleierung und Kumpanei« auf die Straße gingen. Dieses neue Ethos betrifft nicht nur Politiker, sondern auch die Welt der Wirtschaft und die Bürger.

Da die Macht sich immer breiter streut und die Zahl der Akteure auf der internationalen Bühne wächst, müsste daraus folgen, dass die Verantwortlichkeit in internationalen Angelegenheiten nicht auf politische Führer beschränkt bleibt, sondern auch Unternehmer, NGO-Führer und Individuen mit genügend Einfluss auf die Gestaltung der Gesellschaft der Zukunft einschließt. Gerade Unternehmer sind mittlerweile prominenter und in einigen Fällen mächtiger als viele politische Führer, und sie haben die Verantwortlichkeit für Aufgaben jenseits der auf Pro-

fit abzielenden Aktivitäten ihrer Unternehmen übernommen. Wie die Führer von Interessengruppen repräsentieren sie die neuen, nicht gewählten Kräfte. In
vielerlei Hinsicht geht ihre Macht über die der Wäh-
ler hinaus, und ganz bestimmt trifft das auf ihre Einflussmöglichkeiten zu.

Ist individuelle Verantwortlichkeit in diesem Fall
exklusiv auf das geschriebene Gesetz beschränkt, das
heißt auf nationale Gesetze, und durch dieses definiert? Wächst die Verantwortlichkeit proportional
mit der Ausübung von Macht? Wächst die Verantwortlichkeit mit der Macht - und umgekehrt? Wenn
ja, heißt das, dass die Mächtigsten auch die sind, die
die meiste Verantwortung tragen? Wie bereits gesagt,
reift die individuelle Verantwortlichkeit heran, wichtiger jedoch ist, dass die Antworten auf die hier ge-
stellten Fragen nur im Kontext eines neuen Weltethos
gefunden werden können. Das mächtige Land, der
Unternehmer, der Politiker und der Medienmensch –
sie alle sind gefordert, einem Weltethos Beachtung zu
schenken, denn sie sind eindeutig Teilhaber am gesamten Planeten.

Themenorientierte Kooperationen

Das alte Paradigma war eines der ideologisch starken
Allianzen. Freunde waren in allen Fällen Freunde,
ohne Frage und ohne Ausnahme. Allianzen waren
das Mittel der Wahl, denn die Grenzen waren starr.
Innerhalb von Grenzen mussten Allianzen genauso
starr sein. Gräben zu überqueren hielt man für gleich
bedeutend mit ins Lager des Feindes überlaufen, egal
welches Problem anstand, egal zu welcher Zeit. Typischerweise wird das alte Paradigma gut von den militärischen Allianzen von gestern symbolisiert, bei de-

nen Freund und Feind so deutlich definiert waren wie Tag und Nacht. Im Gegensatz dazu hat die Welt von heute Kooperationen entstehen lassen, die getrieben von spezifischen Aufgabenstellungen früher unüberwindliche Gräben überbrücken. Diese heutigen »Allianzen« sind nicht nur themenorientiert, sondern ihrem Wesen nach auch horizontal. Gruppen in verschiedenen Nationen können sich mit Gruppen in anderen Nationen zusammentun und ein Ziel verfolgen, ein Interesse oder eine Hoffnung, die wenig mit den Grenzen von gestern zu tun haben und viel mehr mit der Gesamtheit einer Welt, die langsam aber sicher immer mehr eins wird.

Sowohl Institutionen wie nichtinstitutionelle Akteure engagieren sich heute in themenorientierten Kooperationen, statt ideologische Allianzen einzugehen. Freundlich gesinnte Regierungen können bei bestimmten Themen übereinstimmen, bei anderen nicht, und so themenorientierte Kooperationen mit dem »Feind« von gestern eingehen. Die Aids-Epidemie hat ein Bündnis zwischen afrikanischen Ländern und dem Westen hervorgebracht. Die sozialen, religiösen und politischen Entwicklungen in Afghanistan haben so unterschiedliche Länder wie Iran, Russland, China, Indien und die Vereinigten Staaten zusammengebracht. Kohlendioxidemissionen führen zu einem Schulterschluss von Europäern, Chinesen, Indern, Iranern und Südamerikanern. Die Größe der Bedrohung schmiedet Kooperationen, für die man sich die Partner nicht aussucht. Es sieht so aus, als seien verschiedene Völker und verschiedene Länder gezwungen, zusammen gegen eine gemeinsame Bedrohung erheblichen Ausmaßes vorzugehen, und zwar aufgrund der Bedrohung selbst, nicht aufgrund ihrer eigenen Entscheidung.

Globale Bedrohungen haben viele des Luxus beraubt, sich ihre Verbündeten aussuchen zu können, und sie in Kooperationen hineingezwungen, die vor allem wegen ihrer Vielfalt bemerkenswert sind. Das gemeinsame Merkmal solcher Kooperationen ist deren zweckgerichtetes Handeln an einer bestimmten Front. Mitglieder derselben Kooperation vereinen ihre Kräfte für eine bestimmte Aufgabe, doch sie behalten ihre Vielfalt und ihre Einzigartigkeit in allen anderen Dingen bei. Ja, in gewissem Umfang halten sie auch an ihren Meinungsverschiedenheiten fest.

Themenorientierte Kooperationen werden unter anderem dadurch forciert, dass Macht und Einfluss auf informelle Weise ausgeübt werden – und zwar durch neue Gruppen und Gruppierungen, die sich weniger dem Nationalstaat und seinen Autoritäten verpflichtet fühlen als vielmehr der gesamten Menschheit und sogar dem Planeten selbst. Da sie sich einer »höheren Autorität« verpflichtet fühlen als dem Nationalstaat, nehmen sie ihre Rolle und ihre Stimme nicht infolge einer politischen Wahl oder Volkswahl anderer Art in Anspruch, sondern infolge der Summe individueller Entscheidungen. Themenorientierte Kooperationen werden daher für jene unstrukturierten neuen Machtzentren selbstverständlicher, die wir im Abschnitt über die Machtstreuung zu umreißen versucht haben. Denn sie beziehen sich nicht länger auf Grenzen, wie das für traditionelle Machtzentren gilt, sondern auf fließende, unschärfer definierte Interessen, Hoffnungen und auch auf die menschliche Solidarität. Themenorientierte Kooperationen sind daher eng verwandt mit den unstrukturierten Machtzentren einer globalisierten Welt.

Erleichtert werden themenorientierte Kooperationen auch durch den Zugriff auf Wissen über Grenzen hinweg. Wir wissen heute beispielsweise, dass dieselben Interessen und dieselben Hoffnungen von vielen Menschen über zahlreiche Gräben hinweg geteilt werden können. Am wichtigsten ist vielleicht, dass bis zu einem gewissen Umfang themenorientierte Kooperationen die Vorstellung unterminiert haben, dass Vielfalt eine Bedrohung ist, denn in vielerlei Hinsicht werden solche Kooperationen im Grundsatz zwischen Individuen geschlossen, die dieselben Ideale oder Ideen teilen, sich aber hinsichtlich ihrer nationalen, religiösen, ethnischen oder kulturellen Hintergründe, ihrer Rasse oder ihres Geschlechts erheblich unterscheiden. Natürlich hat das Aufkommen themenorientierter Kooperationen auch eine negative Seite, und das ist die Globalisierung von Verbrechen, Terrorismus, Krankheiten, Geldwäsche und so weiter.

Das Konzept der themenorientierten Kooperationen ist eine natürliche Folge der anderen Elemente des neuen Paradigmas. Solche unstrukturierten Kooperationen sind in einer Gesellschaft leichter zu knüpfen, in der Individuen die persönliche Verantwortlichkeit für ihre Entscheidungen und für ihr Handeln übernommen haben. Denn sie wurden von Gruppen von Individuen angeregt, die gemeinsame Interessen und gemeinsame Hoffnungen entdeckt haben. Themenorientierte Kooperationen sind auch die natürliche Folge jenes Gefühls der Teilhaberschaft an der Zukunft des gesamten Planeten, das viele Individuen unabhängig von ihrer eigenen nationalen, religiösen oder ethnischen Ausrichtung empfinden. Fraglos werden solche Kooperationen in einer Gesellschaft erleichtert, in der die Teilhabe an der Macht – oder der Griff nach der Macht – neue Chancen für eine Gleichheit eröffnet hat, die nicht nur eine Hoffnung darstellt, sondern ein erreichbares Ziel. Die Gleichstellung hat in gewisser Weise sogar informelle Gruppen in den Stand versetzt, jenseits von Grenzen an den unterschiedlichsten Orten nach gleich gesinnten Gruppen und Individuen zu suchen.

Logischerweise sind themenorientierte Kooperationen die offensichtliche Konsequenz einer feiner gestreuten Macht, denn es ist gerade diese Streuung, welche die sich einem einzigen Problem widmenden Machtzentren hat entstehen lassen. Und zu guter Letzt hat das problemorientierte Machtzentrum, das themenspezifische Kooperationen schmiedet, eine andere Ansicht darüber, wer der Feind ist – nicht der, der ihnen üblicherweise von den traditionellen Machtstrukturen aufgezeigt wird. Der temporäre Gegner kann durchaus einmal ein Unternehmen sein, dessen Industriepolitik nicht zur menschlichen Solidarität passt, wie sie das Bündnis sieht; bei anderer Gelegenheit ist der Gegner vielleicht eine Reihe von Akteuren, die nicht die Biodiversität des Planeten respektiert; die Nationalität, Religion oder ethnische Herkunft dieser Gegner ist völlig irrelevant für die, die sich in einer themenorientierten Kooperation zusammengetan haben.

Unserer Ansicht nach sind sechs Elemente des neuen Paradigmas bereits in der einen oder anderen Form in unserer gegenwärtigen Realität auszumachen. *De facto* speisen sie einander, und sie tendieren dazu, sich wechselseitig auf fast systematische Weise zu verstärken. Wir glauben, dass das neue Paradigma aufgrund dieser Integration schließlich immer stärker wird.

Gemeinsam bauen

Die zurückliegenden zehn Jahre haben dem alten Pa-   **169**
radigma definitiv ein Ende bereitet; sie haben aber
auch gezeigt, dass angesichts unglaublicher Widrig-
keiten und überwältigender Machtverhältnisse Menschenwürde und Hoffnung auf Gerechtigkeit absolut
unverzichtbar sind. Gleichstellung, Neubewertung
des Begriffs »Feind«, Machtstreuung, Teilhaberschaft, individuelle Verantwortlichkeit und themenorientierte Kooperation werden sich wahrscheinlich
als passende Komponenten eines Paradigmas ausbilden, das Antworten auf die sich wandelnde internationale Szenerie geben kann.

Natürlich hat es Dialoge in der einen oder anderen
Form schon immer gegeben. Die sinnvollsten Dialoge
sind die zwischen »Feinden«. Ein berühmter Premierminister meinte einmal: »Mit einem Freund müssen
Sie nicht reden, mit einem Feind müssen Sie reden.«
John Stuart Mill beobachtete die Neigung, nur mit
denen zu sprechen, welche die eigenen Ansichten teilen, und trat stattdessen für die Notwendigkeit einer
Kommunikation über Differenzen hinweg ein.

>»Ist die Ansicht richtig, werden die Menschen der
Möglichkeit beraubt, den Irrtum gegen die Wahrheit
einzutauschen; ist sie falsch, verlieren sie ein beinahe
genauso großartiges Geschenk: die deutlichere
Wahrnehmung und die lebendigere Wirkung der
Wahrheit durch den Zusammenprall mit dem Irr-
tum.«
John Stuart Mill, *Über die Freiheit*, 1859

In eher praktischer Hinsicht schlagen wir vor, von einem defensiven Dialog, bei dem man versucht, sich voreinander zu schützen, zu einem Dialog überzugehen, bei dem wir gemeinsame Vorteile und gemeinsame Interessen suchen, bis wir zum Status der Teilhaberschaft gelangen. Es gibt keinen besseren Weg, diesen Status zu erreichen, als gemeinsam etwas über Gräben hinweg zu bauen. Dann steht für uns alle etwas auf dem Spiel, was wir gemeinsam beschützen und fördern müssen. Ein Dialog auf höchster Ebene wäre daher einer zwischen zwei Teilhabern – Teilhaber nicht nur dessen, was sie erbten, sondern auch dessen, was sie gemeinsam schufen. Der Erfolg des Dialogs wird folglich an dem gemessen werden, was wir über Gräben hinweg zusammen bauen. Gemeinsam zu bauen ist die ultimative Gegenantwort auf das alte Motto »Macht schafft Recht«. In praktischer, konzeptueller und philosophischer Hinsicht stellt es das diametral entgegengesetzte Ende des Spektrums dar. Gemeinsam zu bauen ist die ultimative Manifestation des neuen Paradigmas.

Viertes Kapitel:
Über die Vereinten Nationen

Glanz und Elend charakterisieren die Geschichte un-   **173**
seres Planeten. Der Werdegang der Menschheit ist
voll Größe und Erhabenheit, doch auch voll unendlich viel Grausamkeit. Aus historischer Sicht haben
sich die konkreten ethischen Normen, Werte, Einsichten und Schlüsselbegriffe der Religionen und Philosophien in einem höchst komplizierten sozialen und
dynamischen Prozess ausgebildet. Wo immer menschliche Bedürfnisse und Belange tangiert waren, wurde
es in allen Weltgegenden dringend erforderlich, Regeln für menschliches Verhalten aufzustellen: Prioritäten, Konventionen, Sitten, Gebote, Instruktionen
und Gesetze – kurz: spezielle ethische Normen. Was
die Bibel beispielsweise als Gottes Zehn Gebote verkündet, findet sich bereits in der altbabylonischen
Gesetzessammlung des Hammurabi aus dem 18. und
17. Jahrhundert vor unserer Zeitrechnung. Menschen
mussten und müssen noch immer ethische Normen
und Lösungen erst einmal in Entwürfen und Model-
len erproben, indem sie sie oft über Generationen
hinweg praktizieren und als brauchbar erfahren.
Nach längeren Zeiträumen, in denen solche Normen
immer mehr Zustimmung finden, aber auch angepasst werden, erkennt schließlich eine Gruppe, ein
Stamm, ein Volk oder eine Nation sie an; manchmal
werden sie dann aber auch wieder verwässert oder
gar ersetzt.

Leben wir vielleicht gerade in solch einer Phase
des Wandels? Angesichts der Realität unserer modernen vielschichtigen, veränderlichen, komplexen

und oft undurchschaubaren technologischen Gesellschaft müssen wir mit wissenschaftlichen Methoden und, soweit möglich, ohne Vorurteile die faktischen Mechanismen und zukünftigen Möglichkeiten dieser Gesellschaft erforschen. Doch auch heute noch hat die vorwissenschaftliche Kenntnis bestimmter ethischer Normen, sofern noch existent, für einen großen Teil der Menschen grundlegende Bedeutung. Glücklicherweise verhalten sich in bestimmten Situationen viele Menschen »spontan« korrekt, ohne dass sie eine Abhandlung über Moralphilosophie oder Moraltheologie gelesen hätten. Und die in viele Religionen und in der jüngeren Geschichte auch in viele politische Regime eingeflossenen ausgrenzenden und hasserfüllten Verdikte (im Rahmen beispielsweise von Krieg, Rassismus oder der Ungleichstellung der Frauen) sind dessen ungeachtet durch die gleichzeitige Entwicklung von ökologischem Bewusstsein, feministischer Sensibilität, religiösem Pluralismus und eines Weltethos an verschiedenen Orten mehr oder weniger konterkariert worden. Ist das moderne Leben zu komplex geworden, um spezifische ethische Normen zu definieren? Ist das moderne Leben gegenüber einer Realität, die über empirische Daten und wissenschaftlich bestätigte Erkenntnisse verfügt, mit naiver Blindheit geschlagen?

Ein modernes Ethos ist auf den Schulterschluss mit den Wissenschaften angewiesen: Psychologie und Psychotherapie, Soziologie und Sozialwissenschaften, Verhaltensforschung, Biologie, Kulturgeschichte, Philosophie und Anthropologie. Verantwortungsbewusste politische oder religiöse Führer und auch Lehrer dürfen keine Angst haben, sich mit den Humanwissenschaften zu beschäftigen, die eine immer größere Fülle von anthropologischen Einsichten und handlungsrelevanten Informationen bieten, welche es leichter machen, sachgerechte Entscheidungen zu treffen. Selbst die Naturwissenschaften beschäftigen sich in der nachmodernen Ära mit der Welt der Komplexität und erforschen die Grundlagen bereits etablierter Theorien wie Quantenmechanik und Teilchenphysik. Neue Forschungsgegenstände tauchen auf: Netzwerke, dissipative und selbstorganisierende Phänomene. Die Auswirkungen dieser Umwälzung spürt man überall in der weltweiten Gemeinschaft der Intellektuellen.

Die entscheidenden ethischen Fragen stellen sich nur umso dringlicher. Auf welcher Grundlage können wir als Menschen auf einer bewohnbaren Erde überleben und unserem individuellen wie unserem sozialen Leben eine humane Form geben? Unter welchen Voraussetzungen kann die menschliche Zivilisation im dritten Jahrtausend gerettet werden? Welchen Grundprinzipien können die führenden Kräfte und Institutionen der Politik, Wirtschaft, Wissenschaft und Religion folgen? Und auf welcher Basis kann der Einzelne ein glückliches und erfülltes Leben führen?

Natürlich haben sich alle Staaten der Welt eine wirtschaftliche und gesetzliche Ordnung gegeben, doch ohne ethischen Konsens, ohne ein staatsbürgerliches Ethos als Grundlage demokratischer Verfassungen kann dieses System nicht funktionieren. Natürlich hat die internationale Staatengemeinschaft auch transnationale, transkulturelle und transreligiöse Rechtsstrukturen geschaffen, ohne die internationale Verträge reiner Selbstbetrug wären. Doch können wir uns eine Weltordnung ohne ein gemeinsames Ethos für die gesamte Menschheit vorstellen?

Jenseits der repräsentativen Demokratie

Die Demonstrationen beim G-8-Treffen in Genua im Juli 2001 und andere anlässlich vergleichbarer Zusammenkünfte haben viele überrascht. Sicherlich gab

es unter den Demonstranten welche, deren Verhaltensweisen unentschuldbar sind und deren Stimmen man mit Missachtung strafen sollte, denn ihr Ziel war eindeutig Zerstörung um der Zerstörung willen. Viele andere jedoch haben für sich in Anspruch genommen, Ansichten zu vertreten und Menschen eine Stimme zu geben, die sonst nicht gehört würden oder keine Chance hätten. Ob sie nun damit Recht hatten oder nicht, sie standen für eine Position und eine gesellschaftliche Gruppe, die sich nicht repräsentiert fühlen. Werden zukünftige Treffen von Finanzinstitutionen und von Führern der Industrienationen dieselben Reaktionen hervorrufen wie in Seattle? Anders ausgedrückt: Ist dies ein Phänomen der Welt von morgen?

Führungspersönlichkeiten im Allgemeinen und demokratische Führer im Besonderen behaupten, die Wünsche ihrer Bevölkerung zu kennen, und meinen wirklich, sie gut zu repräsentieren. Verständlicherweise empfinden sie so, denn das demokratische System, das wir im größeren Teil der Welt etabliert haben, ist eines, in dem der Wille der Menschen durch die Vermittlung ihrer eigenen Institutionen repräsentiert wird. Im Verlauf der letzten zwei Jahrhunderte hat sich die repräsentative Demokratie dank eines Systems von Kontrollen und Gegengewichten immer weiter entwickelt und dabei zu immer mehr Berechenbarkeit und zu immer besserer Kommunikation zwischen der Bevölkerung und den Mittlern der Macht geführt. Die indirekte Demokratie, wie man die repräsentative Demokratie auch nennt, ist nicht nur das beste System, das wir kennen, es ist zugleich auch das effizienteste.

Jedoch kann die Globalisierung unwillentlich dieses repräsentative System in einem Ausmaß und einer Weise unterminieren, wie wir es heute noch gar nicht absehen. Die Machtstreuung, der Zusammenbruch der Wissenskontrolle, die sich in verschiedenen Bereichen unseres Lebens ausbildende »grenzenlose Gesellschaft« – sie alle haben mehr Menschen als je zuvor eine direkte Stimme gegeben und ihnen die Fähigkeit verliehen, mit einem wesentlich größeren Publikum zu kommunizieren als irgendjemand zu anderen Zeiten sich hätte erträumen können. Gleichzeitig hat das die Möglichkeit eröffnet, über Grenzen hinweg in Kontakt mit Gleichgesinnten zu stehen und so Kooperationen aller Art zu schaffen, die die kritische Masse für das Eintreten für einen spezifischen Zweck darstellen und in letzter Konsequenz Zentren der Einflussnahme bilden.

Wenn Einflussnahme, wie wir glauben, das Vorzimmer der Macht darstellt, entwickelt sich die Welt von heute wahrscheinlich zu einer Welt mit deutlich mehr Machtzentren. Könnte es sein, dass wir in Genua verschiedene Phänomene gleichzeitig beobachten konnten: dass das repräsentative Element in den Machtstrukturen immer überflüssiger wird, dass die Mittler der Macht immer weniger gebraucht werden und dass die indirekte Demokratie von nichts Geringerem als ihrer eigenen Zukunft infrage gestellt wird?

Intellektuell können wir uns direkte Demokratie vorstellen; theoretisch können wir uns ein System denken, in dem jeder Bürger gleich viel Macht hat und diese Macht auch ausüben will. In der Praxis haben wir uns daran gewöhnt, direkte Demokratie mit Anarchie und Chaos gleichzusetzen. Wir wissen nicht, ob direkte Demokratie jemals möglich sein wird; wir wissen nicht, ob direkte Demokratie je etwas Gutes darstellen wird. Ernsthafter formuliert:

Wir wissen keine Antwort auf die Herausforderung, die die Globalisierung für die indirekte Demokratie darstellt, welche gegenwärtig das einzige System ist, das wir ziemlich effizient strukturieren können. Diese Herausforderung wird noch für die nächsten paar Generationen weiterbestehen.

Spielen die Vereinten Nationen bei diesem sich entfaltenden epochalen gesellschaftlichen Abenteuer eine Rolle? Ist die Tatsache, dass die Vereinten Nationen gleichermaßen sowohl für Völker als auch für Regierungen gegründet wurden an und für sich schon Qualifikation genug, um neue Formen von Demokratie auszuprobieren? Sind die im Rahmen der Vereinten Nationen unternommenen Versuche, Entscheidungsprozesse zu organisieren, bei denen Nationalstaaten und NGOs konstruktiv interagieren, die unmittelbarste Antwort auf jene Herausforderung? Ist allein die Existenz eines Amtes wie das des Generalsekretärs, weder Regierung noch NGO, als Ermutigung zu verstehen, dass die Organisation die Fantasie aufbringt, um eine Brücke zwischen den Straßen und den Palästen von Genua zu bauen?

Es wäre anmaßend zu behaupten, wir wüssten darauf eine Antwort, denn wir haben keine; aber wir behaupten, dass es diese Herausforderung gibt. Provokanterweise könnte man fragen: Ähneln unsere Parlamente in zehn oder zwanzig Jahren noch den heutigen, oder werden sie völlig anders sein? Dass dies ein weiterer Grund ist, warum wir unsere Fähigkeiten zum Dialog ausbilden müssen, erscheint nur logisch.

Die Herausforderung der indirekten Demokratie durch die Globalisierung erfordert vielleicht, dass wir den Dialog auf eine Ebene bringen, die wir nie zuvor in Betracht gezogen haben, nämlich zu einem Dialog zwischen denen, die keine Mittelsmänner wollen, und den Institutionen, die eben als Mittler an den Förderbändern der Macht eingerichtet wurden.

Neue Klientelen

Aus Sicht der Vereinten Nationen würde eine erfolgreiche Globalisierung zu einer Welt führen, in der Vielfalt und gemeinsame Werte miteinander harmonieren. In umfassenderer Sicht würde dieses Ziel, wenn erreicht, zugleich den Wert der Vereinten Nationen selbst beweisen. Doch bis dahin wird die Organisation höchstwahrscheinlich von den gegensätzlichen Trends unserer Zeit hin und her gerissen: Vielfalt und Globalisierung. Manchmal wird man sie bitten, die Einzigartigkeit der Vielfalt zu schützen, und manchmal wird man sie benutzen, den gemeinsamen Nenner der Werte zu vergrößern. Wenn jedoch, so scheint uns, die Organisation und ihre Führer erst einmal eine Vision für die Zukunft erarbeitet haben – wie immer die aussehen mag –, kann diese kaum umgesetzt werden, ohne sich auf eine größere Klientel zu berufen als die traditionelle Mitgliedschaft der Vereinten Nationen. Zwar profitieren in vielen Teilen der Welt Völker von Anstrengungen der Vereinten Nationen, doch die Organisation konstituierte sich mit gutem Grund schon immer aus den Mitgliedstaaten. Das wird auch weiterhin der Fall sein, doch von der Unterstützung, dem Beistand und dem Engagement anderer Mitwirkender – inoffizieller, unstrukturierter – wird es letztes Endes abhängen, ob die Vereinten Nationen noch immer der gesellschaftlichen Entwicklung vorangehen können. Die Existenz solcher potenzieller Klientelen und die Möglichkeit von Kooperationen zur Unterstützung der Vereinten Nationen über die Grenzen von Zivil-

gesellschaften hinweg wird unvermeidlicherweise die Glaubwürdigkeit der Aktivitäten und der Ziele der Organisation verstärken.

Um solch eine neue Klientel zu aktivieren, brauchen wir möglicherweise keine weiteren Umstrukturierungen, deren Kompliziertheit vielleicht den Verwaltungsstäben und Bürokraten gefällt, die jedoch kaum Herz und Verstand derjenigen berühren, die über die Gräben hinweg leiden oder hoffen. Den neuen Klientelen, deren Spektrum von den Medien über den Privatsektor bis hin zu den Unterprivilegierten und Hoffnungslosen, den Unterdrückten und Opfern reichen kann, werden die Vereinten Nationen nur dann etwas bedeuten, wenn sie eine Botschaft zu verkünden haben, die keine institutionalisierte Bürokratie bietet, die keine andere Führung vermitteln kann und die kein anderer Politiker nur zu denken den Mut hat. Praktisch ausgedrückt: für die Vereinten Nationen führt kein anderer Weg in die Zukunft als allein über eine charismatische Führerschaft, die die Sprache der Versöhnung und der Wahrheit zu sprechen vermag, die Sprache der persönlichen Verantwortung, des persönlichen Opfers und der Taten statt der Worte.

Zu diesen neuen Klientelen zählen vielleicht auch Personen, die man »öffentliche Intellektuelle« (*public intellectuals*) nennen könnte: Männer und Frauen, die »kulturell sensibel, politisch besorgt und sozial engagiert« sind. Solche Einzelpersonen gibt es heute bereits vielerorts, von den NGOs über die akademische Intelligenz bis hin zu Regierungseinrichtungen und internationalen Organisationen. Es bleibt eine Tatsache, dass die Vereinten Nationen viel dazu beigetragen haben, die Position des »öffentlichen Intellektuellen« zu stärken. Diese Einzelpersonen mögen gründlicher als die meisten anderen über das neue Paradigma nachdenken, das wir zuvor beschrieben haben. Sie haben wohl am ehesten die entscheidenden Aspekte internalisiert: die Gleichheit aller Menschen, das Misstrauen gegenüber dem Konzept des Feindes, die positive Einschätzung der vielfältigen Formen von Macht in der heutigen Welt, das Gefühl, derselben Menschengattung auf demselben Planeten anzugehören, die Verantwortlichkeit und Berechenbarkeit füreinander sowie das Wissen, dass jeder Hoffnungen und Werte mit vielen anderen über Grenzen hinweg teilt.

Vor allem bestimmte Gemeinschaften müssen in die Arbeit der Vereinten Nationen auf die eine oder andere Weise eingebunden werden. Wäre es nicht logisch, dass in einer Zeit rasanter technologischer Entwicklung, einer Zeit von Biotechnologie und Gentechnik, Wissenschaftler in der ersten Reihe der Weltgemeinschaft arbeiten und zu den politischen Debatten beitragen? Dies ist umso zwingender, als die Wissenschaftlergemeinde vielleicht die erste gewesen ist, die sich gezwungenermaßen globalisieren musste, lange bevor das letzte Jahrzehnt begann. Ist ein Rat von Wissenschaftlern, vielleicht als eine Art Beratergremium des Generalsekretärs, in naher Zukunft möglich? Im Verlauf der letzten Jahre ist viel dafür getan worden, religiöse Führer ihren Beitrag zur Arbeit der Vereinten Nationen leisten zu lassen. Wäre es für die Organisation nicht nützlich, einen Blick auf die Herausforderungen und Chancen der

Zukunft zu werfen, welche die Wissenschaft an vorderster Front sieht, vor allem auf den Gebieten der Biotechnologie, des Bioengineering und der Informationstechnologie? Ist ein »Sicherheitsrat der Wissenschaftler« eine zu weit hergeholte Idee?

Natürlich sind Zivilgesellschaft und private Unternehmen, akademische Einrichtungen und die Medien, die einen wichtigen Teil der Gesellschaft darstellen, in erheblichem Maß selbstbestimmt und in unterschiedlichem Maß der Gesamtbevölkerung verantwortlich. Die Institutionen des Nationalstaates werden auf einer anderen Ebene angesiedelt bleiben, weil sie in erheblichem Maß aus einem Wahlvorgang herrühren; sie sind daher in diesem Sinn »legitim« und auf spezifische Weise der von ihnen repräsentierten Bevölkerung Rechenschaft schuldig. Die Einbeziehung neuer Akteure erfordert daher vielleicht, zwischen der Rolle der Nationalstaaten und jener der Zivilgesellschaft wesentlich klarer zu unterscheiden als heute. Der Trend, mehr Rechenschaft von unseren gewählten Vertretern zu fordern, spiegelt sich nicht in einem vergleichbaren Bestreben, mehr Rechenschaft von den neuen Akteuren zu fordern, was notwendig werden wird, wenn sie Teil eines globalen Regierungssystems werden. Führt dies zu einer »Generalversammlung der Zivilgesellschaft« im Rahmen der Vereinten Nationen, und wenn ja, brauchen wir dann nicht eine Satzung der Rechte und Pflichten derjenigen, die Teil dieser neuen Struktur werden?

Eine Koalition von Institutionen und Zivilgesellschaft

Wie jede andere Institution auch werden die Vereinten Nationen von der Globalisierung beeinflusst. Vielleicht ist es noch zu früh zu sagen, wie das Ergeb-

nis aussehen wird, doch der Wind, der durch das
»Glashaus« in New York bläst, wird sich erheblich
darauf auswirken, wie die Organisation wahrgenommen und wie sie funktionieren wird. Die Institution
selbst, zuerst und vor allem eine der Nationalstaaten,
sieht sich inmitten einer Realität, in der viele neue
Akteure zunehmend Einfluss nehmen und eine Stimme haben. Verständlicher- und richtigerweise behalten die Nationalstaaten ihre zentrale Rolle. Doch die
Stimmen vieler Einzelner werden auch gehört. Anders ausgedrückt: die Globalisierung hat eine weitere
Dualität in vorderste Reihe gerückt, die innerhalb
der Institution bereits existierte, ja sogar ihrem Wesen entspricht: zwischen Völkern und Regierungen
angesiedelt zu sein. In diesem Zusammenhang hat
die Organisation eine positive Rolle gespielt und beispielsweise vermieden, dass diese Dualität in Konfrontation verwandelt wird; stattdessen hat sie ein ef-
fizienteres Verfahren der Entscheidungsfindung hervorgebracht. Vielleicht zählte dies zu den weniger
wahrgenommenen, nicht bewusst gewordenen Rollen, die die Vereinten Nationen im Lauf der letzten
zehn bis 15 Jahre gespielt haben.

Noch vor einem Jahrzehnt hätte man es als Blas-
phemie aufgefasst, dass die Vereinten Nationen jemand anderen als eine Regierung zum Gesprächspartner haben könnten. Doch während der letzten
Jahre fanden Verhandlungen statt, wurden Vereinbarungen getroffen und humanitäre Fälle entschieden,
welche die Partizipation von militärischen Gruppen,
politischen Organisationen und auch Einzelpersonen
erforderten; und all diese hatten weder den Status
noch in vielen Fällen die Legitimität von Regierungen. Dass solch eine Entwicklung stattfinden konnte,
ohne mit der Rechtsposition des Nationalstaats in

Konflikt zu geraten, war ein Erfolg. Im Rahmen der Organisation haben sich sozusagen die »Völker« der Vereinten Nationen und die »Regierungen« der Vereinten Nationen meist in irgendeiner Weise versöhnt und oft zu einer realen, konstruktiven Kooperation

zusammengefunden. Da ist anscheinend eine Organisation im Entstehen begriffen, welche die zuvor unbekannte Möglichkeit bietet, im internationalen Kontext die Völker und ihre Regierungen in kooperativer, nicht konfrontierender Weise zu betrachten.

Eine Hauptrolle bei diesem Prozess des Schmiedens von Koalitionen könnte in der Zukunft der Generalsekretär der Vereinten Nationen spielen – ein Amt, das für viele Erfolge der Vereinten Nationen und für Hoffnung auf noch mehr Erfolge in der Zukunft einer sich verändernden internationalen Welt verantwortlich sein kann. Weder Regierung noch Individuum – und ohne über die traditionellen Mittel eines Staates zu verfügen, nämlich Geld und Waffen – ist der Generalsekretär dennoch auf einem Gebiet glaubwürdig, auf dem bislang Macht und Stärke dominierten. Dementsprechend könnte man vernünftigerweise vermuten, dass die Anomalität des Amtes namens »Generalsekretär« – sozusagen halbwegs zwischen einer traditionellen Institution, Regierungen und einer Nichtregierungsinstitution angesiedelt – eine bessere Chance bietet, mit einer internationalen Realität fertig zu werden, die von ganz unterschiedlichen Akteuren bevölkert wird. Weder Regierung noch NGO: das Amt des Generalsekretärs ist einzigartig. Daher überrascht nicht, dass in den letzten Jahren der Generalsekretär nach anderen Klientelen in der weiten Welt jenseits der Regierungen Ausschau gehalten und damit die Zeichen einer sich wandelnden Realität völlig korrekt gedeutet hat:

dass die Stimmen der Basis nicht immer einen Mittler brauchen, um gehört zu werden. Der Dialog wird daher für den Generalsekretär zu einem unverzichtbaren Instrument, mittels dessen er seine Glaubwürdigkeit testen kann – die stärkste Karte, die er auszuspielen vermag. Natürlich müsste das Wort »Macht« eine ganz andere Bedeutung bekommen, wenn man es auf den Generalsekretär der Vereinten Nationen anwenden wollte: kaum Macht im Sinn von »Macht schafft Recht«, sondern sicherlich Macht, die auf Moral basiert, vielleicht Macht als Glaubwürdigkeit um jeden Preis.

Es wäre einfach, die Institutionen – sowohl nationalstaatliche als auch internationale – als das »Establishment« dieser Welt zu beschreiben und die Zivilgesellschaft auf der anderen Seite als das Nicht-Establishment. Tatsache ist, dass man kaum zu einer praktikablen Beschreibung der Realität kommt, wenn man Institutionen gegen Zivilgesellschaft ausspielt und umgekehrt. Als Individuen können wir gut gleichzeitig sowohl einer Institution als auch der Zivilgesellschaft angehören. Bei verschiedenen Themen können wir mal Führer, mal Gefolgsleute sein; wir können Experten und Ignoranten zugleich sein. Gewissermaßen ist die Zeit vorbei, da Institutionen an erster Stelle ins Leben gerufen und dementsprechend als Repräsentanten und Mittler der gesamten Gesellschaft betrachtet wurden; in unserer Zeit werden Institutionen eher als losgelöst von jenen betrachtet, die sie zu repräsentieren behaupten. Beide Sichtweisen können unrichtig sein. Noch immer fühlen sich viele von den bestehenden Institutionen gut repräsentiert, viele aber auch nicht. Wenn wir die beiden unterschiedlichen Dimensionen berücksichtigen, die das Leben der Individuen im Rahmen der Gesellschaft prägen, die institutionelle und die eher informelle, dann bekommt man den Eindruck, dass nur eine Koalition zwischen diesen beiden in der Lage sein dürfte, auf die Herausforderungen von heute zu reagieren. Ist eine Koalition zwischen der Zivilgesell-

schaft und Institutionen möglich? Es sieht so aus, als hätte gerade die Unterscheidung zwischen Institutionen und Zivilgesellschaft dem Diskurs zu neuem Spielraum verholfen. Ja, die Gesellschaft besteht aus mehr als nur Institutionen; und ebenso besteht die Gesellschaft aus mehr als nur Individuen. Soviel akzeptieren wir bereits; wir akzeptieren sogar auch, dass Institutionen nicht alle Probleme lösen und alle Fragen beantworten können. Doch die Zivilgesellschaft hat das Stellen von Fragen zu ihrem Hauptanliegen gemacht, und die Institutionen haben das Beantworten solcher Fragen zu *ihrem* Hauptanliegen gemacht.

Noch nicht in die Praxis umgesetzt haben wir ein Ethos, das wirklich global ist und aus einer Koalition von Zivilgesellschaft und Institutionen hervorgehen muss. Ein akzeptables und akzeptiertes, umgesetztes und gelebtes Weltethos müsste aus solch einer Koalition hervorgehen. Es gibt kein bewährtes Verfahren, wie ein Bündnis zwischen diesen beiden etabliert werden könnte. Es gibt keine Konferenzsäle, die die Institutionen und die Zivilgesellschaft zur Gänze fassen können. Doch sicherlich gibt es gemeinsame Werte, wie wir bereits gesehen haben, und nach wie vor bilden sich auf diesem einen Planeten, auf dem wir zunehmend in Gleichzeitigkeit leben, auch gemeinsame Überzeugungen aus. Indem wir diese Koalition zwischen Institutionen und Zivilgesellschaft zuerst und vor allem durch unsere gemeinsamen Antworten auf die unvermeidlicherweise gemeinsamen Bedro-

hungen und globalen Probleme schmieden, entwik-
keln wir auch ein globales Ethos. Denn was in einem
Teil der Welt geschieht, ist nicht nur einem anderen
bekannt, sondern es betrifft auch so viele und so weit
entfernte Menschen, dass wir viel sensibler für die
großen menschlichen Tragödien geworden sind, seien
sie von Menschen gemacht oder natürlichen Ur-
sprungs.

Mögen sich in diesen Tragödien nun Naturgewal-
ten manifestieren oder – wie bei terroristischen An-
schlägen – die Grausamkeit und Perversität des
menschlichen Geistes, sie haben zu Reaktionen sowohl der Zivilgesellschaft als auch der Institutionen
geführt, die auf denselben Säulen basieren wie ein
Weltethos: Sehnsucht und Streben nach Frieden,
Sehnsucht und Streben nach Gerechtigkeit, Sehnsucht und Streben nach Wahrheit und Sehnsucht und
Streben nach Partnerschaft. Es wäre traurig, wenn
eine Koalition, wie erwähnt, nur als Reaktion auf
negative Entwicklungen entstehen könnte, zumindest
zu Anfang. Doch es ist eine Tatsache, dass gerade angesichts der Not sich der Kern eines globalen Ethos
aufs Großartigste entfaltet. Und dieser Kern ist
menschliche Solidarität, die ethisch durch die *Goldene Regel* in ihren zwei unterschiedlichen Facetten
auf den Begriff gebracht wird: Anderen nicht anzu-
tun, was uns nicht angetan werden soll, und so für
andere sorgen, wie andere für uns sorgen sollen. Vielleicht sind diese Säulen globaler Solidarität zu lange
von zu vielen »Wenn und Aber« geschwächt worden.
Man sollte hoffen, dass die »Wenn und Aber«, je näher wir aneinander rücken und damit uns gegenseitig
immer mehr beeinflussen, auf das Abstellgleis ge-
schickt werden und unser menschlicher Zusammen-
halt letzten Endes gestärkt wird.

In gewisser Weise bieten die Vereinten Nationen einen Rahmen, in dem eines Tages die große Koalition zwischen Zivilgesellschaft und Institutionen geschmiedet werden kann. Wiederum wird das keine Koalition von Gewinnern und Verlierern sein, sondern sie wird nur Erfolg haben, wenn alle gewinnen. Schließlich werden Institutionen nur überleben, wenn sie auf befriedigende Weise die Fragen beantworten können, die die Zivilgesellschaft stellt; und die Zivilgesellschaft wird sich nur dann an die Spitze setzen, wenn sie gemeinsame Überzeugungen, Werte und Hoffnungen repräsentiert und die Vielfalt, die uns allen so teuer ist, respektiert, nicht fürchtet. Wer Philosophien, Ideologien und Überzeugungen predigt, die zum einen auf der Unvermeidbarkeit von Konflikten, Konfrontationen und Antagonismen basieren und zum anderen auf Engstirnigkeit, Vorurteilen und Ausgrenzung von anderen, dem halten wir stattdessen die Möglichkeit der Einheit entgegen, von Koalitionen, gemeinsamen Werten und einem Weltethos.

Die Tragödie vom 11. September 2001 wurde von Menschen verursacht, die Vielfalt als Bedrohung wahrnehmen, von Menschen, die hassen müssen, um leben zu können, eine Perversität jenseits von Hoffnung. Wer diese Anschläge befahl, sähe es sicher gern, wenn die Theorie vom Kampf der Kulturen wahr würde. Es wäre sein ultimativer Erfolg. Wir empfinden es daher heute als unsere Pflicht, das Banner des Dialogs zwischen den Kulturen höher als je zuvor zu tragen, die Gemeinsamkeit der menschlichen Spezies lauter zu bekräftigen als je zuvor und zu erklären, dass im Vergleich zu den wenigen, die ihre Nachbarn töten, viel mehr Menschen in ihrem Herzen wissen, dass wir füreinander Hüter sind.

Eine universelle Institution ist ihrer Definition nach verpflichtet, die globale Dimension und die Vielfalt aller Komponenten in Rechnung zu stellen. Sicher, der unmittelbare und praktische Grund für die Gründung der Vereinten Nationen war die Notwendigkeit, eine Einrichtung zur Verfügung zu stellen, die einen Dritten Weltkrieg verhindern konnte. In gewisser Weise wurde damit ein in der Realität verwurzeltes Machtsystem mit ganz praktischer Zielsetzung ins Leben gerufen. Die Brutalität des Zweiten Weltkriegs hatte es unbedingt nötig gemacht, dass jedes neue System in der Realität der Macht verankert war. *De facto* musste die neue Institution das Bedürfnis nach Stabilität und berechenbarem Verhalten befriedigen, was beides auf Macht und dem Respekt vor Macht basiert. Daher überraschte es keinen, dass sie um den Kern der alliierten Siegermächte herum errichtet wurde. Sicherheit musste sie vermitteln, und in gewisser Weise tat sie das. Doch da war noch mehr.

Auf den ersten Blick treffen sich Globalisierung und Vielfalt wie von selbst bei dieser menschlichen Unternehmung, die bewusst um die Säule des Dialogs herum angelegt war. Die Grundidee war, sich auf einer Ebene gemeinsamer Werte zu treffen, gegenseitig Souveränität und Würde zu achten und gemeinsam Lösungen zu finden, die auf der Vorstellung gründen, dass Macht nicht Recht schafft. Im Laufe der Jahre haben sich viele ein ganz unterschiedliches Bild von dieser Institution gemacht; manche sehen in ihr das Allheilmittel gegen menschliche Dummheit, andere das Trojanische Pferd des Feindes, und nur wenige betrachten sie als den ersten Versuch, einen Traum zu verwirklichen, der nach Jahrtausenden der Menschheitsgeschichte noch immer unerfüllt bleibt.

Im Kontext unserer Reflexion lautet die vielleicht relevanteste Frage hinsichtlich der Vergangenheit der Vereinten Nationen nicht, wie viele Konflikte sie lösen konnte, wie vielen Kindern sie zu besseren Lebensverhältnissen geholfen hat, wie vielen Flüchtlingen sie Unterschlupf geboten oder wie viele Leben sie gerettet hat. Die wichtigste Frage lautet vielleicht, ob es der Institution im Verlauf der letzten gut sechzig Jahre gelungen ist, bei denen eine neue Geisteshaltung hervorzurufen, die mit ihr arbeiten, in ihr arbeiten oder von ihren Segnungen profitieren.

War es einer Institution mit so vielen Wurzeln in der Vergangenheit und mit einer idealistischen Zukunftsvision möglich, im Lauf der Jahre eine eigene Denkweise zu entwickeln, die die Geisteshaltung jedes Einzelnen gründlich transzendieren kann? Als die Vereinten Nationen an die Arbeit gegangen waren, gaben sie abwechselnd ein gegensätzliches Bild ab: die Vereinten Nationen der Völker und die Vereinten Nationen der Regierungen. Es war wahrscheinlich richtig, diese begriffliche Spannung zwischen Völkern und Regierungen aufzubauen; denn legitime Regierungen fürchten diese Spannung nicht, und diejenigen, die das doch tun, sagen damit viel über ihre Legitimität aus – beziehungsweise ihre mangelnde Legitimation. Vor sechzig Jahren war der Nationalstaat noch nicht auf dem Höhepunkt seiner Macht. Heute herrscht praktisch Einmütigkeit darüber, dass der Nationalstaat diesen Zenit überschritten hat. Der Nationalstaat wird kaum noch derselbe sein, wenn das Phänomen der Globalisierung erst einmal zum Stillstand gekommen ist, was natürlich noch einige Generationen dauern kann.

Das Amt des Generalsekretärs der Vereinten Nationen ist nicht einfach ein Job; es ist eine Mission. Es ist kein Zufall, dass diejenigen, die das Amt am besten ausfüllten, das genauso sahen.

Im Laufe der zahlreichen Umstrukturierungen der Organisation und der ebenso regelmäßigen Reformen und diversen Finanzkrisen scheint die Weltorganisation sich ziemlich gut den veränderten Bedürfnissen ihrer Mitgliedstaaten angepasst zu haben. Für einen unpolitischen Beobachter könnte es so aussehen, als wären die Mitgliedstaaten von der Vorstellung besessen, die Organisation zu kontrollieren, die ihrer eigenen Definition nach zu unterschiedlichen Zeiten schwach, irrelevant oder ineffektiv war. Tatsache ist, dass die Organisation für den Nationalstaat immer etwas Anomales war, und doch stellte sie mehr dar als irgendeine zwischen den Regierungen angesiedelte Körperschaft. Das war vielleicht genau der Kern der gemischten Gefühle, die die Vereinten Nationen in den Hauptstädten ihrer Mitgliedstaaten hervorriefen. Jetzt besteht die wahre Herausforderung für die Organisation und ihre Mitgliedstaaten natürlich darin, dass die Macht weit über die Grenzen traditioneller Institutionen hinaus gestreut ist und die Akteure auf der Bühne nicht immer gewählt, rechenschaftspflichtig oder noch nicht einmal zu identifizieren sind.

Es ist eine Ironie, dass gerade die Institution des Generalsekretärs noch immer so viele politische Emotionen provoziert. Schließlich kann dieses Amt weder Steuern erheben noch militärische Divisionen aufstellen. Könnte gerade die Tatsache, dass das Amt kein Geld und keine Waffen hat und doch in unterschiedlichsten Teilen der Welt Wirkung zeigt, ein Zeichen für einen weiteren Erfolg dieses unglaublichen menschlichen Engagements sein: Macht zu haben, ohne über ihre Hauptbestandteile zu verfügen? In den kommenden Jahren wird die Person in dieser Position sich in guter Gesellschaft wiederfinden, denn Macht ohne Geld oder Waffen ist uns vertrauter geworden. Tatsächlich sieht es so aus, als gründe sich die Stärke eines jeden, der dieses Amt ausübt, auf Ideen, Prinzipien und Kommunikation.

Vor allem aber konnte sich das Amt des Generalsekretärs dem sich verändernden internationalen Umfeld anpassen. Diese Flexibilität hat es dem jeweiligen Amtsinhaber ermöglicht, sich immer wieder für die internationale Gemeinschaft und insbesondere die Mitgliedstaaten nützlich zu machen. Völlig zu Recht konnte diese anomale Position ihre Rolle dann am besten spielen, wenn sie den Mitgliedstaaten half, zu tun, was sie nicht tun wollten oder konnten. So lösten beispielsweise Anfang der 1990er Jahre dank des Generalsekretärs Mitgliedstaaten das Problem der im Libanon festgehaltenen zivilen Geiseln; dank des Generalsekretärs konnten Kommunikationswege zwischen neuen und alten Feinden etabliert werden; und dank des Generalsekretärs konnten Nichtmitglieder und wichtige Akteure, bei denen es sich nicht um Staaten handelte, ihre Stimme zur Geltung bringen und in einigen Fällen konstruktiv mit Regierungen zusammenarbeiten.

Praktisch ausgedrückt: die erfolgreichsten Generalsekretäre waren jene, die ihre Rolle als den Mitgliedstaaten und auch dem Sicherheitsrat komplementär und nicht in Konkurrenz zu diesen definierten. Historisch betrachtet, war der in dieser Hinsicht deutlichste Fall die Rolle, die der Sicherheitsrat und der Generalsekretär während des Kriegs zwischen Iran und Irak spielten, was zu der erfolgreichen Waffenstillstandsvereinbarung von 1988 führte. Die Flexibilität des Generalsekretärs hat im Verlauf der Jahre zugenommen und schließt jetzt auch die Möglichkeit ein, für die Zivilgesellschaft, den Privatsektor, religiöse Organisationen und Interessengruppen ein nützlicher Gesprächspartner zu sein, die alle bei der Gestaltung unserer neuen Gesellschaften eine Rolle übernommen haben. Der zweite Erfolg dieses menschlichen Engagements war also vielleicht die Schaffung einer signifikanten internationalen Figur, die noch nicht einmal über die traditionellen Attribute der Macht verfügt.

Die Fähigkeit, Konsens herzustellen und gemeinsame Werte zu schaffen ist ein weiterer unterschätzter Beitrag, den die Vereinten Nationen der Menschheit geleistet haben. Dies gilt sogar für die Harmonisierung von Gesetzen, während gleichzeitig die Vielfalt respektiert und die Kooperation der weltweit wichtigsten Rechtssysteme gesucht wurde, um gemeinsame Prinzipien zu finden. Die Vereinten Nationen sind zu dem Ort geworden, wo neue Prinzipien für internationales Verhalten entworfen werden, wo Gewohnheitsrecht berücksichtigt und Gewohnheiten zu neuem, in Verträgen kodifiziertem Recht kristallisiert werden. Die Organisation ist deshalb Schauplatz für progressive Entwicklungen des Völkerrechts geworden. Regeln für kommerzielle Schiedssprüche sind überall in den Vereinten Nationen entwickelt worden und kommen reichlich zur Anwendung; der Warenaustausch bei internationalen Geschäftstransaktionen unterliegt einer Konvention, die ihren Ursprung im Rahmen der Vereinten Nationen hat. Dabei handelt es sich um einen Korpus von gemeinsamen Regeln, die direkt das Leben von Individuen betreffen und nicht nur das Verhalten von Regierungen. Umweltbelange, Menschenrechte und Schutz für die Schwachen, seien es Kinder oder andere, wurden von lokalen zu globalen Themen katapultiert, als diesbezügliche Konferenzen und Konventionen der Vereinten Nationen Realität wurden. Solche Angelegenheiten wurden globalisiert, lange bevor sie Gegenstand verbindlichen Völkerrechts wurden.

Vielleicht ist es interessant, sich an eine der »Schlachten« zu erinnern, die innerhalb und außerhalb der Vereinten Nationen um das Konzept des internationalen Beamten (*international civil servant*) geschlagen wurden. Obwohl dies beinahe wie eine Ost-West-Konfrontation hingestellt wurde, wissen wir alle, dass Osten, Westen und Süden dabei fast vollständig auf derselben Seite der Barrikade standen. Das Konzept des internationalen Beamten wurde politisch, ideologisch, administrativ und auch anderweitig auf allen Ebenen attackiert. Es gab Gründe dafür, doch schon die Schlacht an sich beweist, dass die Institution der Vereinten Nationen als Unternehmung der gesamten Menschheit eine Macht besitzt, die alle traditionellen Institutionen fürchten. Es war, als würde mit dem Konzept des »internationalen Beamten« geradewegs das Konzept des »Nationalstaats« unterminiert. Wie konnte man einer internationalen Gemeinschaft dienen, wenn die höchste Autorität der Nationalstaat war? Wie konnte man einer Institution den Treueid schwören, die nicht der Nationalstaat war? Heute ist leicht zu verstehen, wie die Rechten und die Linken von gestern in dieser Frage ein gemeinsames Fundament fanden. Es ist leicht zu verstehen, wie beide Seiten des politischen Spektrums neue

Alliierte in jenen aufstrebenden Ländern fanden, die gerade erst die Bühne betraten und zunächst und vor allem ihre institutionelle Existenz etablieren wollten. Sie gehörten vielleicht weder zum Osten noch zum Westen, doch mit Sicherheit fanden sie, dass sie es sich nicht leisten konnten, Loyalitäten zu unterstützen, die sich von ihren eigenen unterschieden.

Die Schlacht um das Konzept des internationalen Beamten war ein nicht erklärter Krieg, der sich durch die gesamte Geschichte der Vereinten Nationen zog. Unerklärt war er, könnte man sagen, weil seine offene Erklärung die seltsamen Bettgenossen (Demokratien und Diktaturen) offenbart hätte, die auf einer Seite des Zauns lagen, und die in der Tat nur sehr wenigen, die sich mutig auf der anderen Seite postierten. In gewisser Weise lässt es sich heute leichter darüber sprechen, weil das gesamte Globalisierungsphänomen nicht nur den Nationalstaat transformiert, sondern auch die Vereinten Nationen und wir irgendwann einmal internationale Beamte haben werden, die nicht nur innerhalb der Weltorgane arbeiten, sondern auch außerhalb in der akademischen Welt, in Handel und Gewerbe, Wissenschaft und NGOs.

Ehre gebührt den ersten internationalen Beamten, die alle möglichen Attacken aushalten mussten – intellektuelle, politische, psychologische und andere –, da ihr internationales Umfeld, in dem die Treuepflicht über den Nationalstaat hinausging, zumindest nur schlecht begriffen wurde. In vielen Rechtssystemen der Welt gab es die Position des internationalen Beamten überhaupt noch nicht. Und in einigen gibt es sie immer noch nicht. Das war natürlich verständlich, denn die Umsetzung des Konzepts des internationalen Beamten wurde von einigen als gleich bedeutend mit einer Unterminierung, wenn auch kleineren Maßstabs, der Souveränität des Nationalstaats gesehen. Und folglich gab es Leute, die den internationalen Beamten vorwarfen, sie repräsentierten die Identität des Feindes, und es gab andere, die sie einfach missachteten, denn sie passten nicht in den engen Bezugsrahmen einer Nationalitätszugehörigkeit.

Doch trotz allem, trotz des Kalten Krieges, trotz des Nord-Süd-Gefälles, trotz der Ära der einen Supermacht gab es viele, die wirklich so etwas wie eine Geisteshaltung der Vereinten Nationen entwickelten. Es war nicht ungewöhnlich, die Frage gestellt zu bekommen – und sie als Beamter der Vereinten Nationen nicht beantworten zu können –: »Warum wollen Sie Ihr Leben für jemanden riskieren, der nicht Ihrer Familie, Ihrem Stamm oder Ihrer Nation angehört?« Das war kein Mangel an intellektuellen Fähigkeiten; es war eher der Beweis, dass das Unternehmen Vereinte Nationen in der Lage gewesen war, das Denken einiger zu verändern. Es war nicht die Unfähigkeit zu antworten, sondern die Unfähigkeit, die Bedeutung dieser Frage zu verstehen. Die neue Geisteshaltung führte zu dem Gefühl, dass wir alle Teilhaber der menschlichen Gemeinschaft sind und jeder der Hüter des anderen. Obwohl viele sich über solch eine Mentalität lustig machten, war für ein paar andere die Entdeckung oder das Gefühl, jedem anderen menschlichen Wesen gegenüber loyal zu sein und in der Pflicht zu stehen, wohl der wichtigste Test für Humanität; und es war der Beweis, dass die Organisation der Vereinten Nationen erfolgreicher war, als viele gedacht hatten.

Nichtsdestotrotz haben nüchtern betrachtet die letzten Jahrzehnte neue Versuche gesehen, das Konzept des internationalen Beamten zu unterminieren, wenn nicht mit Taten, so doch mit Worten. Die finanziellen Grenzen der Organisation, an die sie gleichzeitig mit neu zugewiesenen Aufgaben stieß, führte dazu, dass eine große Anzahl von Offiziellen von deren Regierungen entsandt wurde. Im Lauf der Zeit wurde die Struktur der Beamtenlaufbahn selbst attackiert, und was wie rein technische Modifikationen an der Laufbahnstruktur aussah, führte zum einen zu Verunsicherung und, wichtiger noch, unterminierte deren Bedeutung. Die Institution war nicht allein von der Entsendung von Beamten seitens der Regierungen abhängig, darüber hinaus wurden auch den »Laufbahnverträgen« Grenzen gesetzt, was beides die Loyalität gegenüber der Organisation unterminierte. Dennoch wird es unabhängig von den Vertragsbeziehungen zwischen den internationalen Beamten und der Organisation immer welche geben, die sich der Weltvertretung gegenüber verpflichtet fühlen, während andere »auf Nummer Sicher gehen« und den Regierungsinstitutionen loyal bleiben werden, zu denen sie höchstwahrscheinlich zurückkehren. Tatsache ist, dass der Typ des Individuums, das sich der Weltgemeinschaft zugehörig und der menschlichen Solidarität verpflichtet fühlt, sich sowohl innerhalb wie außerhalb der Strukturen der Weltorganisation ausgebildet hat.

Das unentdeckte Potenzial der Organisation liegt in der großen Zahl von Einzelpersonen, die über jene Qualitäten verfügen und über die ganze Welt verteilt im Namen der Organisation arbeiten. Sie liefern den Menschen, die von ihrer Arbeit in den kleinen Dörfern, in den abgelegenen Tälern und in undurchdringlichen Dschungeln profitieren, das einzige zur Verfügung stehende Bild von den Vereinten Nationen. Und dieses Bild ist es, das die Vereinten Nationen wahrscheinlich noch immer in den Augen derer glaubwürdig macht, die sich nicht den Luxus leisten können, die Wahrheit vor sich selbst zu verbergen. Es wird zu leicht vergessen, dass die Organisation ihren Erfolg, wo sie ihn denn hat, auch der Leidenschaft, dem Altruismus und den Idealen der Individuen ver-

dankt, die für ein Programm der Vereinten Nationen, eine Friedensmission, ein spezielles Projekt oder in der Flüchtlingshilfe arbeiten. Diese internationalen Beamten haben sich innerhalb der Institution ihre Glaubwürdigkeit und ihre Hoffnung auf das, was getan werden kann, erhalten. Jenseits der Akten, Konferenzen, der Resolutionen und der vielen Reden verdienen es diese Männer und Frauen – den meisten unbekannt, wenn auch nicht denen, die von ihrer Arbeit profitieren –, in die vorderste Linie der Organisation gestellt zu werden. Darüber hinaus verdienen sie es, vor den billigen, manchmal ungerechtfertigten und oft falschen Attacken politischer Lobbyisten aus entlegenen Orten geschützt zu werden, deren Unwissenheit wahrscheinlich ihre einzige Entschuldigung ist.

Man wird zu hören bekommen, dass idealistische internationale Beamte nicht sehr zahlreich und dass viele nicht so stark engagiert seien, und das mag auch stimmen. Schließlich haben die Apostel, die Avantgarde, die Eliten, ja, die Helden durch alle Zeitläufte hindurch niemals die Mehrheit gestellt, und doch konnten sie die Geschichte machen, gestalten und schreiben, deren Erben wir alle sind. Der Dialog der Kulturen ist kein Instrument, das sich für einen größeren Umbau der Organisation der Vereinten Nationen hergeben wird. Der Dialog ist ein Instrument, das vielleicht den unbesungenen Helden der Institution helfen kann und auch den anderen draußen, die genauso mutig sind und mit Erfolg die Geisteshaltung des Krieges in eine der Hoffnung und Versöhnung verwandeln.

Der größte Misserfolg der Organisation war vielleicht, dass sie es nicht geschafft hat, die Bedeutung ihrer Leistung einer großen Öffentlichkeit zu vermitteln. Die Fähigkeit, eine internationale Beamtenschaft ins Leben zu rufen, die Jahrzehnten von Missverständnissen und Angriffen standhalten konnte, eine Aufgabenstellung für den Generalsekretär, die sowohl den Mitgliedstaaten als auch den Individuen helfen konnte, ohne deren eigene Macht zu bedrohen, und die Vereinten Nationen als ein Ort, wo Völkerrecht geschaffen und umgesetzt wird – all das wurde von einer großen Zahl Menschen niemals wirklich zur Kenntnis genommen.

Wer die Geisteshaltung eines hervorragenden internationalen Beamten nicht persönlich erlebt hat, wird nur schwer verstehen, was das wirklich bedeutet, denn das ist, als wolle man das Bild eines Objekts erkennen, von dem man gar nicht weiß, dass es existiert. Was den Generalsekretär betrifft, so haben zu viele Bürokraten dessen Rolle mit den Augen eines Konkurrenten, Wettbewerbers und vor allem eines Spielers in einem »Nullsummen-Spiel« mit den Mitgliedstaaten betrachtet. Die bürokratische Mentalität eines nationalstaatlichen Beamten, der alles und jeden außerhalb dieses Nationalstaats als potenziellen Feind oder zumindest als Konkurrenten betrachtet, konnte in gerade einmal sechzig Jahren nicht überwunden werden. Was die Rolle der Vereinten Nationen bei der Schaffung und Durchsetzung neuen internationalen Rechts betrifft, haben sich zu viele Nationalstaaten auf ihren Souveränitätsanspruch zurückgezogen – manchmal nur temporär, um bestimmte nationale Interessen zu befördern –, statt ein internationales Rechtssystem zu begrüßen, von dem in Wirklichkeit dank der Einhaltung globaler Normen viel mehr ihrer Bürger profitieren.

Aus welchem Grund auch immer, der wahrhaft internationale Beamte, der Generalsekretär, der unmöglich jemals ein Konkurrent der Regierungen sein kann, und der Ort, an dem Völkerrecht geschaffen, kodifiziert und zustimmungsfähig gemacht wird – diese drei Konzepte waren vielleicht ihrer Zeit voraus. Heute jedoch zwingt die Globalisierung uns alle, die Nationalstaaten ebenso wie die Weltorganisation, sich abermals zu ändern, denn wie wir von Seattle bis Prag, von Stockholm bis Genua gesehen haben, gibt es da draußen jenseits von zwischenstaatlichen Institutionen und Nationalstaaten noch viel mehr. Es ist bezeichnend für unsere Zeit, dass erst kürzlich mit folgenden Worten eine Reform der Weltbank und des Internationalen Währungsfonds gefordert wurde:

> »Ein neues Bretton Woods ... würde Repräsentanten der Entwicklungsländer genauso berücksichtigen wie solche der entwickelten; es würde auch Repräsentanten von Nichtregierungsorganisationen und führende Persönlichkeiten des Privatsektors einschließen.«
>
> Felix Rohatyn, ehemaliger US-Botschafter in Frankreich, *Financial Times*, 20. August 2001

Die Vereinten Nationen haben im Verlauf des letzten Jahrzehnts gelernt, wie man mit nichtstaatlichen Gebilden umgeht, und damit bewiesen, dass die Institution über Flexibilität und Fantasie verfügt. Wahrscheinlich ist mehr nötig, um die NGOs und den Privatsektor in den kollektiven Entscheidungsprozess einzubeziehen. So etwas wie eine Wegbeschreibung gibt es dafür nicht. Es wird nicht weniger als ein er-

ster Versuch sein, die indirekte mit der direkten Demokratie zu versöhnen.

Partizipation und Legitimität

Schon allein die Gründung der Vereinten Nationen
war ein wichtiger Schritt bei der Etablierung der neu-
en internationalen Ordnung, die aus dem Zweiten
Weltkrieg hervorgegangen war. Die Vereinten Nationen sollten die gemeinsamen Werte ihrer Mitglieder
widerspiegeln, der siegreichen Alliierten, ihre universelle Attraktivität demonstrieren und vor allem die
Inkarnation internationaler Legalität darstellen. Die
Idee dahinter war klar: kein Recht durch Macht
mehr, sondern nur durch ein System von Regeln, die
von allen gleichermaßen akzeptiert werden.

Die Gleichheit aller Mitglieder wurde durch die
Regel »ein Land, eine Stimme« ausgedrückt, womit
den simpelsten Anforderungen an Gerechtigkeit,
Gleichheit und Fairness Genüge getan war, die – zumindest theoretisch – kaum verweigert werden konnten. In diesem Zusammenhang verkörperte die Generalversammlung vielleicht einen Idealismus, der seiner Zeit weit voraus war. Im Gegensatz dazu sorgte
der Sicherheitsrat natürlich für das Maß an Realismus, das für vorangegangene Jahrhunderte so cha-
rakteristisch gewesen war. Er repräsentierte das Konzept eines *Direktoriums* der Großmächte, bei dem
besondere Privilegien mit besonderer Verantwortung
einher gingen. Typischerweise sind der Sicherheitsrat
und die Generalversammlung, die Mitgliedstaaten
und der Generalsekretär, das Recht auf Gewaltanwendung im Verteidigungsfall und das Bestreben,
Konflikte mit friedlichen Mitteln beizulegen, nur einige Beispiele für die Dichotomie der Organisation;

und diese Dichotomie kann man einfach als die von Realismus und Hoffnung definieren. Die Organisation schien bestens in der Realität der Macht verwurzelt, während sie zugleich nach einem höheren Maß von Fairness strebte, als jeweils möglich war. Man könnte sagen, die Organisation war gut in der Vergangenheit verwurzelt, hatte aber eine Vision für die Zukunft.

Ihren Mitgliedern, die natürlich die Nationalstaaten sind und bleiben, hat die Organisation noch immer sehr viel zu bieten. Es ist gut möglich, dass wir ihr Potenzial noch nicht voll ausgeschöpft haben. Denen gegenüber, die behaupten, die Vereinten Nationen seien nichts weiter als die Summe ihrer Mitglieder, erlauben wir uns anderer Meinung zu sein. Wir möchten vorschlagen, dass im Rahmen der Vereinten Nationen ein globaler Gesellschaftsvertrag vollzogen wird. Dieser globale Gesellschaftsvertrag basiert auf dem Bedürfnis einiger nach Legitimität und der Forderung anderer nach Partizipation an Entscheidungsprozessen. Beide Seiten weigern sich vielleicht, von ihrem Besitzstand etwas herzugeben, doch beide Seiten verfügen über eine der beiden Währungen: entweder die Fähigkeit, Legitimität zu gewähren, oder die Fähigkeit, Partizipation am Entscheidungsprozess einzuräumen.

Wie keine andere bietet die Organisation eine Plattform, durch die Legitimität sichergestellt werden kann. Grund dafür ist die Universalität, eines der Charakteristika der Vereinten Nationen. Dieselbe Universalität eröffnet allen die Möglichkeit – wenn auch in unterschiedlichem Maß –, Teil des kollektiven Entscheidungsprozesses zu sein. Im Lauf der letzten zehn Jahre konnten wir erleben, dass die Großmächte sich nicht an die Vereinten Nationen wenden,

um finanzielle oder militärische Unterstützung zu bekommen, sondern um sich die Aktionen legitimieren
zu lassen, die sie planen oder manchmal schon durchgeführt haben. Diese Art von Legitimität ist nicht absolut notwendig, doch selbst der zögerlichste Isola-
tionist wird einräumen, dass, vor die Wahl gestellt,   **203**
eine Legitimierung durch die Vereinten Nationen
weit vorteilhafter ist als eine Legitimierung durch
weniger bedeutende internationale Einrichtungen.

Zu Problemen kommt es natürlich dann, wenn der
Preis für diese Legitimierung bezahlt werden muss.
Der Preis ist die Beteiligung an den kollektiven Ent-
scheidungsfindungen, die zu solch einer Aktion führen. Das Ausmaß der Beteiligung ist vielleicht unterschiedlich, doch jede erfolgreiche, legitimierte internationale Aktion hat einen solchen Prozess durch-
laufen. Die Einschaltung der Organisation ist also
weniger eine Frage der Struktur, sondern eher eine
Frage des Wissens, wie man einen Vertrag zwischen
jenen vollzieht, die sich ihre Aktionen legitimieren
lassen wollen, und den anderen, die bereit sind, diese
Legitimität zuzugestehen, wenn sie dafür in bestimm-
tem Ausmaß am Entscheidungsprozess beteiligt werden. Das kann sowohl mittels eines sehr formalen
Prozesses als auch mittels eines informellen geschehen.

In der Realität können Legitimität und Partizipation nur mittels eines Kommunikationssystems ausgetauscht werden, eben eines Dialogs, der sich auf den
Respekt vor der Würde und den Stolz eines jeden am
Vertrag Beteiligten gründet. Im Kontext eines solchen Vertrags hat jeder Akteur etwas anzubieten,
weil in einer universellen Struktur jeder einen Beitrag
leisten und zumindest teilweise Legitimität verleihen
kann. Auf dieser Minimalebene erfordert ein Aus-

handeln von Legitimität und Partizipation die Kommunikation der beiden Seiten. Allein diese Konsultation könnte ein grundlegender Schritt sein, am Entscheidungsprozess beteiligt zu werden.

Die Erkenntnis, dass ein globaler Gesellschaftsvertrag im Rahmen der Vereinten Nationen vollzogen werden kann, könnte sowohl den großen wie den kleineren Mächten innerhalb der Weltgemeinschaft eine Neudefinition ihrer Beziehungen jenseits der ausschließlich auf Macht gestützten bieten. Zu verschiedenen Zeiten könnten unterschiedliche Länder Vorschläge für politisches Handeln oder Krisenbewältigung machen. Dies könnte auf unterschiedliche Interessen bei verschiedenen Themen oder einfach auf unterschiedliche Prioritäten zurückzuführen sein. Für alle, die zu einer gegebenen Zeit politisches Handeln oder Lösungen vorschlagen, gibt es andere, die einfach nur daran interessiert sind, an Entscheidungen beteiligt zu werden und die nicht Initiatoren dieser Politik oder dieser Lösungen sein wollen. Ein andermal könnten sich ihre Positionen umkehren. Es scheint daher angemessen, dass die, die Ideen und Lösungen unterbreiten, sich ihre Aktionen legitimieren lassen wollen. Dementsprechend wäre es vernünftig, dass in einer Welt zunehmender Interdependenz andere wünschen, sich in irgendeiner Form als Mitbeteiligte an kollektiven Entscheidungen betrachten zu können.

Entscheidungsprozesse als solche bleiben vielleicht noch immer die Sache von wenigen, doch diese Prozesse zu beeinflussen ist heute leichter als noch vor zehn Jahren. Ob nun die, die ihre Entscheidungen legitimiert sehen wollen, bereit sind, die Partizipation an jenen Prozessen zuzugestehen oder nicht, sie werden mehr denn je von anderen beeinflusst. Dieser

Einfluss kann indirekt, informell und unstrukturiert sein, doch die Machtstreuung, wie sie die Globalisierung mit sich bringt, eröffnet Möglichkeiten, auf den Entscheidungsprozess einzuwirken. Die Vereinten Nationen bieten einfach nur den organisatorischen Rahmen, in dem das geschehen kann.

Einige in den letzten zehn Jahren getroffene Vereinbarungen, die darauf abzielten, Konflikte zu lösen, waren durch ein hohes Maß von Kompromissen charakterisiert, die, wie manche behaupten würden, die Gerechtigkeit dem »Frieden« opferten. Vom Balkan bis zum Nahen Osten konnten solche Vereinbarungen nur zu jenem Zeitpunkt, Mitte der Neunziger, erreicht werden, als die Möglichkeiten, die Mächtigen zu beeinflussen, schwächer ausgeprägt waren als heute. Es ist sehr fraglich, ob man im Jahr 2002 das wiederholen könnte, was damals an »Friedensvereinbarungen« erreicht wurde; es könnte sein, dass wir inzwischen weiter sind. Kein Wunder, dass jene Vereinbarungen, die nicht rasch implementiert wurden, wahrscheinlich nie mehr implementiert werden. Die Forderung nach Partizipation oder zumindest die Fähigkeit, die traditionellen Machtinhaber zu beeinflussen, wird täglich stärker.

Kann es Frieden ohne Gerechtigkeit geben? Noch vor zehn Jahren und früher wäre die allgemeine Ansicht gewesen, dass Gerechtigkeit nicht so einfach zu haben ist, dass Frieden im Sinne von Stabilität aber der Sicherung wert sei. Die letzten Jahre haben diese Sichtweise vielleicht verändert. Es gibt noch immer ein Ungleichgewicht zwischen Macht und Stärke, doch eine Machtpolitik, die zu ethisch dubiosen Kompromissen führt, ist heute schwerer durchzusetzen. Wir stehen möglicherweise am Beginn einer Ära, in der viele erkennen und akzeptieren, dass Gerechtigkeit nicht immer möglich ist, aber darauf insistieren, dass es wenigstens Hoffnung auf Gerechtigkeit geben muss, wenn Frieden erreicht werden soll. Die Machtstreuung und die jeder Regierung gesetzten Grenzen der Macht haben einige ermutigt, Ziele zu verfolgen, die noch vor einem Jahrzehnt unmöglich erschienen.

Während des Kalten Kriegs waren internationale Lösungen auf der Basis von Kompromissen an der Tagesordnung. Die Kompromisse der Neunziger waren größtenteils der Realität des Eine-Supermacht-Systems zu verdanken, wobei der Schock, den dies auslöste, verdaut scheint. Der Mythos von der Unbesiegbarkeit irgendeiner Macht dürfte vorbei sein. Die Verlangsamung des Wirtschaftswachstums, die Anfang des Jahres 2000 in drei Wirtschaftszonen der nördlichen Hemisphäre gleichzeitig einsetzte und die vielleicht beunruhigender ist, als viele zugeben wollen, rückt den Mythos einer siegreichen Kultur und die Illusion einer Theorie vom Ende der Wirtschaftszyklen in ein anderes Licht. Nichts jedoch illustriert dramatischer das Ende des »Mythos der Unbesiegbarkeit« als die Ereignisse des 11. September 2001 in New York und Washington, DC. Die Geschichte ist nicht zu Ende, doch was gestern unvermeidlich schien, ist es wohl nicht länger. Möglicherweise erleben wir sogar eine Revision isolationistischer Tendenzen. Der globale Gesellschaftsvertrag zwischen Legitimität und Partizipation ist in seiner wahren Form vielleicht nicht nur möglich, sondern wird auch für viele im Rahmen der Vereinten Nationen wünschenswert erscheinen. Vielleicht repräsentiert er die letzte Verteidigungslinie des belagerten Nationalstaats: ein Vertrag, der die Solidarität zwischen den Nationalstaaten, wenn nicht zwischen den Völkern stärkt. Schließlich sind heutzutage viele besorgt, dass individuelle Nationalstaaten sich verhalten, als gäbe es die anderen nicht, als wären sie nicht Teil eines Systems mit einem Korpus von Regeln. Anders ausgedrückt: dieses Syndrom, »über dem Gesetz« oder »außerhalb des Gesetzes« zu stehen, wird möglicherweise als die größte Herausforderung erachtet.

In dieser Hinsicht könnte man argumentieren, dass die Vereinten Nationen, wenn sie zu dem Ort werden, an dem ein globaler Gesellschaftsvertrag zwischen Legitimität und Partizipation ausgehandelt wird, noch effizienter werden sollten. Die Notwendigkeit eines solchen Vertrages liegt zunehmend auf der Hand, da Macht allein nicht länger zu Frieden führen kann. *De facto* mag der Nationalstaat in den engen Grenzen der Organisation der Vereinten Nationen ein komfortableres Umfeld für seine Entscheidungsprozesse vorfinden als in der realen Welt, wo neue, ungewählte, unberechenbare und unstrukturierte Akteure sich bereits mit ihrer Fähigkeit einen Namen gemacht haben, Entscheidungsprozesse in globalem Maßstab zu beeinflussen. So mögen es die Nationalstaaten schließlich zumindest für die kommenden Jahre ganz praktisch finden, zu einer Einigung innerhalb der Grenzen einer Organisation wie den Vereinten Nationen, die von ihnen monopolisiert ist, zu kommen.

Um zusammenzufassen: Wir können das Weltorgan als einen Ort betrachten, an dem Partizipation und Legitimität als die zwei Aktivposten gehandelt werden. Unserer Ansicht nach bedeutet ein Dialog, der über Worte hinausgeht, die Idee zu akzeptieren, dass die, die ihr Handeln legitimieren lassen wollen, bereit sind, dafür die Beteiligung an Entscheidungsprozessen anzubieten; und die, die an Entscheidungs-

prozessen beteiligt werden wollen, müssen bereit
sein, ihre Legitimierung anzubieten.

Glaubwürdigkeit

208 Die Universalität der Vereinten Nationen und die
Vielfalt ihrer Mitglieder bilden die Basis der Spannungen zwischen gemeinsamen Werten und Identität.
Einige betrachten gemeinsame Werte und Identität
als miteinander nicht vereinbar; andere sehen einen
ständigen Kampf zwischen den beiden. Das Funktionieren der Organisation hat unter den unterschiedlichen Sichtweisen dieser schlichten Tatsache gelitten.
Gegen gemeinsame Werte zu sein, um die eigene
Identität zu schützen, ist ein ziemlich defensiver Ansatz, der Unsicherheit gerade hinsichtlich jener Identität offenbart. Die Originalität der eigenen Identität
kommt nicht in Isolation zur Geltung, sondern nur in
Verbindung mit anderen. Gemeinsame Werte anzuer-
kennen vermindert nicht die eigene Identität; wir
glauben vielmehr, dass in einem Umfeld gemeinsamer
Werte die Identität durchaus Bestand haben kann.
Ebenso wie der Isolationismus kein Prüfstein für die
eigenen Fähigkeiten und Qualitäten sein kann, weil
es dann keine Vergleichsmöglichkeiten zur Bemes-
sung dieser Qualitäten und Fähigkeiten gibt, kann
die Identität im Kontext gemeinsamer Werte besser
eingeschätzt werden.

Die der Organisation beigetretenen Mitglieder gehen von einem gemeinsamen Nenner aus, der so
grundlegend ist wie die Charta der Vereinten Nationen und so umfassend wie die Zahl von Bündnissen
und Abkommen, die die Mitglieder seit Gründung
ausgehandelt haben. Die Stärke der Vereinten Nationen beruht auf der Tatsache, dass sie gerade nicht

eine den Regierungen übergeordnete Organisation ist und auch nicht versucht, zu einer Art Weltregierung zu werden.

Durch ihre ganze Geschichte hindurch ist die Organisation gegenüber der Macht immer sehr sensibel und reizbar gewesen; sie hat gehofft, dass das Völkerrecht im gleichen Maß auf alle angewendet werden wird; und doch hat sie gelegentlich mit zweierlei Maß gemessen. Das Klima des Kalten Krieges war natürlich für diese Haltung in besonderem Maß verantwortlich. Doch der Kalte Krieg war zugleich auch der Ursprung eines anderen Banners, das die Organisation zu lange hochgehalten hat: »Unparteilichkeit.« Begonnen als kaum bewusst gemachter Versuch, den Vereinten Nationen während des Kalten Kriegs einen Raum zwischen Ost und West zuzuweisen, brachte sie die Organisation auf das Abstellgleis der Handlungsunfähigkeit und in den schlimmsten Fällen in die Situation, nicht mehr respektiert zu werden, was mit Bedeutungslosigkeit gleichzusetzen war. »Unparteilichkeit« im Sinn von »geometrisch gleichen Abstand haltend«, »chemisch neutral« und »bequemerweise inaktiv« wurde von Praktikern und Regierungen in den Rang eines Mythos erhoben – wohl wollend natürlich, aber vielleicht der Tatsache nicht bewusst, dass der Ausdruck rasch zu einem Werkzeug derer wurde, die die Vereinten Nationen lähmen oder neutralisieren wollten, und nicht der anderen, die ihnen Spielraum zum Manövrieren geben wollten.

In anderen Fällen war »Unparteilichkeit« unnötig, weil eine Entscheidung entweder schon aufgrund der Charta der Vereinten Nationen gefallen war oder aufgrund der Bündnisse und normativen Texte, die das Handeln der Institution und ihrer Mittler leiten sollen. Und es gab noch weitere Fälle, bei denen nicht das geltende Recht, sondern schon die Ethik die »Unparteilichkeit«, selbst wenn verlangt, hätte ausschließen müssen. Und zu guter Letzt waren viele Konfliktparteien zu gewitzt, um wirklich an Unparteilichkeit zu glauben oder sie in einigen Fällen zu fordern. Das war die Realität, wie sie jedem, der an harten und realen Verhandlungen teilnahm, wohl bekannt ist, vielleicht aber nicht den Theoretikern. Unglücklicherweise lebte der Mythos fort, was der Institution nicht zum Vorteil geriet.

Fairness und Gleichbehandlung waren und sind die positiven Bedeutungsinhalte von »Unparteilichkeit«; einige interpretierten den Begriff jedoch fälschlicherweise als Unfähigkeit, Stellung zu beziehen und damit eine Entscheidung zu treffen. Die Angst, Stellung zu beziehen, war groß und während des Kalten Kriegs verständlich. Zum großen Teil war sie die Folge davon, dass eben kein Dialog stattfand, viele sogar vor Worten Angst hatten, die Semantik die Substanz ersetzte und die Wahrheit für gefährlich gehalten wurde. Sie rührte aus einer Zeit und aus Verhältnissen her, wo Nichtübereinstimmung notwendigerweise zu Unfairness führte, was heißen soll, dass einen anderen Standpunkt zu haben einen dazu brachte, ungerecht zu agieren. Und sie rührte – um auf den Kern unserer Überlegungen zu kommen – aus einer Zeit und Verhältnissen her, da wir Vielfalt als Bedrohung wahrnahmen. »Unparteilichkeit« war eine Zielvorgabe, die man als beinahe wissenschaftlich zu bestimmen ansah und die keinerlei selektive Kapazität erforderte und damit auch keine individuelle Entscheidung.

Es ist vielleicht interessant sich zu erinnern, dass der Begriff, als er in Umlauf kam, sogar die Konnotation einer Nationalität mit sich zu bringen schien: Skandinavier und vor allem Schweden waren »unparteilich«. Damals war das ein verständlicher und praktikabler Ansatz, aber er basierte auf der Überzeugung, dass Meinungsverschiedenheiten zu Unfairness führen und dass die, die in einem Disput weder die Meinung der einen noch der anderen Seite teilen, folglich »unparteilich« sind. Es wurde größerer Wert auf die Fähigkeit gelegt, keinen Kommentar zugunsten der einen oder anderen Seite abzugeben als auf das Einhalten der Prinzipien, in denen Fairness und Gerechtigkeit verankert sind. Um es noch unverblümter auszudrücken und damit der Wahrheit noch näher zu kommen: »Unparteilichkeit« bedeutete im Kontext der Vereinten Nationen zu lange, sich bloß kein Veto der einen oder der anderen Großmacht einzuhandeln – was kaum ein Synonym für Fairness ist. Doch man muss verstehen, dass dieses Konzept sich in einer Zeit entwickelte, als es schwierig war, Fakten so zu definieren, wie sie waren, denn Worte waren gefährlich, und semantische Spitzfindigkeiten dominierten. Wer am Wahrheitsgehalt dieses Arguments zweifelt, dem reicht es vielleicht zu wissen, dass die ersten Generalsekretäre und wichtigen Unterhändler in den allermeisten Fällen aus nördlichen Ländern gewählt wurden.

Die einzige Qualität, die sowohl für die Institution als auch für die Individuen notwendig war und ist, hat nichts mit »Unparteilichkeit« zu tun, sondern mit Glaubwürdigkeit. Glaubwürdigkeit hat eine viel stärker operative Konnotation, eine viel praktischere, ist viel fruchtbarer und ergebnisorientierter. Gerade die Mehrdeutigkeit von »Unparteilichkeit« oder die unterschiedlichen Interpretationen des Begriffs sprechen dafür, stattdessen den Ausdruck »Glaubwürdigkeit« vorzuziehen. Wir verstehen natürlich, dass Glaubwürdigkeit – sowohl auf individueller als auch auf institutioneller Ebene – vielen zu kostspielig erscheint. Und doch ist sie vielleicht die effizienteste Weise, um das wahre Bild der Vereinten Nationen als fairer Institution zu verbreiten.

Im Kontext der Vereinten Nationen könnte Dialog daher bedeuten: weniger Mehrdeutigkeit, mehr Offenheit, mehr Wahrhaftigkeit und dementsprechend mehr Glaubwürdigkeit. Doch ist solche institutionelle Glaubwürdigkeit ohne individuelle Glaubwürdigkeit zu haben? Von Institutionen getroffene kollektive Entscheidungen werden letzten Endes von Individuen in die Praxis umgesetzt. Glaubwürdigkeit – in dem Sinn, dass man sein eigenes Wort hält – ist sicherlich nützlicher als Unparteilichkeit, wie auch immer definiert. In dieser Hinsicht haben Entscheidungen der Institution, die »unparteilich« schienen, aber nicht implementiert werden konnten, der Organisation und ihrer Glaubwürdigkeit vielleicht Schaden zugefügt. Im Kontext unserer Überlegungen ist die Doppelmoral insofern signifikant, als sie Folge von Arroganz und der Unfähigkeit zuzuhören ist. Der Haupteffekt der Doppelmoral auf die Organisation besteht hauptsächlich in der Beschädigung ihrer Glaubwürdigkeit. In heutiger Zeit wird Glaubwürdigkeit sogar noch wichtiger, da die Organisation sich nicht nur dem Urteil ihrer Mitglieder stellen muss, sondern auch der Meinungsbildung großer Teile der Zivilgesellschaft, die in der Lage ist, ihre Stimmen in immer größerem Umfang zu Gehör zu bringen. Wenn die Organisation bis gestern sich richtigerweise um die Meinung ihrer Mitglieder sorgte, sieht es jetzt so aus, dass sie sich in der Zukunft gleichermaßen um die Beurteilung kümmern muss, zu der diverse Bevölkerungsteile der verschiedenen Länder kommen.

Es ist keine Frage, dass die Vereinten Nationen, und vor allem ihr Generalsekretär, in den letzten Jahren Beziehungen zu unterschiedlichen Klientelen über die Mitgliedstaaten hinaus gepflegt haben. Diese Klientelen haben vielleicht kein Wahlrecht und schon gar keine militärische Macht, die sie in unterschiedlichen Weltgegenden ausüben könnten, doch sie sind in zunehmenden Maß in der Lage, die Neugestaltung der Welt zu beeinflussen. Die Frage lautet: Welche Beziehung lässt sich, wenn überhaupt, zwischen der Organisation und dieser neuen Art von nichtstrukturierten Stimmen herstellen? Gerade in diesem Fall könnte der Ansatz des Dialogs am besten geeignet sein. Es könnte sogar für die Organisation oder für die Nichtregierungs-Akteure, die die neue Klientel der Organisation darstellen, die einzige Möglichkeit sein. Sicherlich werden letztere nicht so empfänglich für die Feinheiten der Diplomatie und für die subtile Sprache der »Unparteilichkeit« sein. Als Gegenleistung für ihren Einsatz für menschliche Solidarität, der die einzige Vorbedingung ist, die die Organisation legitimerweise von ihnen fordern kann, werden sie Glaubwürdigkeit verlangen.

Die Kriegsverbrechertribunale der letzten Jahre repräsentieren in der Entwicklung der internationalen Gesellschaft einen qualitativen Schritt nach vorn. Wir erkennen an, dass sie die Folge des politischen Willens einiger waren, die auf die politischen Bedürfnisse der Zeitläufe reagierten. Auch könnte ihre Arbeit das Ergebnis ethisch zweifelhafter Kompromisse sein. All dies kann jedoch nicht von der Tatsache ablenken, dass sie, wie die Vereinten Nationen selbst, ernsthaft in der politischen Realität verwurzelt sind, während sie gleichzeitig auch das Potenzial für ein höheres Niveau von Gerechtigkeit und Fairness auf internationaler Ebene bieten – und das Verlangen danach zum Ausdruck bringen. Bei ihrer Einrichtung spekulierten viele, dass diese neue Institution den Abschluss in Aussicht stehender Friedensvereinbarungen behindern könnte, weil es so aussah, als würde der Gerechtigkeit auf Kosten des »Friedens« der Vorzug gegeben. Andere beeilten sich, die Ineffektivität dieser neu geschaffenen Einrichtungen zu kritisieren, denn sie kamen nicht so schnell voran, wie man es sich der Theorie nach gewünscht hätte. Mit der Zeit haben sich beide Einschätzungen als falsch erwiesen. Immer mehr Angeklagte wurden vor diesen Tribunalen der Gerechtigkeit zugeführt; und das Tempo scheint sich in der Tat zu beschleunigen. Wichtiger noch ist, dass die Stimmen immer leiser werden, die sich für Kompromisse um jeden Preis stark machten, selbst auf Kosten der Gerechtigkeit.

In der Tat entstanden die Tribunale dank einer Geisteshaltung, die den Mut hat, Entscheidungen zu fällen und zu glauben, dass die Hoffnung auf Gerechtigkeit, wenn nicht die Gerechtigkeit selbst, ein unverzichtbarer Bestandteil dessen ist, was wir Frieden nennen. Wir sind uns bewusst, dass diese Tribunale – im idealistischen Sinn – nicht perfekt sind. In einigen Fällen sind sie noch immer dem Sicherheitsrat untergeordnet, doch sie haben nichtsdestotrotz bereits den Zweck erfüllt, die kollektiven Wünsche und Hoffnungen von Menschen über viele Grenzen hinweg anzusprechen. Wir glauben, dass es richtig ist, diese Entwicklungen in positiver und, wie einige sagen würden, idealistischer Weise zu sehen, denn dies lässt Hoffnung keimen. Es beweist, dass wir erreichen können, was früheren Generationen nicht gelang; und darüber hinaus zeigt es, dass die Institution der Vereinten Nationen anpassungsfähig und flexibel genug ist, ihrer Zeit voraus und nicht die Nachhut zu sein.

Von 1945 bis 1960 wurde das kollektive Bild, das man sich von den Vereinten Nationen machte, mit dem Wort »Neutralität« zum Ausdruck gebracht. In den folgenden Jahren, ja, Jahrzehnten, wurde dieser gegen den Begriff »Unparteilichkeit« ausgetauscht. Vielleicht ist die Zeit reif, einen Schritt weiter zu gehen und den Mut zu haben, ihn durch »Glaubwürdigkeit« zu ersetzen. Wenn »Neutralität« bildlich den Respekt vor unterschiedlichen Meinungen ohne daraus folgendes Handeln zum Ausdruck brachte und »Unparteilichkeit« die Gleichbehandlung innerhalb der vom Veto gesetzten Grenzen, ist dann »Glaubwürdigkeit« nicht ein besserer Ausdruck, um das Bild von mit Verantwortung gepaarter Fairness zu vermitteln? Die Organisation, ihre Mitglieder, ihre Fürsprecher und ihre Praktiker müssen vielleicht den Mut aufbringen, nach noch Höherem zu streben und den Begriff »Fairness« über alle anderen stellen, egal um welchen Preis.

Versöhnung

Versöhnung ist die höchste Form des Dialogs. Sie verlangt die Fähigkeit zuzuhören, die Fähigkeit, nicht nur zu überzeugen, sondern sich auch überzeugen zu lassen, und vor allem die Fähigkeit zu vergeben. Seinem Wesen nach geht es um einen Dialog als Fundament für die Zukunft, nicht um einen Dialog als Abrechnung mit der Vergangenheit. Um dieses Niveau des Dialogs zu erreichen, ist es wohl nötig, Vielfalt als Aktivposten zu sehen, den Feind neu zu bewerten, persönliche Verantwortlichkeit zu empfinden und sich zugehörig zu fühlen. Die gute Nachricht lautet, dass es, obwohl es auf der Ebene globaler Beziehung unmöglich scheint, nicht nur in vielen individuellen Fällen, sondern auch auf der Ebene von Gemein-

schaften zu Versöhnung gekommen ist. Sie ist also möglich, und zwar nicht nur, weil sie als Vision um-reißbar ist, sondern weil sie in einigen Gegenden der Welt bereits Realität ist.

Nach einer repressiven Herrschaft oder einem Bür-gerkrieg Rechenschaft abzulegen, ist eine Möglich-keit, nach Gerechtigkeit zu streben: keine rächende Gerechtigkeit, sondern eine rekonstruierende, keine, die uns zwingt, in der Vergangenheit zu leben, son-dern eine, die uns eben davon befreit und sicherstellt, dass sie sich nicht wiederholt. Versöhnung ist ein notwendiger Schritt in Richtung einer besseren Ge-sellschaft und besserer Individuen. Ja, sie ist ein qua-litativer Schritt nach vorn in der langen Entwicklung unseres Menschseins. Wir haben bereits gesehen, dass Versöhnung – manche sprechen auch von »Auf-arbeitung der Vergangenheit« – in verschiedenen Weltgegenden unterschiedliche Formen angenommen hat. Die Südafrikanische Wahrheits- und Versöh-nungskommission ist bis heute wahrscheinlich das erfolgreichste Beispiel. In anderen Fällen sind ver-schiedene Tribunale mit eher gemischten Ergebnissen durchgeführt worden. In wieder anderen wurde nichts unternommen, und dennoch haben Gesell-schaften wieder zu einem Gemeinschaftsleben gefun-den, ohne Femegerichte abzuhalten oder alte Rech-nungen zu begleichen. Obwohl sich strukturell nichts änderte, ist der Fall des Libanon momentan ein Bei-spiel für diese letztgenannte Form.

Das Schwierige bei der Versöhnung ist, dass sie

sich nicht ausschließlich auf der institutionellen Ebene abspielen kann. Zwar müssen Institutionen und
Organisationen und diverse Instrumente eingesetzt
werden, damit es dazu kommen kann, doch zu einer
wirklichen Versöhnung gehört viel mehr. Sie stellt
nicht nur für Institutionen, sondern auch für Völker   **217**
und Individuen eine Herausforderung dar. Wie soll
die Gesellschaft auf die politische Gewalt der Vergangenheit reagieren und verhindern, dass es wieder
dazu kommt? Wie kann man Täter für ihre Verbrechen zur Rechenschaft ziehen und welche Wiedergut-
machung soll den Opfern geleistet werden? Die Antworten auf solche Fragen müssen sowohl dem Herzen als auch dem Verstand der Individuen genügen
können. Denn nur wenn das geschieht, werden sich
Verhaltensmuster ändern und, was am wichtigsten
ist, wird sich das Leben nicht mehr in der Vergangenheit abspielen, sondern in der Gegenwart. Die Aufarbeitung der Vergangenheit erfordert daher einen ge-
samtgesellschaftlichen Ansatz. In diesem Sinn wird
der Unterschied zwischen Völkern und Institutionen,
zwischen Individuen und Anführern sehr fließend,
denn jeder muss sich auf einer mehr als nur ober-
flächlichen Ebene einbringen.

Das ist für jede Gesellschaft eine kolossale Aufgabe; noch größer ist sie, wenn sie auf globaler Ebene
durchgeführt werden muss; diese Aufgabe ist umso
schwieriger, als sie die Fähigkeit traditioneller Institutionen übersteigt. Das Ziel einer Versöhnung nach
repressiver Herrschaft oder Bürgerkrieg wird nicht
einfach mittels der Rationalität erreicht, die einen integralen Bestandteil traditioneller Institutionen darstellt. Es kann die »emotionslose« Effizienz von Regeln und Gesetzen übersteigen, die wir uns richtigerweise gegeben haben. Man muss dafür also nicht nur

den Verstand, sondern auch Herz und Seele derjenigen erreichen, die Versöhnung anbieten, und derjenigen, die um Versöhnung bitten. Haben unsere Institutionen die Fähigkeit, an Herz und Seele jener zu appellieren, die den ersten Schritt in Richtung Versöhnung machen müssen?

Zweihundert Jahre lang haben sich unsere Institutionen darauf konzentriert, sich von der Irrationalität menschlicher Emotionen und der Unvorhersehbarkeit menschlicher Launen zu lösen. Die Gründe dafür waren verständlich, gerechtfertigt und richtig. Zwei Jahrhunderte nach der Schaffung eben dieser Institutionen und des Versuchs, ein Rechtssystem auf der Basis von Gleichheit zu etablieren, in dem niemand über dem Gesetz steht, in dem Emotionen keinen Platz haben, sondern der nüchterne Verstand herrscht, sind wir jedoch mit der Notwendigkeit konfrontiert, nicht nur an den Verstand, sondern auch an Herz und Seele von Individuen zu appellieren. Diese Herzen und Seelen sind von den Institutionen weit abgerückt, denn man hat sie auf Abstand gehalten, als könnten sie die Rationalität der institutionellen Organisation verunreinigen. Wenn wir Gerechtigkeit suchen, wenn wir Versöhnung anstreben, dann entdecken wir möglicherweise, dass wir über den Verstand hinausgehen müssen. Sind unsere Institutionen darauf vorbereitet?

Aufarbeitung der Vergangenheit und Versöhnung erreicht man nicht nur mittels der Rationalität des Völkerrechts und der Logik der fast mathematischen Methoden der kollektiven Entscheidungsfindung, die unsere Institutionen zu etablieren versucht haben. Tatsächlich könnte es sich lohnen zu fragen, ob Versöhnung ein Kind der mythischen »blinden Justitia« sein kann. Denn Versöhnung ist ein Schritt über Ge-

rechtigkeit hinaus. Sie fordert ein Maß von Vergebung, das höchstwahrscheinlich nur die besten unter
uns je erreichen können. In ihrer letztgültigen Form
ist Versöhnung ein weit entferntes Ziel, eine Hoffnung und ein Ideal, das global nur erreicht werden
könnte, wenn jeder von uns individuell über sich hin-
auswüchse und eine Ebene jenseits von Gerechtigkeit
und Hoffnung auf Gerechtigkeit erreichte, über die
Gerechtigkeit hinaus zur Vergebung gelangte. Das ist
ein sehr hoher Anspruch; viele von uns haben vielleicht nicht den Mut oder die Kraft, sich auch nur in
diese Richtung zu bewegen. Wie viele Gesellschaften
sinnen noch immer auf Rache, weil sie der Illusion
verfallen sind, dass diese etwas mit Stärke oder Ehre
zu tun hat? Wie viele Menschen haben noch immer
das Bedürfnis, ihren Kindern den Hass weiterzugeben, den sie selbst hegen? Unglücklicherweise lautet
die Antwort: zu viele. Daher ist es kein Wunder, dass
Institutionen vielleicht von ihrer Struktur her nicht
dafür ausgerüstet und, schlimmer noch, vielleicht
nicht interessiert sind, Versöhnung herbeizuführen,
weil sie schlicht und einfach als ein unmöglich zu er-
füllender Traum erscheinen mag. Doch instinktiv
wissen wir alle, dass Versöhnung der Weg ist, den wir
einschlagen müssen. Das in Abrede zu stellen, würde
uns, ohne dass wir das merken, in die entgegengesetzte Richtung führen: in den ständigen Hass, wenn
nicht gar in den ständigen Krieg.

Die Schwierigkeiten eines Versöhnungsprozesses
kennt Alex Boraine, einer der Architekten der Süd-
afrikanischen Wahrheits- und Versöhnungskommission, aus erster Hand. Er schreibt:

»Bei der Entscheidung für oder gegen eine Aufarbeitung der Vergangenheit überlagern gesellschaftspo-
litische Faktoren moralische und juristische Überlegungen. Je stärker der Wille, die Gewalt zu beenden, und je mehr die friedliche Koexistenz das
erklärte Ziel der Aufarbeitung ist, desto engere
politische Grenzen sind der Übergangsregierung
gesetzt.

Die billigste Antwort auf die unbequeme, be-
schwerliche Aufgabe, die Südafrikas neuer Führung
gestellt ist, wäre Amnesie in Form einer General-
amnestie gewesen. Ewiger Dank gebührt allen Beteiligten, dass dies nicht passiert ist, sondern ein Prozess in Gang gesetzt wurde, der Schuld zu bekennen
und Rechenschaft abzulegen ermöglichte. Zugleich
behielt dieser Prozess die Opfer und die Überleben-
den eher im Blick als die Täter. Auf die neue Regierung wartete – in den Worten der Interimsverfas-
sung von 1993 – die Herausforderung, ›... eine
Brücke zwischen der Vergangenheit einer zutiefst
zerrissenen, von Kämpfen, Konflikten und unendlich
viel Leid und Ungerechtigkeit gezeichneten Gesellschaft und einer Zukunft [zu bauen], die sich auf
Menschenrechte, Demokratie und friedliche Koexistenz gründet‹. Diese Brücke hieß Einheit und Versöhnung: Einheit statt Spaltung, Versöhnung statt
Vergeltung, Wahrheit statt Lügen, Gerechtigkeit
statt Straffreiheit. Dahinter stand die Hoffnung,
dass die Brücke der Einheit und Versöhnung zur
Konsolidierung der Demokratie und zu einer Kultur
der Menschenrechte führt.«

Alex Boraine, *A Country Unmasked*, 2000

Die Realität der gleich großen Verwundbarkeit hat
zahlreiche Mythen unserer modernen Ära zerschla-
gen: erstens und vor allem den Mythos der Unbesiegbarkeit, von wem auch immer, zweitens den Mythos

des *splendid isolationism*, drittens den Mythos der Überlegenheit einer Rasse über eine andere, viertens den Mythos der Kontrolle des Wissens und fünftens den Mythos, dass wir immer Recht haben und die anderen immer Unrecht. Und so macht die Goldene Regel, wo immer diese Mythen in sich zusammenfallen, im öffentlichen wie im Privatleben auf höchst effiziente und glaubwürdige Weise immer raschere Fortschritte. Angesichts wechselnder themenorientierter Bündnisse finden wir uns selbst vielleicht ein anderes Mal als verwundbare »Minderheit« wieder, als leichtes Opfer von Diskriminierung, Aggression oder Ungerechtigkeit. Die Angst, ungerecht behandelt zu werden, hat bei vielen den wiedergewonnenen Sinn für menschliche Solidarität ausgelöst. Menschliche Solidarität überschreitet Grenzen. Die Leichtigkeit moderner Kommunikation kann die menschliche Solidarität über Gräben hinweg stärken, egal wie tief die Kluft ist.

Versöhnung ist wohl kein Prozess, der jemandem von oben befohlen oder aufgezwungen werden kann, und erfolgreich wird dieser Prozess nur sein, wenn er sich an der Basis vollzieht. Er funktioniert allerdings dort besser, wo Herz und Seele von Individuen durch die Stimme mutiger Führerpersönlichkeiten dafür gewonnen wurden. Versöhnung ist weit davon entfernt, notwendigerweise nur das Ergebnis einer Massenbewegung sein zu können; sie braucht anscheinend das Charisma prinzipiengeleiteter gesellschaftlicher Führungspersönlichkeiten, die in einigen Fällen das Risiko eingehen, für ihre Überzeugungen sogar ihr Leben zu opfern. Die Mordanschläge auf Menschen, die versuchten, Gräben zu überbrücken, die Hass zu überwinden trachteten, waren und sind nicht einfach die Ermordung einer Person gewesen, sondern sie zerstörten die Hoffnungen von so vielen auf so viele Jahre. Wir wurden in den vergangenen zehn Jahren Zeugen von Fällen, wo das geschah, und wir haben erlebt, wie der Mord an solchen Persönlichkeiten die Geschichte zurückwarf; und zwar in einigen Fällen

so weit, dass wir nicht absehen können, wie sich die Richtung wieder ändern soll. Versöhnung – und damit die Weigerung zu glauben, dass Rache gleich Gerechtigkeit sei – könnte sich als entscheidender Punkt einer Gesellschaftsethik erweisen, die im umfassenden Sinn erst noch geschaffen werden muss. Beispiele in Südafrika, Südostasien, Europa und Südamerika haben uns im Lauf der letzten zehn Jahre auf verschiedene Weise und in unterschiedlichem Ausmaß hervorragende Führerpersönlichkeiten vor Augen geführt, die den Weg der Versöhnung gegangen sind, in einigen Fällen mit großem Erfolg, in anderen Fällen nur, um selbst den Tod zu finden.

Wenn wir über unsere jüngere Weltgeschichte nachdenken, stimmt die Stille traurig, die manchmal diejenigen umgibt, die über die Ethik der Gewalt gegen Gewalt, des Tötens gegen das Töten, des Blutvergießens gegen das Blutvergießen hinausgehen wollten und das auch taten. Wie ein Stern, der am dunklen Nachthimmel aufgeht, hat die Versöhnung der Menschheit neue Perspektiven aufgezeigt; genauso haben jene, die ihr Volk in die entgegengesetzte Richtung führten, uns alle in unserer gesellschaftlichen Entwicklung um Jahrtausende zurückgeworfen. Sie sind noch immer unter uns, noch immer behindern sie uns, und sie besetzen in der Gesellschaft von einfachen Soldaten bis zu Regierungschefs unterschiedliche Positionen. Sie sind unfähig zu verstehen, dass es den größten Mut erfordert, den nicht zu töten, der jenseits des Grabens steht, sondern nach einer anderen Möglichkeit zu suchen – einer, die wir vielleicht noch nie zuvor ausprobiert haben, die wir vielleicht noch nicht entdeckt haben. Hinter dem so genannten »Mut« der »Macht« versteckt sich eindeutig eine Schwäche des Geistes. Versöhnung beweist wirklichen Mut, auch wenn dies vielleicht nur für wenige gilt; doch es besteht kaum Zweifel, dass diese wenigen die neuen Führer sein werden, die neue Avantgarde, die neue Elite, die neuen Helden in der Geschichte eines neuen Weltethos.

Zur Versöhnung scheinen zwei Aspekte zu gehören: Sie muss der Hoffnung auf Gerechtigkeit genügen, und doch muss sie über bloße Gerechtigkeit hinausgehen. Beide Aspekte erfordern Vernunft, Spiritualität und die Stärke, der Erste zu sein, der die Richtung ändert. Anders ausgedrückt: Versöhnung ist ein Zeichen des Neuanfangs und kann daher nicht von jenen erreicht werden, die nur zu Boden schauen oder nur wiederholen können, was andere sagen. Versöhnung können nur die erreichen, die bereit sind, als Erste die Richtung zu ändern und erhobenen Hauptes in die Zukunft zu blicken.

Versöhnung bedeutet, die Dinge zu verwerfen, wie sie waren, ebenso wie das Versagen und den Hass anderer. Versöhnung ist ein Aufschrei, der lautet: »Wir werden uns nicht von all dem anstecken lassen!« Sie erfordert der Wahrheit ins Gesicht zu sehen. Viele Praktiker der internationalen Bühne mögen glauben, dass der Wahrheit ins Gesicht zu sehen und keine Angst vor ihr zu haben möglicherweise die Fähigkeit zahlreicher so genannter Führer übersteigt; und doch haben viele begonnen, genau das zu tun. Die Wahrheit hinter den Worten herauszufordern war das wichtigste Moment der erfolgreichen Fälle von Versöhnung, die wir im Verlauf der letzten paar Jahre miterleben durften. Versöhnung verlangt von uns, der Forderung nach Gerechtigkeit jenseits von Recht und jenseits von Institutionen ins Gesicht zu sehen – der Gerechtigkeit der Seele, der Gerechtigkeit des Herzens, jener Gerechtigkeit, von der wir alle wissen, dass sie irgendwo, in irgendeiner Dimension oder Zeit existieren muss. Versöhnung verlangt, dass wir uns dem Frieden stellen, und zwar dem inneren Frieden, dem Frieden mit uns selbst zuallererst. Wir werden keinen Frieden mit unserem Nachbarn schließen, wenn wir unfähig sind, Frieden mit uns selbst zu schließen, und zwar jeder für sich, gründlich und ehrlich. Versöhnung erfordert die unerklärliche und dennoch instinktive Akzeptanz des Dazugehörens, der Partnerschaft mit unseren Mitmenschen – einer Partnerschaft und geistigen Verbundenheit, die durch jene Fälle menschlicher Solidarität unter Beweis gestellt wird, die Eltern dazu bringt, das Leben eines Kindes aus Gefahr zu retten, ohne danach zu fragen, ob das Kind ihres ist oder das ihrer Feinde.

Versöhnung übersteigt vielleicht das Fassungsvermögen kleinkarierter Politiker, kleinmütiger Gestalten auf dem langen Weg der Geschichte, die vielleicht das Glück haben, vergessen zu werden, derer man sich aber im Interesse der Wahrheit des Schadens wegen, den sie der menschlichen Gesellschaft zufügten, besser erinnern sollte. Versöhnung ist nichts für Verzagte, sondern für die, die wissen, dass sie erst noch herausfinden müssen, wie man sie erreicht, und bereit sind, danach zu suchen. In jeder Gesellschaft, in jedem einzelnen Fall werden die Wege dorthin verschieden sein.

Versöhnung bringt uns vielleicht alle dazu, welcher Weg auch immer zu ihr führt, ein neues Weltethos zu entdecken und zu etablieren. Ein Weltethos für Insti-

tutionen und die Zivilgesellschaft, für Führer und ihre Gefolgsleute erfordert das Sehnen und Streben
  – nach Frieden,
  – nach Gerechtigkeit,
  – nach Partnerschaft,
  – nach Wahrheit.
Dies könnten die vier Säulen eines Systems des Weltethos sein, das der Versöhnungsprozess als neue Antwort auf den Teufelskreis endlosen Hasses mit sich
bringen wird. Kann uns Versöhnung den Weg weisen
und das Dilemma beantworten, ob die Natur des
Menschen unveränderlich ist oder verbessert werden
kann? Versöhnung ist mehr als nur ein politischer
Prozess, um die Fragen zu beantworten, die wir zu
Beginn dieser Seiten stellten. Sie ist mehr als nur eine
Antwort auf das Problem der Rechenschaft nach Re-
pression oder Bürgerkrieg.

»Die entscheidende Aufgabe besteht darin, von
Grund auf ein System universeller, von allen geteilter
moralischer Werte zu stärken, das es in wirklich globalem Maßstab unmöglich macht, die diversen
Regeln immer wieder mit mehr Einfallsreichtum zu
unterlaufen, als in ihre Erfindung eingeflossen ist.
Solche Werte werden den Regeln wahrhaft Gewicht
verleihen und ihnen im gesellschaftlichen Umfeld
natürlichen Respekt verschaffen. Was erwiesenerma-
ßen die Zukunft des Menschengeschlechts gefährdet,
sollte nicht nur strafbar sein, sondern zuerst und vor
allem als Schande gebrandmarkt werden. Das wird
kaum geschehen, solange wir alle nicht – bei uns
selbst – den Mut finden, eine Werteordnung substan-
ziell zu ändern beziehungsweise neu aufzubauen, die
wir bei all unserer Verschiedenheit gemeinsam willkommen heißen und gemeinsam respektieren können, und solange wir nicht diese Werte mit etwas ver-
knüpfen, das jenseits des Horizonts unserer unmittelbaren Eigen- oder Gruppeninteressen liegt.«

Václav Havel

»Eines ist klar: Zum allerersten Mal erfordert die
Verfolgung eines Menschheitsziels, nämlich der Versuch, zu einem Minimalkonsens miteinander geteilter
Wertvorstellungen, Verhaltensweisen und Moral zu
kommen, das gleiche Maß an Engagement und Beteiligung von Frauen und Männern.«

Mary Robinson,
Hochkommissarin für Menschenrechte
der Vereinten Nationen

»Indem es einen Ausgangspunkt formuliert, dem alle
zustimmen können, sollte das Weltethos dazu beitragen, dass wir die Spaltung zwischen Subjekt und
Objekt mit der Zeit überwinden. Es kann die Grundsätze aufnehmen, die allen religiösen Traditionen gemein sind, und die Essenz des menschlichen Glaubens
herausfiltern. Ein Weltethos sollte substantielle Glau-
benssätze enthalten, die für einen jeden annehmbar
sind. Aber es sollte nicht danach streben, allen ein
und dieselbe Vision überstülpen oder durch ein
Dekret unsere Verschiedenartigkeit auszulöschen. Es
sollte Einheit schaffen und die Unterschiede weder
fortwischen noch herunterspielen. Denn in dieser
unserer globalen Zeit kann nur ein wahrhaft weltum-
fassendes Ethos von dauerhaftem Wert sein.«

S. H. Prinz El Hassan bin Talal

»Die verschiedenen Nationen und Völker der Welt
stehen jetzt vor der Herausforderung, sich auf einen
Grundstock menschlicher Werte zu einigen, der als
eine einheitsstiftende Kraft bei der Entwicklung einer
wirklichen Weltgemeinschaft dienen wird.«

Aung San Suu Kyi, Friedensnobelpreisträgerin

»Globalisierung ist a priori weder gut noch schlecht.
Sie wird das sein, was die Menschen aus ihr machen.
Kein System ist reiner Selbstzweck, und es ist notwen-
dig, darauf Wert zu legen, dass die Globalisierung –

wie jedes andere System – im Dienst an der menschlichen Person, an der Solidarität und dem Gemeinwohl steht. ... Da sich die Menschheit auf den Weg
der Globalisierung gemacht hat, kann sie nicht länger
ohne einen gemeinsamen ethischen Code auskommen. Damit ist nicht ein einziges dominantes sozio-
ökonomisches System oder eine Kultur gemeint, die
ihre Werte und Kriterien dem ethischen Diskurs auf-
drängt. Im Menschen als solchem, in der universalen
Menschheit, wie sie aus der Hand des Schöpfers her-
vorging, müssen die Normen des sozialen Lebens gesucht werden. Solch eine Suche ist unumgänglich,
wenn Globalisierung nicht nur ein anderer Name für
die absolute Relativierung von Werten und die
Homogenisierung von Lebensarten und Kulturen sein
soll. In all der Vielfalt kultureller Formen existieren
universale menschliche Werte, und diese Werte müssen ans Licht gebracht und als leitende Kraft für jeg-
liche Entwicklung und allen Fortschritt betont werden.«

Papst Johannes Paul II.,
Ansprache an die Päpstliche Akademie der
Sozialwissenschaften, Rom 2001

»Wir sind der Entwicklung einer grundlegenden gemeinsamen Ethik verpflichtet, die die Gesellschaften
von bloßer Existenz zu sinnvoller Ko-existenz führen
kann, von Konfrontation zu Versöhnung, vom Nie-
dergang der ethisch-moralischen Werte zur Wieder-
herstellung der Lebensqualität, die dem menschlichen
Leben seine Transzendenz zurückbringt. Die globale
Kultur muss von einer globalen Ethik untermauert
werden, die die Beziehungen der Nationen untereinander und mit der Schöpfung trägt und ihnen hilft,
gemeinsam an einer echten Weltgemeinschaft zu
arbeiten. Eine solche globale Ethik, zu der die Idee
aus dem Jahre 1993 vom Parlament der Weltreligionen stammt, sollte nicht die westliche christliche

Ethik widerspiegeln; sie muss auf einer Vielzahl von Erfahrungen und Überzeugungen beruhen. Die Kirche sollte, gemeinsam mit anderen Religionen, eine globale Ethik anstreben, die auf gemeinsamen ethischen Werten, die über die religiösen Glaubensüberzeugungen und engen Definitionen nationaler Interessen hinausgehen, basiert. Die Menschenrechte müssen von ethischen Grundsätzen getragen werden. Daher ist der Dialog zwischen den Religionen und Kulturen die entscheidende Grundlage für mehr Solidarität im Ringen um Gerechtigkeit und Frieden, Menschenrechte und Würde.«

Aram I., Katholikos von Kilikien, *Rechenschaftsbericht der 8. Vollversammlung des Ökumenischen Rates der Kirchen*, Harare/Simbabwe 1998

Die »sieben sozialen Sünden der Menschheit«, die auf der Basis eines Weltethos überwunden werden können, sind:

»Politik ohne Prinzipien,
Reichtum ohne Arbeit,
Genuss ohne Gewissen,
Wissen ohne Charakter,
Geschäft ohne Moral,
Wissenschaft ohne Menschlichkeit,
Religion ohne Opfer.«

Mahatma Gandhi

Verkörpert Versöhnung ein neues globales Ethos?

Funktionaler gefragt: Kann Versöhnung für internationale Organisationen eine Rolle spielen? Wenn Versöhnung das Ergebnis eines Prozesses an der Basis ist – oder wenigstens eines Prozesses, an dem die Basis beteiligt ist –, wenn sie ein Prozess ist, zu dem mehr als Vernunft gehört, also auch Herz und Seele: welche Rolle spielen dann Außenstehende, die weder

Opfer noch Täter sind? Welche Rolle spielen die, die weder Vergebung anbieten noch darum bitten können? Wenn Konfliktlösung eine legitime Rolle für eine internationale Institution ist, kann dann Versöhnung eine angemessenere Rolle für die neue »Machtstruktur« unserer Zeit und unseres Zeitalters sein, nämlich für Individuen, NGOs und lokale Institutionen?

Versöhnung kann man nicht lehren und nicht befehlen. Offensichtlich ist sie keine Technik. Es kann gut sein, dass sie der Rationalität trotzt. Nichtsdestoweniger hat Versöhnung zwei Hauptaspekte, von denen mehr als nur die unmittelbaren Opfer und Täter profitieren müssten. Einerseits verkörpert Versöhnung Elemente eines Weltethos; andererseits sperrt sie sich gerade gegen die Logik des alten Paradigmas – des Paradigmas des Regierens durch Ausgrenzung, des Regierens durch einen Feind, durch »Wir und die Anderen«. Können diese Segnungen über die lokalen Situationen, an denen sich Versöhnung ereignet, hinausgetragen werden? Sie scheinen zu wertvoll zu sein, um verloren gehen zu dürfen, und dennoch liegt die Antwort nicht auf der Hand. Es könnte gut möglich sein, dass die Vereinten Nationen sich »lokalisieren« müssen, um wirklich zu einem Versöhnungsprozess beitragen zu können; und überdies könnten sie den Erfolg einer lokalen Versöhnung international verstärken und in die Welt hinaustragen. Wieder einmal lässt sich keine dieser beiden so genannten Rollen leicht in Verwaltungsvorschriften umsetzen, ganz zu schweigen von anderen »Umstrukturierungen« des Systems. Wir können nur anfangen, einen Weg dafür zu ertasten, doch wir können kaum behaupten, bereits die Antwort zu kennen.

Können die Vereinten Nationen beim Enthüllen

der Wahrheit die Rolle eines Zeugen spielen? Können sie zum Garanten werden, dass Opfer wie Täter im Verlauf des Versöhnungsprozesses die Beiträge leisten werden, zu denen sie sich verpflichtet haben? Können die Vereinten Nationen zum Hort dieses Prozesses und der Einzigartigkeit jedes Einzelfalles werden? Können die Vereinten Nationen zum Ohr und Verstärker derjenigen werden, die sich Inspiration und Ermutigung von einem bestimmten Fall von Versöhnung versprechen und vielleicht innerhalb ihres eigenen lokalen Bereichs einen ähnlichen Versöhnungsprozess in Gang setzen wollen? Können die Vereinten Nationen zu dem Ort werden, wo wir der Wahrheit ins Auge blicken, der Schande und dem Abgrund ethnischer Säuberungen, weil die Vereinten Nationen zugegen waren, als sich das ereignete? Und können die Vereinten Nationen gleichzeitig zu dem Ort werden, an dem wir den Sieg der Humanität feiern, die es vollbracht hat, den Schmerz mittels der Würde der Vergebung zu überwinden, um zur Versöhnung zu gelangen?

Ist der Dialog in seiner Einfachheit – und dennoch in den Dimensionen, die wir in diesem kurzen Buch darzulegen versucht haben – ein Instrument, das die Vereinten Nationen einsetzen können, um die Saat aufgehen zu lassen? Um einen Versöhnungsprozess in Gang zu setzen, der nur von den beteiligten Parteien durchgeführt werden kann? Zu dem aber Außenstehende vielleicht ermutigen können? Wenn der Dialog eine Geisteshaltung beinhaltet, die uns erlaubt, zuzuhören und uns genauso überzeugen zu lassen, wie wir selbst überzeugen wollen, dann kann er für die Vereinten Nationen zu einem Instrument werden, um die Hoffnung auf Versöhnung zu wecken. Können die Vereinten Nationen ihren Beitrag leisten, indem sie das Licht der Wahrheit in der Dunkelheit des Abgrunds leuchten lassen und den Weg in die Zukunft erhellen, einen Weg des Heilens und Vergebens? Vielleicht bedeutet Versöhnung im Kontext der Vereinten Nationen, die Geschichte der Menschheit ungeschönt zu erzählen, mit der Vergangenheit ins Reine zu kommen, um eine andere Zukunft zu bauen.

Die geeignete Aufgabe der Vereinten Nationen bei diesem Versöhnungsprozess ist die, den Wandel von Geisteshaltungen zu unterstützen und zu fördern – oder spezifischer formuliert: die Geisteshaltung, die Vielfalt als Bedrohung wahrnimmt, in eine verwandelt, die auf die Gemeinsamkeit unseres menschlichen Schicksals setzt. Genauer gesagt: Das Gemeinsame, das uns mit aller Macht eint, obwohl es kaum zur Sprache gebracht wird, ist unser Bestreben, unseren Kindern ein besseres, gerechteres, friedlicheres Leben zu bieten. Zwar mag es einigen als idealistisch und anderen als illusorisch erscheinen, die Geisteshaltung anderer ändern zu wollen, doch wir alle haben in unserem lokalen oder nationalen Umfeld erlebt, wie viel Macht von denen ausgehen kann, die diese andere Geisteshaltung verkörpern. Man kann das Denken zwar auch mit Büchern, Predigten oder schlichten Worten beeinflussen, doch nichts überzeugt mehr als Taten. Menschen, die ihre Prinzipien überzeugend leben, gelten als Helden der Menschheitsgeschichte.

Die vom Generalsekretär der Vereinten Nationen in Auftrag gegebenen Untersuchungsberichte darüber, was in Ruanda und Srebrenica falsch gelaufen ist, sind ein unglaubliches Beispiel, wie man aus institutioneller Perspektive der Wahrheit ins Gesicht blicken kann. Der Mut, solche Untersuchungen überhaupt anzustellen, die Transparenz der Ergebnisse, die damit bewiesene Verantwortung und der Mut, sich diesem zu stellen, sind ein großartiges Beispiel, wie eine Institution sich weiterentwickeln und mehr Glaubwürdigkeit erlangen kann, selbst wenn sie Fehler zugeben muss. Einige würden vielleicht sagen, die Untersuchungen von Ruanda und Srebrenica waren Ergebnis weltweiter Forderung nach Rechenschaft und Transparenz. Und genau das ist der springende Punkt: Die Welt als Ganze verlangte solche Rechenschaft und Transparenz, und die Organisation, die die Weltöffentlichkeit repräsentiert, reagierte entsprechend.

Es gibt Menschen, die Versöhnung mit *Appeasement* verwechseln und andere, die Gerechtigkeit mit Vergeltung gleichsetzen. Da wir diese Zeilen nach dem 11. September 2001 schreiben, sollte man dem eine große Bedeutung beimessen. Viele könnten behaupten, dass wir uns gegen den Trend stellen, denn der Vorwurf des *Appeasements* und der Vergeltung scheint in den Köpfen vieler zu spuken – ob nun offen ausgesprochen oder nicht. Wir jedoch glauben, dass die tragischen Terrorangriffe vom 11. September 2001 einen Dialog zwischen den Kulturen noch zwingender erfordern. Wer dieses Konzept früher bagatellisierte, wer es als akademische Übung abtat und wer es in Gesellschaften mit drängenderen Problemen für Luxus hielt, muss das vielleicht noch einmal überdenken. Angesichts derer, die getötet wurden, bloß weil sie »anders« waren als ihre Mörder, und angesichts der allgegenwärtigen Verwundbarkeit von Großmächten wie kleinen Mächten gleichermaßen, von Reich und Arm, Norden und Süden, wird die Forderung eines Dialogs zwischen den Kulturen vielleicht konkreter erscheinen, zwingender, ja, unverzichtbar. Wer die Forderung nach einem echten

Dialog der Kulturen unterstützt, gleich ob zu Hause oder weltweit, sendet ein kraftvolles Signal aus: Vielfalt ist keine Bedrohung, sie ist ein Reichtum, den die Weltgemeinschaft erst noch zur Gänze entdecken muss.

> »Wenn ich verzweifelt bin, erinnere ich mich daran, dass die gesamte Geschichte hindurch stets der Weg der Wahrheit und Liebe gewonnen hat; es gab und gibt Tyrannen und Mörder, und für eine gewisse Zeit mögen sie unbesiegbar scheinen, doch irgendwann sind sie immer dem Untergang geweiht.«
>
> Mahatma Gandhi

In den letzten Jahren gab es mehr als ein Beispiel dafür, wie unschuldige Zivilisten als beliebige Ziele in Konflikten missbraucht wurden. Selbst in dem Jahr, das die Vereinten Nationen zum Jahr des Dialogs der Kulturen ausriefen, ist es zu einschneidenden Ereignissen gekommen, die einigen als Hinweis darauf dienen mögen, dass wir uns in die entgegengesetzte Richtung bewegen. Viele haben vielleicht sogar schon die Hoffnung aufgegeben, dass wir gegen das anscheinend unvermeidliche Bedürfnis, einen »Feind« zu haben, irgendetwas unternehmen können.

Es bleibt eine Tatsache, dass weltweit die Zahl der Menschen, die verzweifelt einen »Feind« um jeden Preis erfinden müssen, selbst wenn es das Leben Unschuldiger kostet, weit geringer ist als die Zahl derer, die in Eintracht leben und gegenseitig die Würde des anderen respektieren wollen. Die Terroristen, die unverantwortlichen Politiker, die Engstirnigen sind vielleicht sehr aktiv und verschaffen sich lautstark Gehör, doch sie sind eine Minderheit. Sie fallen auf, denn ihre Stärke ist das Zerstören, und das braucht

wenig Zeit und sogar noch weniger Mut. Aufzubau-
en, zu entdecken, Ziele anzustreben, von denen immer mehr Menschen profitieren werden, braucht
mehr Mut und mehr Zeit. Im Verlauf der uns gemeinsamen Menschheitsgeschichte ist viel mehr aufgebaut als zerstört worden. Statt vom Ende der Geschichte zu reden, haben wir in Wirklichkeit gerade
begonnen, das Buch der globalen Geschichte zu
schreiben. Der Ruf nach Frieden und Gerechtigkeit
ist nicht auf einen Ort, ein Land beschränkt, und in
unterschiedlicher Weise glauben immer mehr Menschen, dass weder das Eine noch das Andere lokal erreicht werden kann, wenn beides nicht global verwirklicht ist. Ungerechtigkeit und Krieg, wie immer
sie wahrgenommen werden, richtig oder falsch, sind
grenzenlos, aber dasselbe gilt für die Anstrengungen,
beide zu überwinden.

Ob wir uns auf einen Kampf der Kulturen zu bewegen oder in Richtung einer umfassenderen menschlichen Solidarität gegen jene, die Unschuldige ermor-
den, nur weil sie anders sind, das liegt wirklich an
jedem Einzelnen von uns. Der Ausgang unserer Entscheidung ist weder vorherbestimmt noch unvermeidlich; und genau aus diesem Grund muss jeder
von uns individuell eine Entscheidung treffen und
persönliche Verantwortung übernehmen. Wir können jene kleine Minderheit die Macht übernehmen
lassen und uns in ständige Konflikte auf sämtlichen
Ebenen stürzen; oder wir können die Koalition derjenigen erweitern, die die Würde des jeweils anderen
und die gemeinsame Humanität ehren, denen das Leben der Familienmitglieder genauso teuer ist wie das
Leben von Mitmenschen auf der anderen Seite des
Planeten. Wir sind die Mehrheit; wir kommen aus allen Gegenden der Welt; wir sind die Baumeister; was

wir schaffen, kann jeder dort besichtigen, wo Frieden herrscht. Wir glauben an die Großartigkeit des menschlichen Geistes, weil wir positive Werte zu bieten haben und keinen Feind brauchen, um an unseren Überzeugungen festzuhalten.

Unseren Kindern kann es besser gehen als uns. Sie können dorthin gelangen, wo wir noch nicht waren, sie können erreichen, was wir nicht geschafft haben, und sie können entdecken, was uns noch nicht einmal als existent bewusst ist. Sie können der menschlichen Solidarität neue Form geben und den gemeinsamen Nenner der menschlichen Werte vergrößern. Etliche werden Gräben überwinden – immer wieder, bis es viele, viele Brücken gibt und keine Mauern mehr.

> »Draußen hinter den Ideen von rechtem und falschem Tun
> liegt ein Acker. Wir treffen uns dort.«
>
> Rumi

Faouzi Skali, Marokko

Angesichts der quälenden internationalen Lage während des Golfkrieges von 1991 suchte Dr. Faouzi Skali, ein Anthropologe, der vom mystischen Islam herkam, nach gemeinsamen spirituellen und kulturellen Mitteln, um die Spannungen zwischen dem Mittleren Osten und dem Westen herabzusetzen. Um die trennende Grenze überwinden zu können und damit zu beginnen, den Riss zu flicken, stellte er sich einen Austausch von religiöser Musik vor.

Das Weltfestival Religiöser Musik in Fez unter Leitung von Dr. Skali hat den Zusammenhang zwischen Menschen als Musikern und als spirituelle Wesen unterstrichen. Jedes Jahr treffen Künstler verschiedener Glaubensrichtungen und kultureller Traditionen bei diesen Festspielen zusammen, um auf dem gemeinsamen Fundament der Musik einen Dialog zu erleichtern. Das Festival hat gezeigt, dass musikalische Harmonie ungleiche Gruppen zusammenführen kann, wie es bei wenigen anderen Unternehmen möglich ist.

Im Jahre 1996 lud Dr. Skali ein Orchester zum Festival in Fez ein, das aus vermeintlichen Feinden bosnischer, serbischer und kroatischer Herkunft bestand. Gemeinsam spielten sie sakrale Musik, die ihren moslemischen und christlichen Wurzeln entsprach. Das Ensemble entsprach dem, was Dr. Skali von Anfang an beabsichtigt hatte. Obwohl sie in ihrem Heimatland zu Feinden erklärt worden waren, gaben die Mitglieder des Orchesters ein Konzert, das demonstrierte, dass die Welt der Musik und des Gesangs keine Grenzen kennt. Durch die Musik hat Dr. Skali Interpreten und Publikum gleichermaßen in die Lage versetzt, ihre Gemeinsamkeit zu entdecken, während sie die Schönheit ihrer Vielfalt feiern.

Die spirituelle Musik bei dem alljährlichen Festival hat die Kraft, über den äußeren Schein sowie über kulturelle oder sprachliche Unterschiede hinweg, Menschen in ihren Bann zu ziehen. Unter Führung von Dr. Skali haben die auf dem Festival in Fez entstandenen harmonischen Beziehungen eine neue Art und Weise hervorgebracht, wie Leute mit den »anderen« ins Gespräch kommen.

Salahuddin Ramez, Afghanistan

Ein Kriegsschauplatz in einem fernen Land ist ein Ort, vor dem viele Grauen empfinden, und nur wenige würden das Risiko eingehen, sich dorthin zu wagen. Doch es gibt Menschen, die der Gefahr von Krankheiten, gewalttätigem Terror und der Furcht vor dem Unbekannten die Stirn geboten haben, um anderen zu helfen. Dr. Salahuddin Ramez zählt zu diesen selbstlosen Gestalten, die sich den Gefahren eines Kriegsgebietes und sehr ansteckenden Krankheiten ausgesetzt haben, um Hoffnung zu verbreiten und die Leiden eines Volkes zu lindern, das sie kaum kennen.

Nachdem er 1995 die gewohnte Umgebung seines Heimatlandes Afghanistan verlassen hatte, arbeitete Dr. Ramez in Pakistan, im Sudan und in Ost-Timor. Als Chirurg war er für das Internationale Komitee des Roten Kreuzes tätig. Mehrfach geriet er in schwierige Lagen, riskierte immer wieder seine eigene Gesundheit und Sicherheit, um den Kranken und Verwundeten eine Überlebenschance zu geben.

Tragischerweise führten die Risiken, auf die er sich uneingeschränkt einließ, um anderen zu helfen, die sich in einer verzweifelten Lage befanden, schließlich zu seinem eigenen Tod. Als er seiner Pflicht im Osten von Sierra Leone nachging, zog er sich eine tödliche Tropenkrankheit zu, das Lassa-Fieber. Helfer bei humanitären Einsätzen wie Dr. Ramez sind jenen Krankheiten besonders ausgesetzt, die sich durch Kontakt mit Körperflüssigkeiten von Mensch zu Mensch verbreiten.

Der Bericht über diesen Arzt ist nicht nur eine sehr traurige Geschichte von jemandem, der im Einsatz bei seiner Arbeit stirbt. Es ist auch die fesselnde Lebensgeschichte eines Mannes, der seine Verantwortung für das Wohl anderer sehr ernst nahm. Es ist ein beeindruckender Bericht, der weit über die Grenzen seiner Religion und Kultur hinausgehende Formen des Mitgefühls und der Teilnahme eines Menschen für andere zeigt.

Zlata Filipovic, Bosnien

Im September 1991 begann Zlata Filipovic Tagebuch zu führen, wie es viele Kinder tun. Zu Anfang ist es voll der harmlosen Abenteuer und sorglosen Freuden eines klugen, energischen Mädchens aus einer Familie der Mittelschicht von Sarajevo. Dann, nach kaum einem Jahr, war es mit ihren kindlichen Freuden offensichtlich vorbei, und die Tagebuchnotizen handelten nun nicht mehr von den typischen Erlebnissen einer elfjährigen Schülerin, sondern von der finsteren

und deprimierenden Realität des bosnischen Kriegs-
schauplatzes.

An die Stelle von Freizeitvergnügen und Partys,
von Skifahren und Klavierstunden traten nun Zeiträume, die man schweigend, in einem kalten Keller
sitzend, verbrachte. Dort war sie vor Granatfeuer
und vor Scharfschützen, die in den Hügeln oberhalb
ihres Hauses auf der Lauer lagen, in Sicherheit. Beim
schwachen Licht einer Kerze schrieb das junge Mädchen anschaulich über seinen Schmerz angesichts des
Verlusts von Freunden, über das Leid ihrer Familie
und über ihr in Schutt und Asche liegendes Sarajevo.

Angesichts der dramatischen Veränderungen, die
jetzt stattfanden, verlor Zlata ihre kindliche Unbe-
rührtheit und lernte schnell, mit Hunger, Durst, Kälte
und Dunkelheit fertig zu werden. Die Prioritäten änderten sich und Zlata reifte schnell. Sie entwickelte
eine unheimliche Unempfindlichkeit gegenüber dem
Lärm der Granaten – wie es für ein Kind ganz und
gar nicht angemessen ist – und war ohne weiteres mit
immer weniger zufrieden.

Trotz des Krieges gelang es ihr mit der Unterstützung ihrer Eltern und durch den seelischen Ausgleich
beim Schreiben weiter zu machen. Für ihre Familie
blieb Zlata stark, und sie besaß Mut und Entschlossenheit zum Überleben und war sogar imstande, ein
paar Freuden zu genießen. Sie lernte, mit den Schwierigkeiten des Krieges fertig zu werden und übernahm
sehr schnell die Aufgaben von Erwachsenen: Sie
holte Wasser, machte Nahrungsmittel haltbar und
sammelte Brennstoff, außerdem kümmerte sie sich
um die Sicherheit anderer.

Für ihr Alter ganz außerordentlich aber ist die Tatsache, dass sie in bemerkenswerter Weise die Sinnlo-
sigkeit des Krieges und die entzweiende Tendenz der

Politik zum Ausdruck brachte. Zlata, die von ethnisch gemischter Herkunft war, schrieb: »Unter meinen Freundinnen, unter unseren Freunden, in unserer Familie gibt es Serben, Kroaten und Muslime. Es ist eine gemischte Gesellschaft, und ich habe nie gewusst, wer ein Serbe, ein Kroate oder ein Moslem war. Nun hat die Politik begonnen, sich einzumischen ... Sie strebt danach, die Menschen voneinander zu trennen.« Ihr Tagebuch wurde zuerst von der Unicef publiziert.

Zlata, die niemals ihre Ansicht über das Unrecht der politischen Aufspaltung der bosnischen Gesellschaft in drei Gruppen aufgegeben hat, setzt sich heute vor allem für die Förderung der Kommunikation zwischen verschiedenen Kulturen ein. Sie hat sich an der Arbeit der Unicef für Kinder in bewaffneten Konflikten beteiligt und berät auch eine Jury der UNESCO, die sich mit Kinderliteratur zum Thema Toleranz beschäftigt.

Heute ist Zlata für Kinder, die in den Wirren eines Krieges stecken, ein Symbol des Mutes. Während der Schmerz, den sie erleiden musste, auf das Versagen unserer führenden Politiker zurückzuführen ist, bedeutet ihr moralisches Engagement ein Zeichen des Friedens und der Hoffnung für ihre Generation.

Jack Beetson, Australien

Als das Land, in dem die eingeborenen Völker Australiens lebten, vor mehr als 200 Jahren von Fremden erobert wurde, waren die Traditionen, die Regierungsform und das Bildungssystem der Ureinwohner bedroht, und sie wurden in einigen Fällen sogar vernichtet. Heute, da die Möglichkeit einer Auslöschung der indigenen Kultur immer noch besteht, hält Jack Beetson dem entgegen: »Wir (Ureinwohner) sind nicht dabei zu verschwinden ... solange wir unsere Kulturen besitzen, werden wir überleben.«

Beetson, ein australischer Pädagoge, bewahrt die Einzigartigkeit und Identität seines Volkes, indem er indigene und andere Völker an der Suche nach einbindenden Lösungen beteiligt. Jahr für Jahr bringt er Angehörige beider Gruppen in seiner abseits gelegenen Linga Longa Philosophy Farm am Lagerfeuer zusammen, dort führen sie dann einen behaglichen Dialog über Themen wie die Kultur und Identität der Urbevölkerung und über Möglichkeiten zur Versöhnung.

Außer diesen Workshops kümmert sich Beetson als Vorstandsvorsitzender der Co-operative for Aborigines Limited (Tranby Aboriginal College in inner Sydney Glebe) um den kulturellen Austausch im Klassenraum. Die Kooperative heißt alle Menschen, ganz unabhängig von ihrer kulturellen Herkunft, willkommen und bietet jeder Gruppe etwas Einzigartiges. Dem Eingeborenen, der als Kind von seiner Gruppe und seiner Kultur getrennt worden ist, hilft die Kooperative bei der Wiedergewinnung seiner Identität. Sie unterstützt ihn dabei, wieder Stolz auf die Vorfahren zu empfinden, stellt aber auch Herausforderungen, etwa das Verlangen nach Versöhnung. Die Nichteingeborenen in der Kooperative verlassen möglicherweise das Klassenzimmer in der Stadt und verbringen einige Wochenenden im Busch. Sie lernen die Geschichte des Landes kennen und begreifen schließlich klar die Rolle, die sie durch ihren Respekt bei der Erhaltung einheimischer Traditionen spielen können.

Im Laufe der Jahre hat Beetson Tausende von Nichteingeborenen durch eine eindringliche Begegnung mit der Natur und mit der Kultur seines Volkes über die Lebensweise der Ureinwohner aufgeklärt. Derartige Erfahrungen können für ein verändertes Verhalten und für eine Anerkennung des »anderen« sorgen, was aus der Entfernung nicht zu erreichen gewesen wäre.

Für sein eigenes Volk hat Beetson auf dem Bildungssektor für Eingeborene Selbstbestimmung verlangt, und er kämpft weiterhin weltweit um Gerechtigkeit für Ureinwohner. Als Ratgeber vor Ort und als internationale Berühmtheit hat Beetson auf sanfte Weise den Weg zur Versöhnung und zu einer neuen Art von Beziehungen zwischen den Kulturen gebahnt.

Angesichts der Kämpfe, die sein Volk zu bestehen hatte, und der weiter existierenden Ungerechtigkeiten gegenüber Eingeborenen in aller Welt hätte Jack Beetson aus Enttäuschung und Empörung resignieren können. Doch dank seiner mutigen und visionären Persönlichkeit setzt er Vertrauen in den Dialog und in die Überzeugung, dass eine Versöhnung aller Menschen erreicht werden kann, die gegenwärtig das Land miteinander teilen, das seine Vorfahren fünfzigtausend Jahre lang kultiviert haben.

Margaret Gibney, Nordirland

Bereits im Alter von zwölf Jahren wurde Margaret Gibney eine jener Persönlichkeiten, die ganze Nationen anregen und die führenden Politiker der Welt zum Handeln bewegen. Margaret schrieb gemeinsam mit anderen Schülern aus ihrer Klasse an Führungskräfte in aller Welt und bat um Botschaften der Hoffnung und des Friedens für das Projekt *Wall of Peace*. Da sie in Nordirland aufgewachsen sei, kenne sie kaum etwas anderes als Krieg, schrieb sie an den britischen Premierminister Tony Blair. Die Reaktion war außergewöhnlich.

Der Premierminister zeigte sich sehr berührt von den Sorgen eines Kindes, das eine Kindheit erlebte, die von Gewalt bestimmt war. Als er ihren Brief im amerikanischen Fernsehen und vor dem Unterhaus vorlas, berührte ihn eines ganz besonders: Das war die finstere Tatsache, dass Margaret, wie sie in ihrem Brief festhielt, »in ihrem ganzen Leben nur ein Friedensjahr kennen gelernt« hatte.

Ihre Worte stießen überall im Vereinigten Königreich und in den Vereinigten Staaten auf Widerhall, zunächst bei Premierminister Blair, dann kam es zu einen Ansturm der Medien, die sich für das bislang unbekannte Mädchen sehr interessierten. Indem Margaret einfach die Hoffnungen artikuliert hatte, die sie als Kind, als Schülerin und als Angehörige ihrer Gemeinschaft empfand, wurde sie zu einer starken Stimme des Friedens. Ihr Brief führte dazu, dass sie mit Präsident Bill Clinton zusammentraf und ihn bei einer Friedenskonferenz in Nordirland vorstellte.

Margaret wurde eine Jugendbotschafterin von Unicef und eine Sprecherin für jene Kinder, denen genauso wie ihr die Kindheit durch Krieg gestohlen worden war. Durch ihre Bemühungen in der Heimat und in aller Welt hat sie höchste Anerkennung als Befürworterin des Friedens gefunden.

Ihr ehrliches und sensibles Plädoyer an den Premierminister übermittelte eine nicht zu unterdrückende Botschaft. All dies war vielleicht nicht mehr als ein einfaches Zeichen, reichte aber möglicherweise tiefer als alles, was die politischen Führer auf beiden Seiten im Laufe von Jahrzehnten mitzuteilen vermocht haben. Ohne dass Margaret die Absicht verfolgt hatte, Aufmerksamkeit auf ihre Person zu lenken, wurde sie ungewollt zu einem Vorbild für ihre Altersgenossen und zu einem Symbol der Hoffnung für ihr bedrängtes Nordirland.

Margarets feste Überzeugung, dass bessere Zeiten kommen werden, kommt in ihrem Gedicht »Die weiße Taube« deutlich zum Ausdruck:

Think of how lovely	*Stell dir vor, wie schön*
Peace could be,	*Der Frieden sein könnte.*
The peopje of Belfast	*Das Volk von Belfast*
Fearless and free.	*Furchtlos und frei.*
As time goes by,	*Die Zeit vergeht,*
Well learn to love	*Zu lieben werden wir lernen*
The sign of peace,	*Das Symbol des Friedens,*
A pure white dove.	*Eine reine weiße Taube.*

Sydney Possuelo, Brasilien

Als Kind hörte Sydney Possuelo die Geschichte der beiden jugendlichen Brüder Orlando und Claudio Villas Boas, die sich sehr darum bemühten, sämtliche gefährdeten Stämme des brasilianischen Amazonasgebietes aufzuspüren und abzuschirmen. Sydney wusste sogleich, dass auch er sein Leben dieser Aufgabe widmen würde.

Als Leiter des brasilianischen *Department of Isolated Indians* der *National Indian Foundation* durchstreift Sydney monatelang den Dschungel, um die Existenz eines Stammes feststellen zu können. Er macht Stämme ausfindig, die bislang außerhalb des Regenwaldes unbekannt waren, und bemüht sich darum, diese Völker und ihre ursprüngliche Lebensweise vor den Gefahren zu schützen, die von außen eindringen (Krankheiten, Bauunternehmer, Holzfäller und Waren) und Begleiterscheinungen der Moderne sind. Wenn er einen Stamm einmal identifiziert hat, dann kämpft er sich durch die zuständigen bürokratischen Gremien, um dafür zu sorgen, dass Abgrenzung und Integrität des traditionellen Stammesterritoriums geschützt werden.

Das Eintreten für bedrohte Völker ist mit ernsthaften Risiken verbunden; dazu kann ein Angriff jener gehören, die man eigentlich schützen will, die aber verständlicherweise nicht in der Lage sind, den einen Eindringling vom anderen zu unterscheiden. Bei einer Gelegenheit wurde Sydney aus dem Hinterhalt angegriffen und kam beinahe durch Bogenschüsse eines ängstlichen Indianers zu Tode, andere Mitarbeiter seiner Stiftung sind von Stämmen umgebracht worden, die ihr Territorium und ihre Gemeinschaft verteidigten.

Während die Begegnungen und Verhandlungen mit den Stämmen eine schwierige und gefährliche Aufgabe sind, wird Sydneys Projekt innerhalb der Regierung und der Gesamtgesellschaft nicht überall gutgeheißen. Es kommt immer wieder vor, dass sich feindlich gesinnte Großgrundbesitzer, Baufirmen und dergleichen Sydneys Bemühungen in den Weg stellen, das Land der Eingeborenen zu schützen.

Trotz der gewaltigen damit verbundenen Risiken und der vielen Stunden, die mit der Suche nach dem Unbekannten verbracht werden, hält Sydney beharrlich an seinem Traum fest, die menschliche Vielfalt im üppigen, einst undurchdringlichen Reich des Amazonas zu bewahren.

Sultan Somjee, Kenia

Der kenianische Ethnograph Dr. Sultan Somjee erforscht zahlreiche afrikanische Friedenstraditionen und bemüht sich, die Lehren daraus auf verschiedenen Wegen einem breiteren Publikum zu vermitteln. Als Gründer des *African Peace Museum Project* hat Dr. Somjee dafür gesorgt, dass viele traditionelle Kunstgegenstände, die dem Frieden gewidmet sind, in den *Community Peace Museums* ausgestellt werden. Daneben leitet er die Abteilung für Ethnographie des *National Museum of Kenya* in Nairobi.

Dr. Somjee beschäftigt sich mit der Geschichte und tieferen Bedeutung traditionell angefertigter Gegenstände. Er sorgt dafür, dass sie ausgestellt werden und betont: »Diese Kulturen, die das Lesen nicht kannten, haben keine Denkmäler errichtet und nichts schriftlich festgehalten, aber sie halten ihr Wissen durch mündliche und visuelle Traditionen am Leben.« Er legt dar, dass Bräuche wie etwa die Errichtung von Friedensbäumen sichtbare Symbole sind, die es nur in diesem Land gibt. Außerdem sind es die Kulturleistungen, die die besondere Bedeutung des Friedens unterstreichen. Die Friedensbäume der Massai sind nach Dr. Somjee »Symbole von Verhandlungen und Erinnerungen an das Erbe des Friedens«. Das war für ihn Anlass, ein Freiluftmuseum der Friedensbäume zu schaffen.

Dr. Somjee arbeitet insbesondere in Gebieten, die unter Bürgerkrieg oder wirtschaftlicher Not leiden, mit vielen Gemeinschaften zusammen, um den traditionellen Ansatz der Konfliktlösung zu bewahren. Er hat entdeckt, dass sich benachbarte Gemeinschaften der gleichen Art von Friedenszeichen bedienen. Zwei ethnische Gruppen, zwischen denen es hin und wieder Zusammenstöße gegeben hat, die Massai und die Pokot, verfügen über ähnliche Methoden der Versöhnung. Vielleicht lassen sich durch das Wissen über ihre gemeinsamen Friedenstraditionen breitere Einsichten über andere Aspekte der Gemeinsamkeiten dieser Gruppen erzielen. Aber nicht nur die Massai und die Pokot, nicht nur Afrikaner, sondern auch andere Menschen können lernen, Dialoge miteinander zu führen, indem sie ihre lokalen und überlieferten Methoden bei der Beilegung von Auseinandersetzungen zwischen Stämmen einsetzen.

Ahmed Kamal Aboulmagd, Ägypten   **249**

Ahmed Kamal Aboulmagd praktiziert als Anwalt in
Kairo und ist seit 1958 Professor für Öffentliches
Recht an der Universität Kairo.

Aboulmagd war in den frühen siebziger Jahren in
Ägypten sowohl Minister für Jugend als auch für Information. Außerdem hatte er die ehrenvolle Position eines Beraters in Rechts- und Verfassungsfragen
beim Kronprinzen und beim Premierminister von
Kuwait inne.

Er ist Mitglied des Obersten Forschungsrats der
El-Azhar-Universität in Kairo und Mitglied der Aka-
demie des Maghreb. Außerdem gehört er der Ägypti-
schen Gesellschaft für Menschenrechte und dem
Ägyptischen Obersten Rat für Angelegenheiten und
Rechte der Frauen an.

Aboulmagd hat in englischer und arabischer Sprache zu Fragen des Verfassung- und Verwaltungs-
rechts publiziert. Zu erwähnen ist eine kleine Schrift
in arabischer Sprache unter dem Titel »Ein aktueller
islamischer Standpunkt« sowie ein Buch in Arabisch
zu dem Thema »Dialog, nicht Konfrontation«. Während der letzten zwanzig Jahre war er Richter, Vizepräsident und Präsident des Verwaltungsgerichts der
Weltbank.

Lourdes Arizpe, Mexiko

Lourdes Arizpe war bis vor kurzem Beigeordnete Generaldirektorin der Organisation der Vereinten Nationen für Erziehung, Wissenschaft und Kultur (UNESCO). Sie promovierte an der *London School of Economics and Political Science* in Sozialanthropologie.

Arizpe hat verschiedene bedeutende internationale Positionen bekleidet. Sie war Präsidentin der *International Union of Anthropological and Ethnological Sciences.* Gegenwärtig ist sie Vizepräsidentin des *International Social Science Council (ISSC).* Darüber hinaus war sie Vizepräsidentin der *Society for International Development (SID)* und des *Steering Committee for Development Alternatives for Women in a New Era (DAWN).*

Arizpe war Mitglied der *World Commission on Culture and Development* und leitete das *Scientific Committee of the World Culture Report.*

Als Forscherin und Dozentin hat sie ein Fulbright-Hayes- und ein John D. Guggenheim-Stipendium und verschiedene Preise für ihre wissenschaftlichen Arbeiten erhalten. Sie war Fellow des Weltwirtschaftsforums in Davos. Zur Zeit ist sie Professorin für Anthropologie an der Nationaluniversität von Mexiko.

Lourdes Arizpe hat zahllose wissenschaftliche Aufsätze und Beiträge zu Sammelwerken geschrieben. Zu ihren jüngsten Werken zählen »Culture and Globalization« in *UNDP Working Papers of the Human Development Report* (1999); *The Cultural Dimensions of Global Change: An Anthropological Approach* (Paris: UNESCO, 1996); »Re-thinking the Population and Environment Debate«, in *Population*

and Environment: Rethinking the Debate, herausgegeben von Arizpe, Stone und Major (1994).

Hanan Ashrawi, Palästina

Dr. Hanan Ashrawi ist seit kurzem Medienbeauf-
tragte der Arabischen Liga. Sie ist gewählte Abgeord-
nete des *Palestinian Legislative Council.* Nach ihrem
Studium an der Amerikanischen Universität in Beirut
hat sie an der Universität Virginia in Anglistik pro-
moviert.

Dr. Ashrawi ist Gründerin und Generalsekretärin
der *Palestinian Initiative for the Promotion of Global
Dialogue and Democracy* (MIFTAH). Sie war Sprecherin der Palästinensischen Delegation beim Nah-
ost-Friedensprozess in den Jahren 1991 bis 1993. An
der Birzeit Universität hat sie eine Professur inne.
Dort leitet sie die Abteilung für Anglistik und ist
Dekanin der Philosophischen Fakultät.

Zu ihren Veröffentlichungen zählt *Ich bin in Palästina geboren. Ein persönlicher Bericht* (1995), hinzu
kommen Auswahlbände mit Lyrik, Belletristik und
Literaturkritik. Sie ist Mitglied von internationalen
Beratungsgremien beim *Council on Foreign Relations* in Washington DC, bei UNRISD und anderen
Organisationen und gehört dem *Board of Trustees*
des *Carter-Center* an.

Ruth Cardoso, Brasilien

Dr. Ruth Cardoso ist die Präsidentin der *Communi-
dade Solidaria,* einer Organisation, die sich bemüht,
durch die Förderung der partnerschaftlichen Zusammenarbeit zwischen Regierung und Zivilgesellschaft

Armut und soziale Ausgrenzung in Brasilien zu bekämpfen.

Dr. Cardoso promovierte 1972 an der Universität São Paulo in Anthropologie. Danach arbeitete sie mit einem Fulbright-Stipendium für weiterführende Studien an der Universität Columbia.

Dr. Cardoso ist Mitglied des Rates der Stiftung Vereinte Nationen. Sie war Redaktionsmitglied der *Novos Estudos*. Sie gehörte dem *Joint Committee on Latin American Studies of the Social Science Research Council* und dem *American Council of Learned Societys* an.

Sie nahm teil am Graduiertenprogramm der Politischen Wissenschaften an der Universität São Paulo bei der Abteilung für Stadt- und Regionalplanung; war an der Universität California in Berkeley und am Zentrum für Lateinamerikastudien der Universität Cambridge tätig. Dr. Cardoso wirkte in der Forschung und als Direktorin beim brasilianischen Zentrum für Analyse und Planung, war Mitglied des Aufsichtsrats für das Offene Bildungsfernsehen des Bundesstaates São Paulo und beriet den Nationalen Rat für die Rechte der Frauen. Auch war sie Mitglied der Unabhängigen Kommission zur Bevölkerungsentwicklung und Lebensqualität.

Frau Dr. Cardoso ist Verfasserin zahlreicher Beiträge zur Urbananthropologie, zu sozialen Bewegungen und zum Tertiären Sektor.

Jacques Delors, Frankreich

Jacques Delors ist als Urheber der Einheitlichen Europäischen Akte, der ersten Modifizierung des Vertrags von Rom, und der umfassenden Reform der

Finanzierung der Europäischen Gemeinschaft bekannt. Er zählte in den neunziger Jahren zu den einflussreichsten Politikern bei der Gestaltung Europas. Er hat ein Studium der Wirtschaftswissenschaften absolviert und besitzt ein Diplom des Zentrums für Fortgeschrittene Studien im Bankwesen.

1985 wurde er Präsident der Europäischen Kommission, deren Strukturen sich während seiner Präsidentschaft wesentlich weiterentwickelten; es kam zur Stärkung des Finanzsystems der Europäischen Gemeinschaft (Weißbuch über den einheitlichen Binnenmarkt), die Beitrittsverträge mit Spanien und Portugal wurden geschlossen und der Euro wurde als europäische Einheitswährung beschlossen.

Delors war 1981 Minister für Wirtschaft und Finanzen in der ersten Regierung von François Mitterand. In der Kommunalpolitik war er 1993 als Bürgermeister von Cliché Marcha aktiv.

Leslie H. Gelb, USA

Dr. Leslie Gelb ist gegenwärtig Präsident des Rates für Auswärtige Beziehungen. Er studierte an der Universität Tufts und promovierte in Harvard.

Dr. Gelb war bei der *New York Times* verantwortlicher Redakteur für die Kommentarseite und der zuständige Korrespondent für die nationale Sicherheit und für die Außenpolitik.

Als Dr. Gelb im Verteidigungsministerium der Vereinigten Staaten tätig war, erhielt er die höchste Auszeichnung des Pentagon, den *Distinguished Services Award*.

Er ist Autor der Studie *Anglo-American Relations, 1945–1950: Toward a Theory of Alliances* (1988).

Als Koautor war er beteiligt an *The Irony of Vietnam: The System Worked* (1980), wofür er den *Woodrow Wilson Award* der *American Political Science Association* erhielt; ferner arbeitete er mit an *Our Own Worst Enemy: The Unmaking of American Foreign Policy* (1984) und *Claiming the Heavens* (1988). 1985 erhielt Dr. Gelb den Pulitzerpreis für Journalsimus.

Nadine Gordimer, Südafrika

1991 erhielt Nadine Gordimer den Nobelpreis für Literatur. Sie ist Autorin von Romanen und Kurzgeschichten und zählt zu den Gründungsmitgliedern des *Congress of South African Writers.*

Nadine Gordimer war eine entschiedene Gegnerin der Apartheidpolitik und ist aktives Mitglied mehrerer Menschenrechtsorganisationen. Neben ihren viel beachteten Romanen hat sie zahlreiche Essays und Dokumentarfilme über Südafrika herausgebracht, unter anderem den Film *Choosing Justice: Allan Boesak* (gemeinsam mit ihrem Sohn).

Zu ihren wichtigsten Büchern zählen: *Ein Mann von der Straße* (2001), *Julys Leute* (1981), *Niemand der mit mir geht* (1994), *Schreiben und Sein* (1998), *Die Hauswaffe* (1997).

S. H. Prinz El Hassan bin Talal, Jordanien

Seine Königliche Hoheit ist der jüngste Sohn von König Talal bin Abdullah und Königin Zein El Sharaf. Seine Familie stammt in der 42. Generation direkt vom Propheten Mohammed ab.

Prinz Hassan hat seine Studien an der Universität Oxford als Bachelor und Magister der Orientalistik abgeschlossen. Seine Königliche Hoheit erhielt darüber hinaus zahlreiche Ehrendoktorate bekannter Institutionen in aller Welt.

Prinz Hassan war der engste politische Berater von König Hussein wie auch sein Vertrauter und Stellvertreter.

Er ist Präsident des *Club of Rome*. Er initiierte und gründete eine Anzahl jordanischer und internationaler Institute und Komitees, in denen er aktiv tätig ist. Er ist Gründer und Direktor der *Islamic Scientific Academy*; der *Tri-annual Conferences on the History and Archeology of Jordan*; der *Hashemite Aid and Relief Agency*; des *Center for Educational Development*; des *Institute of Diplomacy* und neuerdings auch der Al al-Bait-Universität in Mafraq.

In der 36. Sitzungsperiode der Vereinten Nationen regte seine Majestät die Schaffung einer *New International Humanitarian Order* an, daraufhin bat ihn der Generalsekretär der Vereinten Nationen, die *Independent Commission on International Humanitarian Issues* (ICIHI) ins Leben zu rufen und sich an deren Leitung zu beteiligen. Der Abschlussbericht der Kommission wurde von der 42. Generalversammlung gebilligt und als Resolution verabschiedet.

Sergey Kapitza, Russland

Professor Sergey Kapitza wirkt am Kapitza Institut für Physikalische Probleme an der Russischen Akademie der Wissenschaften, das sein Vater Peter L. Kapitza, Nobelpreisträger für Physik, gegründet hat. Er ist Professor für Physik am Moskauer Institut für

Physik und Technologie. Gegenwärtig arbeitet er an Untersuchungen über die globale Bevölkerungsdynamik, außerdem ist er Mitglied des *Club of Rome.*

Er war in sowjetischen, russischen und internationalen Wissenschaftskreisen tätig und ist jetzt Vizepräsident der Russischen Akademie der Naturwissenschaften und Präsident der Europäischen Physikalischen Gesellschaft. Im russischen Fernsehen leitet er eine wöchentliche Sendung über Wissenschaft und Gesellschaft.

Professor Kapitzas Arbeiten zur Angewandten Elektrodynamik haben zur Entwicklung und Planung des Mikroton geführt, eines Kreisbeschleunigers für Elektronen. Er hat sich in mehreren Arbeiten zum Verhältnis von Wissenschaft und Gesellschaft geäußert.

Hayao Kawai, Japan

Hayao Kawai promovierte an der Universität von Kyoto in Psychologie. Danach war er der erste Japaner, der am Carl-Gustav-Jung-Institut in Zürich nach der Methode von C. G. Jung ausgebildet wurde. Bis vor kurzem war er Generaldirektor des Internationalen Forschungszentrums für Japan-Studien an der Universität in Kyoto. Heute ist Hayao Kawai emeritierter Professor für Klinische Psychologie der Kyoto Bunkyo Universität, der er noch als Berater zur Verfügung steht.

Kawai war für die japanische Regierung als Mitglied des Zentralen Bildungsrats und des Rats für Verwaltungsreform tätig. Er leitete auch eine Kommission, die sich mit den Zielen Japans im 21. Jahrhundert beschäftigte.

Er hat viele Arbeiten in japanischer und englischer Sprache veröffentlicht und einige der angesehensten japanischen Preise auf wissenschaftlichem wie auf literarischem Gebiet erhalten, dazu zählen der Asahi Preis (1997) und der Osaragi Jiro Preis (1982) für sein Buch *Fairy Tales and Psyche of Japan*.

Die japanische Regierung hat Professor Kawai wegen seiner kulturellen Verdienste als »Person of Cultural Merits« geehrt.

Tommy Koh, Singapur

Professor Tommy Koh ist zurzeit Sonderbotschafter des Ministeriums für Auswärtige Angelegenheiten von Singapur und Direktor des Instituts für Politikstudien. Professor Koh hat ein Jurastudium an der Universität Singapur mit Bestnote abgeschlossen. Er erwarb einen Magistergrad an der Universität Harvard sowie ein Postgraduierten-Diplom in Kriminalistik an der Universität Cambridge. Er ist Ehrendoktor der Rechte der Universität Yale. Von 1971 bis 1974 war er Dekan der Juristischen Fakultät der *National University of Singapore*.

Der Generalsekretär der Vereinten Nationen bestimmte ihn 1993 zum Sondergesandten und Leiter einer Mission für die Russische Föderation, Lettland, Litauen und Estland. Dreimal gehörte er Konfliktlösungsausschüssen der Welthandelsorganisation an, davon zweimal als Vorsitzender. 1995 war er Gastprofessor an der Universität Stanford. Von 1997 bis 2000 war er der erste Geschäftsführende Direktor der *Asia Europe Foundation*.

Botschafter Koh wirkte von 1968 bis 1971 und von 1974 bis 1984 als Ständiger Vertreter Singapurs bei den Vereinten Nationen (in der ersten Phase vertrat er sein Land gleichzeitig in Kanada, in der zweiten in Kanada und Mexiko). Von 1984 bis 1990 war er Botschafter in den Vereinigten Staaten von Amerika. 1980 bis 1982 leitete er die Dritte Seerechtskonferenz der Vereinten Nationen. Er war von 1990 bis 1992 Chef des Vorbereitungs- und Hauptausschusses der Umwelt- und Entwicklungskonferenz der Vereinten Nationen.

Botschafter Koh ist Autor von drei Büchern: *The U.S. and East Asia: Conflict and Cooperation* (1996); *The Quest for World Order* (1997); *Asia and Europe* (2000).

Hans Küng, Schweiz

Professor Hans Küng ist Theologe und Philosoph und viel gelesener engagierter Autor. Er studierte Philosophie und Theologie an der Universität Gregoriana in Rom, an der Sorbonne und am Institut Catholique in Paris. Professor Küng besitzt zahlreiche Auszeichnungen und Ehrendoktorate verschiedener Universitäten.

Er ist Präsident der Stiftung Weltethos in Tübingen und Zürich. Von 1960 bis zu seiner Emeritierung im Jahre 1996 war er Professor für Ökumenische Theologie und Direktor des Instituts für Ökumenische Forschung an der Universität Tübingen.

Von Papst Johannes XXIII. ernannt, war er von 1962 bis 1965 theologischer Berater (Peritus) des Zweiten Vatikanischen Konzils.

Professor Küng ist Mitherausgeber verschiedener Zeitschriften und Autor, dessen Bücher in zahlreiche

Sprachen übersetzt wurden, darunter: *Rechtferti-gung. Die Lehre Karl Barths und eine katholische Besinnung* (1957); *Die Kirche* (1967); *Unfehlbar? Eine Anfrage* (1970); *Christ sein* (1974); *Existiert Gott? Antwort auf die Gottesfrage der Neuzeit* (1978); *Ewiges Leben?* (1982); *Christentum und* **259** *Weltreligionen. Hinführung zum Dialog mit Islam, Hinduismus und Buddhismus* (mit J. van Ess, H. v. Stietencron, H. Bechert) (1984); *Theologie im Auf-bruch. Eine ökumenische Grundlegung* (1987); *Das Judentum* (1991); *Das Christentum. Wesen und Ge-schichte* (1994); *Projekt Weltethos* (1990); *Weltethos für Weltpolitik und Weltwirtschaft* (1997); *Spuren-suche. Die Weltreligionen auf dem Weg* (1999).

Von ihm stammt der Entwurf der Erklärung zum Weltethos des Parlaments der Weltreligionen von 1993 sowie des Vorschlags des *InterAction Council* für eine Allgemeine Erklärung der Menschenpflich-ten von 1997.

Graça Machel, Mosambik

Dr. Graça Machel ist Präsidentin der Stiftung für Ge-meinschaftsentwicklung in Mosambik; seit 1999 ist sie Kanzlerin der Universität von Kapstadt in Süd-afrika. Sie führt einen Bachelorgrad in Deutscher Philologie der Universität Lissabon, Portugal.

Von 1983 bis 1989 bekleidete Dr. Machel das Amt der Erziehungsministerin von Mosambik.

Sie gehört dem Leitungsorgan der *United Nations Foundation*, dem *South Centre* und anderen Organi-sationen an, sie hat zahlreiche Ehrungen für ihre Ver-dienste erhalten. Sie leitete die Studie der Vereinten

Nationen über den Einfluss bewaffneter Konflikte
auf Kinder.

Giandomenico Picco, Italien

Giandomenico Picco, Beigeordneter Generalsekretär
der Vereinten Nationen, ist der Persönliche Beauf-
tragte des Generalsekretärs für das UNO-Jahr des
Dialogs zwischen den Kulturen. Er ist auch Ge-
schäftsführer von *GDP Associated* in New York und
Präsident der Nichtregierungsorganisation Friedens-
strategien-Projekt in Genf, Schweiz.

Picco studierte an der Universität Padua und erwarb ein Diplom in Politologie. Er besitzt außerdem
einen Magistergrad in Internationalen Beziehungen
und Vergleichender Politik der Universität California
sowie ein Diplom in *European Integration Studies*
der Universität Amsterdam.

Giandomenico Picco war von 1973 bis 1992 in
wichtigen Funktionen innerhalb der Vereinten Nationen tätig, vor allem als Beigeordneter Generalsekretär für politische Angelegenheiten. Zu seinen Leistungen zählen die Bemühungen der Vereinten Nationen um die Freilassung der westlichen Geiseln im
Libanon und die Verhandlungen über den Waffen-
stillstand zwischen Iran und Irak. Picco vertrat den
Generalsekretär bei den Verhandlungen für die Gen-
fer Abkommen über Afghanistan (1988) und im
Rainbow-Warrior-Schlichtungsfall.

Nach seinem Ausscheiden aus dem Dienst der Vereinten Nationen erhielt Giandomenico Picco zahlreiche Auszeichnungen und Ehrendoktorwürden, unter
anderem den Sonderpreis des Präsidenten der Vereinigten Staaten für außergewöhnliche Dienste, das

große Verdienstkreuz der Bundesrepublik Deutschland und den Orden der Libanonzeder des Präsidenten vom Libanon. Sein persönlicher Bericht über den
Fall der Libanongeiseln ist als Buch unter dem Titel
Ein Mann ohne Gewehr erschienen.

Amartya Sen, Indien

Professor Amartya Sen erhielt 1998 den Nobelpreis
für Wirtschaftswissenschaften. Er ist Professor für
Ökonomie am *Trinity College* in Cambridge. Zuvor
war er Professor für Ökonomie und Philosophie an
der Universität Harvard.

Nach seinem Studium in Kalkutta, das er als Bachelor abschloss, promovierte Sen am *Trinity College*
in Cambridge.

Er gehört den Herausgebergremien zahlreicher
wissenschaftlicher Periodika an, darunter *Economics
and Philosophy; Ethics; Feminist Economics; Gender
and Development; Indian Economic and Social History Review; Indian Journal of Quantitative Economics; Journal of Peasant Studies; Pakistan Development Review; Pakistan Journal of Applied Economics; Philosophy and Public Affairs; Social Choice
and Welfare; Common Knowledge; Critic & Review;
Theory and Decision;* und *Business and the Contem-
porary World.*

Sen schrieb für viele Zeitschriften, so für die *New
York Review of Books.* Zu seinen Büchern zählen
Ökonomie für den Menschen (2000) und *On Eco-
nomic Equality* (1997).

Song Jian, China

Dr. Song Jian gehört in China zu den wichtigsten Politikern, die sich mit Wissenschaft und Technik befassen. Er war von 1985 bis 1998 in seiner Eigenschaft als Vizeministerpräsident Vorsitzender der Chinesischen Kommission für Wissenschaft und Technik. Damals initiierte er die Reform der Wissenschafts- und Technikpolitik seines Landes. Heute ist er Stellvertretender Vorsitzender der Politischen Beratenden Konferenz des Chinesischen Volkes und Präsident der Chinesischen Akademie für Ingenieurwesen. Er hat einen Abschluss als Ingenieur und einen Doktorgrad (Kandidat der Wissenschaften) der MBTY, Moskau, außerdem ist er Doktor der Naturwissenschaften der Technischen Universität Moskau. Dr. Song ist unter anderem Mitglied der Chinesischen Akademie der Wissenschaften und ausländisches Mitglied der *National Academy of Engineering* in den Vereinigten Staaten, der Russischen Akademie der Wissenschaften, der Königlich-Schwedischen Akademie der Technischen Wissenschaften.

Im Laufe der letzten Jahrzehnte engagierte er sich in unterschiedlichen Bereichen. Dr. Song leitete die Programmentwicklung und -durchführung für die ersten chinesischen Telekommunikations-Satelliten. Er war für die Planung und Realisierung eines Programms zuständig, das die Armut auf dem Lande bekämpfen sollte, und er baute überall in China Gemeinschaftsunternehmen zwischen Stadt und Land auf. Außerdem veranlasste er ein Programm, das durch Schaffung von 53 Technikparks im ganzen Lande die Entwicklung von »High Tech«-Industrien förderte.

Dr. Song ist Autor oder Koautor von elf Büchern und hat etwa hundert wissenschaftliche Beiträge veröffentlicht. Er erhielt zahlreiche Nationalpreise für Leistungen in den Naturwissenschaften und der Technik sowie für Errungenschaften in den Ingenieurwissenschaften und der Mathematik. 1987 erhielt er den Albert-Einstein-Preis, die höchste Auszeichnung der *International Association for Mathematical Modeling* für Einzelleistungen.

Dick Spring, Irland

Dick Spring war seit 1981 Mitglied des Irischen Parlaments (Dáil Éireann). Von 1982 bis 1997 stand er an der Spitze der *Irish Labour Party*. In drei Koalitionsregierungen amtierte er als Stellvertretender Ministerpräsident – 1982 bis 1987, 1993 bis 1994 und 1994 bis 1997. Außerdem war er zeitweilig Justiz-, Energie-, Umwelt- und Außenminister.

Der Anwalt Dick Spring studierte am *Trinity College* in Dublin und erhielt eine Juristenausbildung in *King's Inns*, Dublin. Er ist Vorsitzender und ehrenamtlicher Direktor einer Reihe internationaler Unternehmen und berät eine Anwaltssozietät in internationalen Rechtsfragen.

Er beteiligte sich an den Verhandlungen um die anglo-irische Vereinbarung von 1985 und an der *Downing Street Declaration* von 1993. Er war einer der Vorsitzenden der Gemeinsamen Konferenzen der britischen und der irischen Regierung in den Jahren 1993 bis 1997. Dick Spring leitete zu Beginn die irische Delegation bei den Allparteiengesprächen in Belfast, die zum Karfreitagsabkommen führten. Als Außenminister repräsentierte er Irland beim Rat der Europäischen Union, den er 1996 während der irischen Präsidentschaft leitete. Bereits 1984 hatte er an der Spitze des Europäischen Rats der Energieminister gestanden. Dick Spring sprach nicht nur bei mehreren Anlässen vor der Generalversammlung der Vereinten Nationen, er leitete auch die EU-Troika für das frühere Jugoslawien, die Russische Föderation, das Regionalforum der ASEAN, bei den Zusammenkünften EU-SADAC, im Nahen Osten und beim EU *Gulf Co-operation Council.*

Er ist *Fellow* des Salzburg Seminars; *Associate Fellow* der *Kennedy School of Government* in Harvard; schließlich ist er Mitglied der *Taskforce* für Palästina beim *Council on Foreign Relations.*

Tu Weiming, China

Tu Weiming ist Direktor des Yenching Instituts in Harvard. Seit 1981 ist er Professor für chinesische Geschichte, Philosophie und konfuzianische Studien am *Department of East Asian Languages and Civilizations.* Seinen BA erwarb er an der Universität Tunghai in Taiwan, den MA und den Doktor in Geschichte und Ostasiatischen Sprachen an der Universität Harvard. Seit 1999 ist er dort der erste Professor für konfuzianische Studien.

Als Mitglied des *Committee for the Study of Religion* in Harvard, Leiter des Beratungsausschusses der *Academic Sinica* über das *Institute of Chinese Literature and Philosophy* und als *Fellow* der *American Academy of Arts and Sciences* beschäftigt sich Professor Tu Weiming heute mit der Interpretation der konfuzianischen Ethik als spiritueller Quelle für die aufkommende globale Gemeinschaft. Dreizehn Jahre lehrte er an der Universität Princeton und an der Universität California in Berkeley über Chinesische Geis-

tesgeschichte. Außerdem unterrichtete er konfuzianischen Humanismus an der Universität Peking in Taiwan, der Chinesischen Universität in Hongkong und
der Universität Paris.

Er ist Autor zahlreicher Veröffentlichungen in chi-
nesischer und englischer Sprache; zu erwähnen sind:
*Neo-Confucian Thought in Action: Wang Yang-
ming's Youth* (1994); *Centrality and Commonality:
An Essay on Confucian Religiousness* (1989);
Humantiy and Self-Cultuvation (1999); *Confucian
Thought: Selfhood as Creative Transformation*
(1985); und *Way, Learning, and Politics: Essays on
the Confucian Intellectual* (1993). Für eine dem-
nächst erscheinende religionsgeschichtliche Enzyklo-
pädie hat er einen Beitrag über konfuzianische Spiritualität erstellt, außerdem lieferte er einen Beitrag
zum Bericht des *Committee on the Arts and the Hu-
manities* des Präsidenten der Vereinigten Staaten von
Amerika.

Richard von Weizsäcker, Deutschland

Von 1984 bis 1994 war Dr. Richard von Weizsäcker
Präsident der Bundesrepublik Deutschland. Bis Mai
2000 leitete er die Kommission zur Zukunft der Bun-
deswehr unter neuen sicherheitspolitischen Bedingungen.

Er studierte zunächst in Oxford und Grenoble,
dann in Göttingen Recht und Geschichte. Nach seiner Promotion über Vereinsrecht in Göttingen war er
in der Wirtschaft tätig.

Von 1964 bis 1969 und von 1979 bis 1981 war Dr.
Richard von Weizsäcker Präsident des Deutschen
Evangelischen Kirchentages. Von 1981 bis 1984 hatte

er das Amt des Regierenden Bürgermeisters von Berlin inne.

Dr. Richard von Weizsäcker war 1994 und 1995 einer der Vorsitzenden der unabhängigen Arbeitsgruppe zur Zukunft der Vereinten Nationen. Er zählte zu den »Drei Weisen«, die für Romano Prodi, den Präsidenten der Europäischen Union, einen Bericht über die Zukunft der Union angesichts des Beitritts neuer Staaten erarbeiteten (1999). Seine Erinnerungen erschienen 1997 unter dem Titel *Vier Zeiten*. Kürzlich ist von ihm *Drei Mal Stunde Null? 1949 – 1969 – 1989* (2001) erschienen.

Javad Zarif, Iran

Javad Zarif ist seit 1992 Stellvertretender Außenminister der Islamischen Republik Iran. Er ist Berufsdiplomat und hat verschiedene Führungspositionen im iranischen Außenministerium und in mehreren internationalen Organisationen inne gehabt.

Professor Zarif hat an der *Graduate School of International Studies* der Universität Denver Völkerrecht und Politik studiert. Neben seinem Amt lehrt er als Professor für Völkerrecht an der Universität Teheran über Menschenrechte, Völkerrecht und Diplomatie.

Während der letzten zwei Jahrzehnte spielte Javad Zarif eine wichtige Rolle bei den Vereinten Nationen für die Bewegung der Blockfreien und in der *Organization of the Islamic Conference*. Er hat zahlreiche internationale Konferenzen und Gremien geleitet, so die Asiatische Vorbereitungskonfernz zur Weltkonferenz gegen den Rassismus (2000), die Abrüstungskonferenz der Vereinten Nationen (2000), den Rechtsausschuss der 47. Generalversammlung der Vereinten Nationen (1992/93), den Politischen Ausschuss des Zwölften Gipfels der Blockfreien in Durban (1998), die Hohe Kommission der Organisation Islamischer Staaten zum Dialog der Kulturen. 1997/ 98 war er außerdem Präsident des *Asian African Legal Consultative Committee*.

Professor Zarif ist Mitherausgeber zahlreicher wissenschaftlicher Zeitschriften, darunter *Iranian Journal of International Affairs* und *Iranian Foreign Policy*. Er hat mehrere Texte über Abrüstung, Menschenrechte, Völkerrecht und regionale Konflikte verfasst. Zu erwähnen sind »Impermissibility of the Use or Threat of Use of Nuclear Weapons«, in *Iranian Journal of International Affairs* (1996); »The Principles of International Law: Theoretical and Practical Aspects of their Promotion and Implementation«, in *International Law as a Language for International Relations* (1996); »Continuity and Change in Iran's Post-Election Foreign Policy«, in *Foreign Policy Forum* (1998) und »Islam und Universal Declaration of Human Rights«, in *Enriching the Universal Declaration of Human Rights* (1999).